KB220318

일터영성

Workplace Spirituality

21세기 조직개발에
새로운 대안을 제시하다

일터영성
Workplace Spirituality

21세기 조직개발에
새로운 대안을 제시하다

| **노상충 · 서용원** 지음 |

일터영성이란 “일과 조직이라는 환경 속에서 개인이 삶의 의미와 목적을 찾고, 더 나은 존재적 가치를 실현하려는 인간의 본연적 · 심리적 의식상태”이다.

머리말

오늘날 우리가 직면한 많은 문제는 과거의 패러다임으로는 정의되기 어렵거나 혹은 더 이상 해결할 수 없는 것들이 많다. 기업 경영환경이나 조직운영의 관점에서도 예외는 아니며, 따라서 많은 학자가 전체론적인 접근을 역설하고 있는 이유이기도 하다. 일터영성은 지난 10년간 새로운 대안으로 자리매김하기 위하여 지속적인 연구들이 시도되고 있지만, 여전히 포괄적 모델을 제안할 수 있는 수준의 실증연구는 이루어지지 않았다.

이 책은 일터영성의 개념을 포괄적으로 정립하고 척도를 개발함으로써 후속연구에 기여하고, 일터영성이 개인적 차원과 사회적 차원, 조직효과성 차원의 심리적 변인들에 어떠한 영향을 미치는지를 밝히고자 했다. 또한, 리더십 차원과 조직문화 차원의 매개·조절효과를 검증함으로써 일터영성의 포괄적인 모델을 제안하는 것을 목적으로 하였다.

먼저 일터영성을 과학적인 영역에서 다루기 위해 철학적 고찰을 시도하였다. 실존주의와 인본주의 심리학을 통하여 영성이 종교의 배타적 소유물이 아닌 존재적 가치를 실현하고 더 나은 삶을 살고자 하는 인간의 본연적 속성이라는 것을 밝히고자 했다. 또한, 2000년부터 2010년까지 종적 데이터 분석을 통하여 국내·외의 연구동향을 분석하였으며, 최근 수년간 일터영성 연구가 빠른 속도로 증가하고 있는 것을 확인하였다.

다음으로는 일터영성에 대한 개념을 정립하고, 5개 하위차원에 대한 구성개념을 확립하였으며, 이에 대한 측정문항을 탐색하였다. 이들 차원을 살펴보면, 첫 번째 차원은 자신의 존재적 가치와 정체성에 기반을 둔 '자신에 대한 내면의식'이며, 두 번째 차원은 일을 통해서 삶의 의미와 목적을 발견하는 '일에 대한 소명의식', 세 번째 차원은 동료 및 상하 간의 관계에서 상대를 헤아리고 고통을 공유할 수 있는 '타인에 대한 공감의식', 네 번째 차원은 조직과 사회의 한 구성원으로서 서로 연결되어 있으며, 함께하고 있다는 '조직에 대한 공동체의식', 다섯 번째는 일과 환경 속에 몰입되어 자신(ego)을 초월한 경험감을 갖는 '초월의식'으로 구성되어 있다. 탐색적 요인분석을 통해 5개 차원으로 잘 묶이며, 각 요인의 신뢰도가 높음을 통해 척도가 타당함을 확인할 수 있었다.

앞에서 개발된 일터영성척도에 대한 확인적 요인분석을 실시함으로써 척도의 타당성을 검증하였다. 먼저 교차타당화를 통해 5요인 구조의 일터영성척도 모형이 타당함을 확인하였으며, 또한 이렇게 확인된 요인들이 상위요인인 일터영성에 잘 수렴되는지를 확인하기 위하여 2차요인 모형분석을 실시하였다. 아울러 최근 산업 및 조직영역에서 많이 논의되고 있는 주관적 안녕감(SWB), 직장생활의 질(QWL), 일가치감(PVW) 등 유사개념들과 변별타당도 분석을 하여 서로 잘 변별되는 구성개념임을 확인하였다. 이를 통하여 일터영성이 기존의 개념들과 충분히 변별되는 새로운 개념의 준거변수로서의 가능성을 확인하였다.

이어서 본 연구에서 제시한 가설들을 검증하였다. 먼저 위계적 중다회귀분석을 통해 인구통계적 변인의 효과를 제거하고, 일터영성이 개인적 차원의 심리적 변인인 회복탄력성과 해석수준(CLT)에 미치는 영향을 잘 설명하고 있음을 검증하였다. 두 번째로 사회적 차원의 심리적 변인인 사회적 지지망(SSN)과 행복에 미치는 영향을 검증하여 통계적으로 유의함을 밝혔다. 이를 통하여 일과 조직이라는 환경 안에서 삶의 의미와 목적을 추구하고 더 나은 존재가치를 실현하고자 하는 일터영성이라는 심리적 의식상태가 직장이라는 울타리를 넘어 개인의 삶과 사회적 차원의 심리적 속성에까지 깊은 영향을 미칠 수 있음을 밝혔다는 것에 그 의미가 있다.

셋 째로, 일터영성이 대표적인 조직효과성 변인인 직무동기, 조직몰입, 조직시민행동(OCB)에 미치는 영향을 검증한 결과 모두 높은 설명변량으로 유의하였다. 이는 일터영성이 조직효과성에 영향을 미치는 중요한 선행변인으로서의 가능성을 확인하였다는 점에서 의의가 있다 하겠다.

넷 째로, 리더십 차원에서 변혁적 리더십과 거래적 리더십이 직무동기, 조직몰입, 조직시민행동에 미치는 영향을 일터영성이 매개하는지를 검증하였다. 검증결과 일터영성은 모든 종속변인에 대해 변혁적 리더십을 부분 매개하였으며, 일터영성을 매개로 종속변인에 영향을 미치는 간접효과가 월등히 크게 나타남으로써 일터영성의 매개변인으로서 파워를 입증하였다. 또한, 거래적 리더십이 직무동기와 조직몰입에 미치는 영향에 대해서 일터영성은 완전매개를 하고 있으며,

조직시민행동에 미치는 영향에 대해서는 부분매개를 하고 있음이 밝혀졌다.

다섯 번째로, 조직문화 차원에서 인간존중 조직문화, 성과지향 조직문화와 일터영성이 어떻게 상호작용하는지를 검증하였다. 검증결과 인간존중 조직문화는 일터영성이 조직효과성 변인인 직무동기, 조직몰입, 조직시민행동에 미치는 영향을 유의하게 조절하고 있는 것으로 나타난 반면, 성과지향 조직문화의 일터영성에 대한 조절효과는 통계적으로 유의하지 않은 것으로 나타났다.

이 책에서는 일과 조직이라는 환경 속에서, 더 나은 존재가치를 실현하고자 하는 일터영성이 개인적, 사회적, 조직효과성 차원에서 어떠한 영향을 미치는지를 입증하였다. 오늘날 우리는 역동적이며, 서로 얽힌 구조 속에서 대부분 시간을 보내고 있다. 따라서 일과 직장 그리고 삶의 여러 부분을 동시에 검증하는 이러한 포괄적인 접근은 의미하는 바가 크다 하겠다.

2014년

노상충 · 서용원

차례

제1장

서론

17세기부터 서양문화를 지배해온 전통적이고 환원주의적인 세계관에 대한 변화가 오늘날 강하게 요구되고 있으며, 그 중심에는 '의미 있는 삶'과 '영성'에 대한 증대하는 욕구가 있다(Thompson, 2000).

경영학에서 많은 학자와 연구자는(Barrett, 1998; Bolman & Deal, 1995; Briskin, 1996; Harman, 1992; Sanford, 1992; Thompson, 1992) 이러한 변화를 "패러다임의 전환"이라고 명명했다. 그들은 직장에서의 가치, 가정(assumptions), 신념, 일반화, 은유, 그리고 지금까지의 해결책들이 바뀌어야만 한다고 주장하고 있다. 이러한 요소들은 토머스 쿤(Kuhn, 1970)이 이야기한 패러다임의 근본적 요소들이다. "기계적인 세계관 즉, 조직을 기계처럼 해석하는 개념"(Ciancutti & Steding, 2000)은 더 이상 21세기 조직에는 유효하지 않다. 실제로 그들은 조직운영에 대한 전체론적인 접근을 부르짖고 있으며, 직장에 영성을 심을 것을 요청하고 있다(Ashar & Lane-Maher, 2004).

오늘날의 새로운 경영환경은 통제가 아닌 조직구성원들의 지식과 창의성, 몰입 등과 같은 질적인 요인에 의해서 성패가 좌우되고 있다. 회사의 경쟁우위 원천이 기존의 시스템과 통제적 메커니즘에서 인적 자산으로 옮겨진 것이다. Thompson(1992)은 이러한 직원들의 질을 증강하기 위해서 조직은 관계를 돈독히 하고 인간의 영성을 개발할 필요가 있다고 주장한다. 여기서 이야기하는 가장 중요한 직원들의 질은 상벌을 통한 행동조작으로는 만들어질 수 없으며, 인간의 영성개발을 통해서만 점진적으로 형성된다.

Aburdene(2010)은 『메가트렌드 2010』에서 기업활동에서 영성에 초점을 맞추는 것은 가장 중요한 일이 되고 있으며, 이것은 오늘날의 가장 큰 트렌드를 형성하고 있다고 주장하고 있다. 또한, Fry와 Slocum(2008)은 영성의 힘이 점증적으로 우리 개인들의 삶에 영향을 주고 있으며, 조직으로 확산되어 도덕적 혁신을 가능하게 할 것이라고 이야기하고 있다.

영성은 일터에서의 상호관계뿐만 아니라 조직효과성에 있어서도 아주 긍정적인 변화들을 만들어 내고 있다. Fry와 동료들(2008)은 회사가 개인 중심적 가치와 조직몰입과 같은 회사 중심적 가치 모두를 통해 영성을 강조한다면 조직은 훨씬 좋은 결과를 얻게 될 것이며, 영성적인 회사들은 생산성이 더 높을 뿐만 아니라 더 유연하며 창의적이고 지속적인 경쟁우위를 확보할 수 있다는 증거는 아주 많다고 주장한다.

제1절 연구의 목적

직장에서의 영성은 21세기에 가장 중요한 트렌드 중 하나로 보이며(Schellenbarger, 2000), 이것은 기업현장에서뿐만 아니라 학문연구 영역에서도 뚜렷한 관심의 증대를 얻고 있다(Ashmos & Duchon, 2000;

Cash & Gray, 2000; Jackson, 1999; Mitroff & Denton, 1999). 이러한 관심의 증대는 여러 가지 관점에서 해석될 수 있는데, 그중 하나는 급격한 경영환경의 변화에 따른 구조조정이나 대량해고, 새로운 직무로의 전환과 과도한 생산성 증대의 요구와 같은 현상들이 80년대 후반부터 급증하였기 때문이다. 이러한 경영환경은 구성원들로 하여금 혼란을 초래하고 고립감을 느끼게 하며, 종국적으로 일과 조직에 대한 불신을 만들어내고 있다(Ali & Falcone, 1995; Brandt, 1996).

오늘날 사람들은 더욱 많은 시간을 일터에서 보내고 있으며, 정보기술의 눈부신 발달로 일과 개인적 삶의 경계가 모호해지고 있다. 또한, 전통적인 사회모임(예: 교회모임이나 지역 커뮤니티 등)이나 가족중심의 모임이 줄어들고 있기 때문에(Conger, 1994) 직장을 사회적 관계 형성의 가장 중요한 원천으로 간주하고 있다. 일터영성(workplace spirituality: WS)[1)]은 이러한 급격한 경영환경의 변화와 사회적 역동성의 중심에서 개인과 조직에 솔루션을 제공해 줄 수 있는 대안이 될 수 있을 것이다(Parboteeah & Cullen, 2002).

일터영성을 이해한다는 것은 사람들이 내면적 세계와 외면적 세계를 가지고 있다는 것을 이해하는 것이며, 내면세계의 양육이 더 큰 의미와 생산적인 외현적 삶을 살게 된다는 것을 이해하게 되는 것이다(Fox, 1994). Vaill(1998)은 조직이 리더들의 영성 수준에 많은 관심을 가져야 하며, 구성원들이 자신들은 누구이며, 무엇을 하고 있는지, 그리고 무엇에 기여하고 있는지에 대한 궁극적인 의미를 찾을 수 있도

1) 본 논문에서는 Workplace Spirituality(WS)를 '일터영성'으로 번역·사용하였다. 기존 연구들에서는 종교적 편향이 이입될 것이라는 우려 때문에 원문 그대로 사용하거나, 일부는 '직장영성'으로 번역하였는데, 본 논문에서는 '직장'보다는 더 확장된 개념으로서 '일터영성'으로 칭하였으며, 후속연구에서도 용어를 통일하여 사용할 것을 제안한다.

록 해야 한다고 제안했다. 인간의 정신이 존재하는 내면적 세계에 대한 개념은 직장에서 그리고 직장 밖에서 우리의 삶에 녹아 있는 것이다.

위에서 논의한 바와 같이 급격한 경영환경의 변화와 이 때문에 발생하는 복합적인 문제들은 기업과 학계에 새로운 대안을 모색하게 하였으며, 영성이 조직과 구성원 모두에게 요구되는 21세기 새로운 조직의 패러다임이자 대안으로 제안되면서 1990년대 후반부터 많은 연구가 이루어지기 시작하였다. 영성의 개념과 관련해서 학자들은 다음과 같이 서로 다른 다양한 개념으로 접근하고 있다. Elkins와 동료들(1988)은 영성연구에 대한 기존 문헌들을 고찰함으로써 초월성의 차원, 인생의 사명감, 이타주의적인 태도, 비극적인 면의 자각 등 9가지 차원의 구성개념을 정의하였으며, Ashmos와 Duchon(2000)은 일터영성이 내적 삶(inner life)과 의미 있는 일(meaningful work), 그리고 공동체(community)의 3가지 차원으로 구성됨을 밝힘으로써 후속연구들을 가속화시켰다. Kinjerski와 Skrypnek(2006)은 일터영성에 대한 탐색적 연구를 통해 몰입, 공동체 의식, 연결성, 특별한 체험의 4가지 차원으로 영성의 구성개념을 확대·제안했다. 이후 Kolodinsky와 동료들(2008)은 일터영성이 다양한 조직효과성 변수들(예: 일 몰입, 조직정체성, 보상과 만족 등)에 어떠한 영향을 미치는지 실증연구를 통하여 검증하였다. 이러한 조직에서의 영성연구는 일터영성과 영성리더십으로 양분화되어 진전되고 있으며, 2000년 중반을 넘어오면서 논의가 더욱 활발하게 진행되고 있지만, 아직도 연구자들 사이에 하위 구성차원에 대한 합의가 이루어지지 않고 있으며, 실증연구를 위한 대표적인 척도와 다양한 조직효과성 변수들에 대한 종합적인 검증모델이 부재한 것이 사실이다 .

특히 한국에서는 경영과 산업 및 조직 등 사회과학 분야에서 영성을 다룬다는 것이 종교적 편향에 부딪힐 수 있다는 우려 때문에 조심스럽게 접근한 측면이 있다. 따라서 지난 10년간 산발적으로 진행됐던 연구의 양은 미비하며, 문헌적 고찰과 제안 수준에 머무르고 있는 것이 현실이었다. 이런 연구들에서는 일터영성이 개인적 차원의 심리적 의식상태임을 전제해야 함에도, 조직영성이나 영성리더십의 개념들과 혼재되어 사용하는 경우를 볼 수 있다.

따라서 본 연구에서는 첫째, 기존에 제안됐던 연구들을 종합적으로 검토하여, 일과 조직이라는 환경 속에서 역동적으로 형성되는 심리적 의식상태로서의 좀 더 포괄적이고 체계적인 일터영성의 구성개념을 제안하고자 한다. 둘째, 일터영성의 측정을 위한 척도(workplace spirituality inventory: WSI)를 개발하고 타당화시킴으로써 산업 및 조직 장면에서 일터영성 연구 활성화에 기여하고자 한다. 또한, 타당화 연구에서는 최근에 학계에서 많이 거론되고 있는 ① 주관적 안녕감(SWB), ② 직장생활의 질(QWL), 그리고 ③ 일가치감(PVW)[2)]과 같은 유사개념들과 어떻게 변별되는지를 검토할 것이다. 셋째, 실증연구를 통하여 일터영성이 조직효과성의 주요변수인 직무동기, 조직몰입 그리고 조직시민행동(OCB)에 미치는 영향을 살펴보고, 리더십 차원과 조직문화 차원에서 그 특성에 따라 일터영성이 어떻게 매개하고 상호작용하는지를 검증하고자 한다.

2) 최근 인사, 조직 및 산업 관련 영역에서 많이 다루어지고 있는 개념들: 주관적 안녕감(subjective well-being), 직장생활의 질(quality of working life), 일가치감(perceived value of work).

제2장

이론적 배경

Carl G. Jung은 인간을 "심리성적, 심리사회적 존재일 뿐 아니라 심리영적인 존재"(Jung, 1933)라고 정의하면서 영성이 인간 본연의 속성임을 강조하였다. 인간이 점차 다중 체계적 유기체로 인식되기 때문에, 오늘날 인간 발달에서 영성은 그 정당성을 얻고 있다(Beutler & Clarkin, 1990; Norcross & Goldfried, 1992).

Allport(1960)에 따르면 인간의 내적 자원은 인생을 이해하는 틀을 제공하며, 외적인 상황과 관계없이 삶을 안정적으로 안내한다. Maslow(1971)는 내적 가치체계가 인간 본성의 정의적인 특성이라고 제안하고, 내적 가치가 충만한 인간성을 성취해야 하며, 아픔을 극복하기 위해서는 이것이 필수적인 요소라고 주장했다. 영성은 의미와 목적을 추구하는 지속적인 힘이다. 영성은 단지 한 사람으로서 완전하게 통합되었다는 강한 느낌뿐만 아니라 완전하게 우주와 연결되어 있다는 강한 느낌이다. 영성은 인간의 삶에 있어서 궁극적 의미, 목적, 그리고 책임에 대한 근본적 근원이다(Mitroff, 2006).

일터영성을 과학적 접근방법으로 논하기 위해서는 첫째, 인간을 일반적이며 목적적 존재로서 규정해 왔던 전통적인 유럽철학[3)]으로부터 인간을 감정과 정서, 선택과 책임의 자유를 가지고 있는 현실적인 삶의 주체적 존재로서 해석하는 것이 전제되어야 하며, 둘째로, 인간의 보편적 영성을 종교적 영성과 구분 짓는 것이 선행되어야 한다.

따라서 다음 절에서는 20세기 초 인간을 개인의 실존 자체에 모든 의미를 부여하고 변화하는 역동성으로 해석하고자 했던 실존주의 철학과 이러한 사조에 영향을 받아 인간의 자유의지와 자아실현을 담보해내려 했던 인본주의 심리학에 대한 철학적 고찰을 하고자 한다. 본 장에서 다루는 실존주의의 틀은 무신론적 실존주의를 지향하며 실존주의를 사상운동으로 발전시킨 장 폴 사르트르(J. P. Sartre)의 철학적 입장과 아브라함 매슬로우(A. H. Maslow)의 인본주의 심리학을 근간으로 논하고자 한다. 이를 통하여 일터영성 연구에서 영성이 인간의 본연적 속성이라는 심리학적, 철학적 근거로 삼고자 한다.

제1절 영성(spirituality)의 철학적 고찰: 사르트르의 실존주의와 매슬로우의 인본주의 심리학을 중심으로

실존주의 철학은 키르케고르(Kierkegaard)와 니체(Nietzsche)를 선구자로 하며, 하이데거(Heidegger)와 사르트르(Sartre) 등에 의해서 철학사상으로 확립되었다. 이후 유럽을 넘어 근・현대 철학과 문학, 그리고 인간의 행동과학 연구에 많은 영향을 미치게 되었다(한국정신문화연구원, 1999).

실존주의는 인간을 눈에 보이지 않는 '본질과 목적론적 존재'에서

3) 19세기 초까지 유럽 철학의 주류를 형성해왔던 '합리적 이성주의'는 인간은 목적적 존재라는 가정을 전제로 하고 있다.

이해하려고 했던 전통적 유럽철학에서 감정과 정서, 선택과 행위의 주체로서 인간으로, 현실적 세계 내에서 형성되어 가는 존재적 인간으로 해석하며, 20세기 인간행동을 탐구하는 여러 영역에 영향을 미치게 되었다. Sartre(1946)의 "실존은 본질에 앞선다(L'existence precede l'essence)"라는 인간에 대한 실존적 정의는 이러한 실존주의 철학적 명제를 잘 대변한다고 볼 수 있다.

Sartre(1946)는 신이나 본질이 선험적으로 존재하지 않는다면, 인간은 본래적 자기를 자기 스스로 계속 만들어 갈 수밖에 없음이 실존주의의 제1원리라고 주장하고, 허무와 자유 속에서의 자기 부정과 자기 초월의 반복을 통해서 자각적인 주체성이 창조된다고 보았다. 주체적 결단에 의한 새로운 자기 존재의 선택과 비약은 사르트르의 관점에서는 자유를 근거로 한 자기기투(企投: project)[4)]인 것이다.

또한, Sartre(1946)는 현실에서 실존적이고 주체적인 삶을 사는 메커니즘으로서 "앙가주망(engagement)"이라는 개념을 주창했는데, 이것은 행위자 자신의 의지로 스스로를 구속해 현실에 적극적으로 참여하여 어떤 임무를 취하는 것을 말한다. 사르트르의 실존적 관점에서 인간은 '무(無)'이며, '무(無)'라는 것은 인간의 존재 상황에서 절망이 아니라, 미래를 창조하기 위하여 완전한 자유에 의하여 자기 책임으로 선택한다는 것이다. 이러한 맥락에서 사르트르는 실존주의를 '낙관적 독트린'이라고 정의하였는데, 그 이유는 실존주의가 오로지 인간 자신의 행동 속에서만 희망이 있고, 또 인간으로 살아가도록 하는

4) 기투(企投: project)는 사르트르의 핵심적 개념으로, 인간은 미래를 향해서 자기 스스로를 내던지는 존재라는 의미이다. 이것은 하이데거가 이야기한 자신의 의지와 전혀 상관없이 이 세상 속에 던져진 존재(피투된 존재)로서의 개념에서 한 걸음 더 나아간 것으로 해석되며, 인간은 자기 스스로를 실현하는 한에서만 실존한다는 것이다.

유일한 것은 곧 행위라고 말하기 때문이다. 여기서 실존은 역사적 · 사회적 조건에 규제되는 "세계-내-존재(In-der-Welt-sein)"이며, 고뇌 · 죄책(罪責) · 죽음 등의 한계상황(grenzsituation)에 직면한다. 실존주의는 실존을 현존재로서 그 주체성 · 자유 · 초월 · 결단 · 상황 · 성실 등의 기본 성격을 파악하려고 한다.

실존주의 사상운동을 전개한 사르트르는 『르 탕 모데르느: Les Temps Modernes』(1945)[5]의 창간사에서 그 이유를 ① 근대의 기계문명과 메커니즘적 조직 속에서 인간이 개성을 잃고 평균화 · 기계화 · 집단화되어, 20세기 후반에 와서 인간의 교환 가능성과 인간의 타유화(他有化), 즉 소외가 더욱 심각한 상황으로 드러난 점, ② 제1차, 제2차 세계대전으로 말미암아 인류의 진보라는 일체의 낙관론이 황폐화된 점을 들고 있다.

사르트르는 『실존주의는 휴머니즘이다』(박정태 옮김, 2008)에서, 인간이 실존할 수 있는 것은 그가 초월적인 목표를 추구하기 때문이며, 인간은 그가 곧 이 넘어섬(dépassement)이며, 오로지 이 넘어섬과 관련해서만 사물을 파악하기 때문에, 바로 이 넘어섬의 중심에, 넘어섬의 한가운데에 있는 것이라고 역설하고 있다. 인간을 구성하는 것으로서의 '초월성'-여기에서 말하는 초월성은 초월적 존재로서 신(神)이 아닌 무언가를 넘어선다는 의미에서의 초월성이다-과 인간은 자신 속에 갇혀있는 것이 아니라, 언제나 인간적 우주 속에 현존한다는 의미에서의 '주체성'을 맺어주는 이 연결, 초월성과 주체성 간의 이 연결이 바로 사르트르가 이야기하는 실존주의적 휴머니즘(humanism

---

5) 1945년 10월 1일 창간되었으며, 제2차 세계대전 후 대표적인 사회문학 잡지이다. 실존주의와 마르크스적 입장에서 집필되었으며, 사르트르는 초대 편집장을 지냈다.

existentialist)이다.

인본주의 심리학(humanistic psychology)은 20세기 후반에 매슬로우, 로저스, 빈스방거, 보스 등에 의해 주창된 것으로 심리분석이나 행동주의와는 전혀 다른, 인간의 본성에 대한 결정론적인 사고나 조작적 반응보다는 인간의 궁극적인 행동목표나 자기성취 과정에 초점을 두고 있다. 매슬로우와 동료들은 실존주의의 철학적 사조에 영향을 받아 인간의 자유의지와 자아실현에 대한 욕구를 강조하며, 자신을 창조적으로 변화시킬 수 있다는 전제에서 1960년대 인본주의 심리학의 거점을 형성하기 시작했다.[6)]

실존주의에서 영향을 받은 인본주의 심리학의 가장 중요한 발달개념은 형성(becoming)[7)]이다. 사르트르는 형성을 '인간을 역동적인 삶의 주체로서 간주하게 되는 실존적 본성'으로 해석하였다. 한편, 매슬로우는 인간의 발달관점에서 형성을 중요한 인간의 '초동기(meta-motive)'로 규정하였다. 이 부분에서 실존주의와 인본주의 심리학의 핵심적 사상이 접점 된다. 실존은 결코 정적인 것이 아니라 항상 무엇인가로 변화되어 가는 과정에 있다고 보는 것이다. 삶의 목표도 현재의 자신을 초월하는 과정의 연속에서 좀 더 완전한 인간이 되어가는 것이다. 이것이 곧 현 존재의 모든 가능성을 실현하는 것이며, 부분적 특성으로서의 인간이 아닌 하나의 전체로서의 인간을 형성하게 되는 것이다.

Allport(1955)는 그의 저서 『형성(becoming)』에서 심리학 이론이 인생을 가치 있게 살려는 보통 인간들의 심리와 행동을 연구해야 한다

---

6) 미국 인본주의 심리학협회는 1961년 매슬로우를 중심으로 창립되었으며, 같은 해에 'Journal of Humanistic Psychology'라는 전문지가 창간되었다.

7) 'becoming'을 '성장'으로 보는 견해도 있지만, 본 논문에서는 보다 무엇인가로 변화해 가는 근본적인 동기(driving force)로서 '형성'의 개념으로 정의하고자 한다.

고 강조했는데, 인본주의 심리학에서는 그러한 인간들이 자신의 실존 세계를 어떻게 경험하고 그 지평을 넓혀나가는가 하는 것이 중요한 연구 테마가 된다고 제안하였다.

인본주의 심리학에서 사람을 정의하는 관점은 다음과 같이 몇 가지 특성이 있다. 먼저 인간은 복잡하며 독특한 존재라는 것이다. 몇 가지 행동적 특성으로 규정지을 수 없으며, 동물들에게서 찾아볼 수 없는 특성들을 갖추고 있다는 것이다. 다음으로, 인간은 사고하고 결정하고 느끼며, 환경에 대해 자동으로 반응하는 것 이상으로 행동한다. 마지막으로, 인간은 행복을 추구하고, 지속적으로 성장과 충만함을 향한 능력을 갖고 있으며, 자신에게 중요하다고 생각되는 여러 가치체계를 주장하고 목표를 추구한다.

매슬로우는 그의 이론적 탐구의 정점에서 기존에 제안했던 인간 욕구 5단계에 지적 욕구 추구와 심미적 욕구 추구, 자기초월(영적 상태)을 추가한 8단계로 수정・보완하였으며, B-value(존재가치)인 '자아실현'을 일반적 수준의 자아실현과 자신을 뛰어넘는 '자기초월(영적 상태)'로 구분하였다(Maslow, 1971).[8] 매슬로우의 기본 전제는 인간이 자기실현과 자기초월을 경험할수록 더욱 현명해지며, 자동으로 다양한 상황적 맥락을 꿰뚫어 볼 수 있는 통찰력을 얻게 된다는 것이다.

Daniels(2001)는 "매슬로우의 궁극적 결론은 가장 높은 단계의 자아실현은 스스로를 초월하는 단계라는 것이며, 이것이 인간행동과 동기 연구에 가장 큰 기여점"이라고 주장했다. Elkins(1988)는 매슬로우가

8) 매슬로우는 이것을 자기초월(self-transcendence)로 명하였으며, 자신의 에고(self-ego)를 넘어 타인들이 충만하고, 그들의 잠재능력을 실현할 수 있도록 돕는 어떤 것으로 정의하였다(Maslow, 1971).

전통적 종교주의자들에게는 환영받지 못했지만, 진정한 의미의 영적 가치가 무엇인가에 대한 깊은 통찰을 이루어낸 심리학자라고 평가했다. Maslow(1970)는 그의 저서 『종교, 가치 그리고 정상경험(peak-experience)』에서 다음과 같이 입장을 정리하였다.

> *"나는 영적 가치가 지극히 자연적인 의미를 가지고 있다는 것을 증명하고 싶다. 영적 가치는 종교의 배타적 소유물이 아니며, 초자연적인 개념을 필요로 하지도 않고, 충분히 과학의 범주 안에 있는 모든 인간의 보편적 책임이라는 것을 밝히고 싶다."*

매슬로우는 인간 내부에는 '지금 이 순간'에도 역동적으로 기능하는 창조적인 미래가 존재한다고 믿었으며, 또한 정상경험이 이러한 기제를 제공하는 중요한 요인이라고 생각했다. 매슬로우는 인간의 긍정적인 본성과 잠재적 가능성, 그리고 스스로 형성해 나가는 삶의 측면을 자유롭게 이론화했다.

자기실현의 사람은 영적인 정상경험을 가진 사람이다. 정상경험이란 D-동기(deficiency motivation: 결핍동기)와 정반대로 D-동기가 제거된 후 나타나는 일련의 정신적 과정으로 B-동기(being motivation: 존재동기)에서 이루어진다. 매슬로우에 따르면, 개인은 결핍욕구가 충족됐을 때(if and only if) 성장욕구에 반응하게 된다(Maslow, 1967).

지금까지의 논의를 토대로 본 연구에서는 인간을 개인의 실존 자체에 모든 의미를 부여하고 변화하는 역동성으로 해석하고자 했던 실존주의 철학과 이러한 사조에 영향을 받아 인간의 자유의지와 자아실현을 담보해내려 했던 인본주의 심리학에 대한 철학적 고찰을 통하여 영성이 인간의 본연적 의식의 한 부분이며, 종교적 도그마로부터 분리되어 탐색하고 이론화할 수 있는 사회과학적 담론으로 구획 짓고자 한 것이다.

일터영성은 일과 조직이라는 환경 속에서 삶의 의미와 존재적 가치를 찾고자 하는 인간의 본연적, 심리적 의식상태이다. 일터영성이 다양한 방법으로 표현될 수 있지만, Ashar와 동료들(2004)은 일터영성이 다음과 같은 몇 가지 공통적인 행동요소를 동반한다고 제안한다. 먼저 타인에게 가치를 주는 목적성 있는 일을 하고, 원칙이 있는 공동체의 한 부분이 되고자 하는 열망이다. 또한, 우리의 내적 삶이 더 크고 의미 있는 일을 할 수 있는 직업역할과 통합될 때 나타나는 연결성(connectedness)과 전체성(wholeness)이다.

오늘날 사람들이 시간 대부분을 직장에서 보낸다는 것을 고려할 때, 일터영성은 직장 내에서뿐만 아니라 직장 밖에서의 개인적인 삶에도 영향을 미친다고 볼 수 있다. 특히 현대인들의 일상적인 삶 속에서 교회나 지역공동체, 그리고 가족단위 역할이 과거보다 많이 축소되고 있는 반면, 직장에서 이에 대한 욕구가 증대되고 있다는 점에서 볼 때 실존주의적, 인본주의적 관점에서의 일터영성 연구는 그 의미가 크다고 할 수 있다.

제2절 종교와 일터영성(WS)의 구분

영성과 종교의 경계를 구분하는 것은 중요한 일이다. 종교는 일종의 조직화된 신념이며, 형식적인 기도와 의례, 의식들, 그리고 관련된 형식적 절차들로 이루어진 시스템이다. 반면, 영성은 인간 정신의 질적인 문제이다. 이것은 사랑과 열정, 인내, 관용, 용서, 만족, 개인의 책임, 개인을 둘러싼 환경과의 조화 등 긍정심리학의 개념을 포함한다(Fry & Slocum, 2007).

Elkins(1988)는 영성에 대한 구성차원을 밝히는 통합적 연구를 진행하면서 다음과 같은 4가지 전제를 제시하였다. 첫째, 영성은 인간이 경험하는 차원의 것이다. 이것은 어떠한 가치나, 태도, 관점, 신념, 정서 등을 포함한다. 둘째, 영성은 인간의 현상이며, 모든 사람에게 존재하는 것이다. 셋째, 영성은 종교가 아니다. 종교가 어떤 특정한 신념과 전통적 의식, 그리고 활동에 관여하는 것이라고 정의된다면, 영성은 이러한 틀에 얽매이지 않는다. 넷째, 이론적, 현상학적 방법에 의해서 영성은 정의되고 기술될 수 있으며 측정할 수 있다. Seaward(1997)의 영성에 대한 유비추론은 영성과 종교를 구획 짓는 좋은 기준이라고 할 수 있는데, 그는 영성을 어디서나 어떤 형태로든 존재할 수 있는 '물(water)'에 비유하고, 종교를 물을 담을 수 있는 '용기(container)'에 비유함으로써 영성과 종교의 관계구분을 잘 보여주었다. 물을 담는 용기는 다양한 형태와 크기가 있을 수 있지만, 물이 존재하기 위해서 반드시 용기가 필요한 것은 아니다.

영성은 종교보다 명확히 광범위한 개념이다. 영성은 개인에게 전통적인 종교에서 요구하는 조직화된 절차나 한계 없이 신성함을 경험할 수 있게 해준다(Zinnbauer, Pargament & Scott, 1999). Cacioppe(2000)는 영성이란 용어의 의미가 종종 잘못 해석되고 있어 많은 사람에게 부정적 의미를 내포하게 하고 있다고 언급하며, 조직화된 종교는 외형적인 것(형식)에 초점을 두는 반면에 영성은 개인의 내면세계에 초점을 두기 때문에 종교를 가지고 있거나 없거나 상관없이 누구에게든 다가갈 수 있는 것이라고 주장한다. 종교는 대부분 1차적 목적으로 구원을 표방하지만, 영성은 어떤 종교의 교파와도 상관없이 존재와 의미에 대한 일반적 원칙과 진실을 찾고 경험하는 것이다.

Laabs(1995)는 영성이 종교와 다른 명확한 이유와 우리가 영성에 대한 탐구를 지속해야 하는 이유에 대해서 다음과 같이 이야기하고 있다.

> *"영성은 종교에 관한 어떤 것도 아니다. 영성은 사람들로 하여금 개종하게 하는 것도 아니다. 영성은 사람들로 하여금 어떤 신념체계나 사고체계, 종교적 체계를 믿도록 만드는 어떤 것도 아니다. 영성은 우리 모두가 인간이 경험할 수 있는 영성적 존재라는 것을 아는 것이다. 모든 사람이 자신 안에서 어느 수준의 진실과 완결성을 가지고 있다는 것과 우리 모두는 스스로의 신성함을 가지고 있다는 것을 아는 것이다."*

Duchon(2005)은 일련의 일터영성 연구를 통해서, 종교는 조직화된 신념 시스템이며, 영성은 의미와 공동체를 추구하는 내적 갈망이라고 주장하고, 이 둘이 같은 것이 아니라는 것을 인식하는 것이 중요하다고 밝혔다. Mitroff와 Denton(1999)은 기업 내 임원과 관리자들을 대상으로 한 실증연구를 통하여 조직 내에서 구성원들은 종교와 영성을 명확히 구분했으며, 영성은 종교와 달리 직장에서 이야기될 수 있는 적절한 주제라고 보고했다. 또한, Neal(1997)은 일터영성이 개인의 가치를 더욱 풍부하게 실현하고자 하는 개인의 노력과 관계되며, 조직은 구성원들이 영적으로 더욱 성장할 수 있도록 지원해야 한다고 보고했다.

일터영성 연구는 종교의 종파적 논쟁 같은 것에서 자유스러운 것이다. 일터영성은 종파들처럼 옳고 그름의 문제에 직면할 필요가 없으며, 종교적 관점에서 해석하려 하는 것으로부터 명확히 구분된다.

종교적 관점은 신(神)에 이르는 유일한 길과 '구원'을 표방하고, 자신의 종파를 따르지 않는 사람들은 배제한다. 만약 이런 종교적 속성을 일터영성으로 해석한다면 조직의 목적과 존속이유, 고객에 대한 가치가 양립할 수 없으며,[9] 도덕과 구성원의 안녕에 대한 가치도 손실될 것이다(Fry & Slocum, 2008).

이상에서 살펴본 바와 같이 일터영성을 논한다는 것은 기존의 종교적 편향에 사로잡힐 수 있다는 우려를 넘어 명확한 개념적 구획을 확립하고, 조직구성원들이 일과 조직이라는 환경 속에서 자신의 존재적 의미와 가치를 찾고 더 나은 삶을 지향하고자 하는 깊은 갈망을 이해하는 시발점이 되는 것이다.

제3절 일터영성 연구의 흐름

일터영성은 21세기에 가장 중요한 트렌드로 보이며(Schellenbarger, 2000), 기업과 학문 분야 모두에서 높은 관심을 받고 있다(Ashmos & Duchon, 2000; Cash & Gray, 2000; Jackson, 1999; Mitroff & Denton, 1999). 이렇게 일터영성이 많은 관심을 받게 된 배경은, 먼저 1980년대 미국에서 발생한 대량해고와 생산성 증대를 위한 다양한 구조조정들(예: 조직 통・폐합과 프로세스 혁신 등)이 직장과 경영자에 대한 불신과 고립감을 가져왔으며(Ali & Falcone, 1995; Brandt, 1996), 정보기술 등의 발달로 사회가 급속도로 다변화되어 가고 있다는 이유에서다. 또한,

9) 기업 존속의 필요조건인 '시장(market)'은 다양한 고객의 가치를 내포하고 있으며, 기업은 이를 지속적으로 충족시켜내야 한다. 또한, 조직의 관점에서도 그 안에는 다양한 가치들이 유연하게 공존할 수 있어야 한다.

이러한 환경변화는 기존에 경험하지 못했던 여러 가지 문제들이 일과 개인의 삶에 영향을 미치게 되었고, 일터영성이 하나의 대안으로 간주되고 있기 때문이다. 1990년대 후반기부터 시작된 일터영성 연구는 일터영성과 영성리더십(spiritual leadership)으로 양분화되어 진전되고 있으며, 2000년 중반을 넘어오면서 논의가 더욱 활발하게 진행되고 있다. 2000년 초반까지는 주로 개념을 탐색하기 위한 연구가 이루어졌으며, 몇 안 되는 실증연구 중 하나를 수행했던 Mitroff와 Denton(1999)은 “훌륭한 연구자에 의해서 이루어진 소수의 일터영성 연구도 철저한 실증보다는 직관에 의해서 쓰였다”라고 이야기했다. Giacalone과 Jurkiewica(2003)는 『일터영성과 조직의 효과성: Handbook of Workplace Spirituality and Organizational Performance』에서 일터영성의 개념을 정리한 여러 논문은 다수 제공했지만 대부분 개념적 접근과 향후 연구에 대한 방향을 제시할 뿐, 실증연구에 대한 소개는 거의 없었다. 그 저자들도 심지어 “영성이 절대적으로 다양한 조직행동과 수행결과에 영향을 미친다면 어떻게 영향을 미치는가?”라고 묻고 있다.

하지만 일터영성에 관한 학문적 업적들이 지금 개념적 단계에서 이론수립과 실증단계로 넘어가고 있음을 인식하는 것이 중요하다. 예를 들어, Fry와 동료들(2003)은 최근 영성리더십이론을 지지하는 실험적 증거들을 제시하기 시작했고, 이러한 실증연구는 학문적 영성연구에서는 예외적이었다. Fry(2005)는 텍사스에 위치한 아파치헬기 비행중대를 대상으로 2차에 걸친 실증연구를 통해서 영성리더십과 조직수행 간의 효과성에 대해 검증을 하였으며, 2011년 연구에서는 동료들과 함께 미 육군 장교 후보생들을 대상으로 영성리더십과 팀 수행에 대한 실증연구를 수행하였다(Fry et al., 2011).

영성리더십 연구가 주로 Fry와 동료들에 의해서 진행된 반면, 일터영성은 미국뿐만 아니라 유럽과 기타국가에서 여러 학자에 의해 연구가 활발하게 진행되어 오고 있다. Duchon은 일터영성에 대한 실증연구에서 가장 많은 기여를 하고 있는 연구자 중 한 명인데, Ashmos와 Duchon(2000)은 ① 내적 삶, ② 의미 있는 일, ③ 공동체에 대한 소속감으로 일터영성에 대한 3가지 구성개념을 정의하고 척도개발을 함으로써 이후 후속연구들이 가속화될 수 있는 계기를 마련하였다. 이어서 2005년의 연구(Duchon & Plowman, 2005)에서는 일터영성과 작업단위 수행 그리고 리더십에 관한 실증연구를 수행하였다. Milliman과 동료들(2003)은 개인 수준, 팀 수준, 조직 수준에서 일터영성 연구를 진행함으로써 영성연구에서 그 적용의 폭을 넓히는데 기여했다.

지난 10년간 연구논문으로 등록되었던 일터영성에 관한 데이터를 살펴보면 그 흐름을 쉽게 이해할 수 있다. Pro-quest 데이터베이스[10)]에서 '영성(spirituality)'과 관련한 논문을 검색한 결과 12개 분류에서 9,645개의 논문이 검색되었다. 이 중 종교와 관련 있는 영역을 제외하고 본 연구와 관련이 있는 5개의 분류(예: Work Environment, Organizational Behavior, Leadership, Management, Corporate Culture)에서 추출한 408개의 자료를 바탕으로 종적 분석을 하였다. 분석 결과, 관심영역의 연구 중에서 2000년 이후(2000~2010년) 발표된 건수는 354건으로 전체 논문 중 87%를 차지하였으며, 이를 통해 지난 10년간에 연구가 집중적으로 이루어졌음을 알 수 있었다. 또한, 표 2-1에서 볼 수 있듯이, 최

10) Pro-quest는 1938년 Eugene Power에 의해서 창립되었으며, 160여 분야에 1,250억 페이지의 자료를 제공하고 있다. 현재 학술연구에 대한 자료들을 제공하는 세계 최대 archive 데이터베이스 중 하나이다.

근의 연구경향성은 더욱 가파른 상승세를 보이고 있음을 알 수 있다.

국내에서 이루어진 연구에 대한 분석은 한국학술정보원(KISS)[11]에서 제공하는 데이터베이스를 활용하여 분석하였으며, '영성(spirituality)'과 관련한 연구논문 중 종교 및 인문학을 제외한 사회과학 분류만을 대상으로 조사하였다. 이렇게 추출된 연구는 총 31건이었으며, 이들은 모두 2000년 이후에 발표되었다. 그중 한국 심리학회지에 게재된 건수가 6건으로 가장 많았으나 주로 건강, 상담 및 치료분야에 치중되어 있으며, 이외 교육심리 및 사회복지 분야에 약간씩 분포되어 있고, 아직 산업 및 조직심리학 분야에서의 연구사례는 없는 것으로 나타났다. 분석결과는 표 2-2에 제시하였다.

일터영성은 최근 학문영역에서 많은 관심을 받으며 연구가 활발하게 진행되고 있고, 그 폭도 넓어지고 있음을 지난 10년간의 국내·외 데이터베이스에 나타난 연구활동 분석을 통해서 확인하였다. 하지만 아직도 이 영역의 연구를 리드하는 大이론이 부재한 상태이며, 통합적인 모델과 척도에 대한 합의도 이루어지지 않고 있다. 또한, 일터영성이 기존의 인사 조직 관련 분야에서 비중 있게 연구됐던 리더십이론들이나 조직문화와 관련된 이론들과의 상호연관성은 연구가 전무한 실정이다.

11) 한국학술정보원(KISS)에서 제공하는 데이터베이스로서 국내의 1,200개 학회 및 연구기관에서 제공하는 2,500종의 학술지 약 1,400만 페이지의 자료를 제공하고 있다.

표 2-1. Pro-quest 데이터베이스를 이용한 영성 관련 연구동향 분석(~2010년까지)

구분	Total	Sub Total (00~10)		'00	'01	'02	'03	'04	'05	'06	'07	'08	'09	'10
Work Environment	89	81	91%	8	4	3	4	15	8	9	5	7	8	10
Organizational Behavior	82	63	77%	3	5	3	7	2	18	4	8	5	4	4
Leadership	178	161	90%	9	6	11	7	7	15	7	7	14	30	48
Management	16	12	75%	7	0	0	1	0	1	1	0	1	1	0
Corporate Culture	43	37	86%	2	1	3	2	1	2	3	3	5	2	13
Sum up	408	354	87%	29	16	20	21	25	44	24	23	32	45	75

5개의 관심영역을 중심으로 분석함: 1. Work Environment(작업환경), 2. Organizational Behavior(조직행동), 3. Leadership(리더십), 4. Management(경영), 5. Corporate Culture(기업문화)

표 2-2. 한국학술정보 데이터베이스를 이용한 국내 영성 관련 연구동향 분석

구분	Total	'00	'01	'02	'03	'04	'05	'06	'07	'08	'09	'10
사회과학	31	0	0	1	1	4	3	4	2	5	5	6

제4절 일터영성 구성차원에 대한 선행연구

1. 일터영성의 구성차원

영성의 어원은 라틴어 'spiritus'에서 온 것인데 그 의미는 '생명의 기운(breath of life)'이다. 영성은 초월성 지각을 통한 존재 경험의 양식이며, 자기, 타인, 자연, 생명, 그리고 절대적 무엇인가와 관련한 특정 가치로 규정된다. 심리학적 차원의 초월성은 의식적인 자기에서 무의식 혹은 더 큰 자기(greater self)로의 자연스러운 확장을 의미한다. 영성이 있는 개인은 초월적 차원을 경험하고 있는 사람이며(매슬로우가

언급한 정상경험도 여기에 포함된다), 초월적 차원의 경험을 통해서 개인적 파워를 키워나가는 사람이다(Wuthnow, 1978; Keutzer, 1978).

Elkins와 동료들(1988)은 현상학적인 관점에서 영성을 연구한 기존의 문헌들을 고찰함으로써 영성이 ① 초월성 차원, ② 인생의 의미와 목적, ③ 인생의 사명감, ④ 삶의 신성함, ⑤ 물질적인 가치, ⑥ 이타주의적인 태도, ⑦ 이상주의, ⑧ 비극적인 면의 자각, ⑨ 영성의 풍요함의 9가지 차원으로 구성된다고 밝혔다. 기존 문헌들은 William James(1958), Carl Jung(1933, 1964), Abraham Maslow(1962, 1966, 1970, 1971), Rudolph Otto(1923), John Dewey(1934), Gordon Allport(1950), Mircea Eliade(1959), Martin Buber(1970), Erich Fromm(1950), Viktor Frankl(1963)을 포함하고 있다.

Emmons(2000b)는 일반적 영성을 측정 가능한 지능(spiritual intelligence: SI)으로 보고, 핵심요인으로 첫째, 초월역량, 둘째, 더 높은 영적 의식상태로 들어가려는 능력, 셋째, 일상생활 속에서 신성함을 느끼는 것, 넷째, 일상의 문제해결에 있어서 영적 공명을 활용하는 능력 등 4가지 하위 구성요소로 보고하였다.[12] 그는 또 두 가지 상반되는 방식으로 영성을 해석할 수 있다고 제안했는데(Emmons, 2000a), 한 가지 접근은 영성을 수동적, 정적, 그리고 시간이 지나도 잘 변하지 않는 신념이나 종교의식과 같은 성격적 '특성(trait)'으로 해석하는 것이다. 다른 한 가지 접근에서는 영성을 역동성으로 보는 것이다. 즉 발현되고, 발전되며, 외부 환경과 상호작용하는 일련의 기술, 재원, 역량, 능력을 말한다.

12) Emmons는 초기에 영성지능(spiritual intelligence)의 하위 구성요소로 '도덕성에 대한 견지'를 포함한 5가지를 제안하였는데, 이후 Gardner와의 논쟁(2000b)을 통하여 4가지로 수정하였다.

Howden(1992)은 영성측정도구 개발의 사전 연구로 영성개념분석을 시도하였다. 연구 결과 영성의 속성으로 '삶의 의미와 목적', '내적 자원', '통합적 관계성', '초월성'을 제시하였다. 이러한 영성의 속성에 근거하여 Howden은 '영성이란 통합시키는 상호 연결성을 통하여 삶의 의미와 목적, 내적 자원 및 초월성을 드러내는 요소'라고 정의하였다.

Carrette와 King(2005)은 영성이 오늘날의 사회에 있어서 의미와 가치, 초월, 희망, 관계 연구의 '상징'이 되었다고 주장했다. 인간의 가치에 대한 질문을 입증 가능한 장(場)으로 끌고 들어옴으로써 가능해진 것이다. 그럼 어디에서부터 인간의 가치에 대한 질문에 답을 찾을 것인가? 바로 구체적인 마인드셋을 증거하는 4가지 행동특성을 구성하는 영성의 개념에서 답을 얻을 수 있다고 보았다. 그들이 이야기하는 영성이 높은 사람들의 행동 특성들은 다음과 같다. 첫째, 자신들의 '이기심'을 초월한다. 둘째, 다른 사람들이나 다른 생명체와의 '상호 연결성'을 인지하고 수용한다. 셋째, 자신들의 삶을 '통합적'으로 견지하며, 행동에 있어 더 높은 차원을 추구한다. 넷째, 물질적 세계를 뛰어넘는 어떤 것에 대한 '신념'을 가진다는 것이다.

Thompson(2000)은 영성의 개념을 '일(work)'을 통한 현실적 개념으로 더욱 정교화시켰는데, 개인이 자신을 넘어서 '의미'를 찾아내고, 내재적인 것과 초월적 의미를 구분하는 것으로 정의하였다. 그가 이야기하는 내재적인 것은 우리의 개인적 욕구를 충족시키는 일반적인 것들인 지위, 소득, 안전, 성취 등을 말한다. 한편으로 초월적 의미는 자신을 넘어서는 동기, 원칙, 그리고 일 관련 사항들이다. 일에 대한 우리의 접근이 포괄적이고 자신을 넘어선 관심사항과 자기 이익을 넘어선 원칙들, 그리고 가시적 세계를 넘어선 힘을 포함하고 있을 때, 우리는 일을 통해서 초월적 의미의 가능성을 경험할 수 있다.

Kinjerski와 Skrypnek(2006)은 일터영성에 대한 탐색적 연구를 통하여서 일 몰입, 공동체 의식, 영적 연결, 특별한 체험의 4가지 차원을 제안하였다. 첫째, 일 몰입은 개인의 가치나 신념과 일의 관계를 지각하는 인지적 차원이며, 둘째, 공동체 의식은 다른 사람들과의 관계나 일반적 목적에 의해서 특성화되는 관계 차원이며, 셋째, 영적 연결은 자기 자신보다 더 큰 어떤 존재와의 연결감을 가지는 차원이며, 넷째, 특별한 체험은 경험을 통해서 나타나는 긍정적인 신체적 감각과 에너지 차원이다.

Tepper(2003)는 영성과 관련하여 조직시민행동(OCB)에 관한 개념을 소개하면서, 영성을 개인이 자신의 존재에 대한 신성한 의미와 목적을 찾기 위해 동기화된 정도로 정의했다. 그는 먼저 동기요소로서 영성은 획득된 욕구(acquired need)로 볼 수 있으며, McClelland(1971)가 이야기한 학습된 욕구(learned need)와는 다른 것으로 보았다. 즉, 개인은 자신의 환경과 경험 속에서 의미와 목적을 찾는 욕구를 획득한다는 것이다. 다음으로, 개인의 영성은 아주 낮은 단계에서부터 아주 높은 단계로 이어지는 연속선 상에 위치하게 된다는 것이다. 낮은 단계의 영성은 개인의 삶의 중요성에 관한 낮은 고찰을 가지고 있는 반면, 높은 수준의 영성 소유자는 매 순간순간에서 개인의 삶의 의미와 목적을 찾는 데 충실하다고 주장했다.

Ashmos와 Duchon(2000)은 696명의 자료를 분석한 실증연구를 통해서 일터영성에 대한 구성차원을 밝혔는데, 연구 결과를 토대로 ① 공동체 구성원 지각, ② 일터에서의 의미, ③ 내적 삶의 3가지 차원으로 정의하였다. 먼저 공동체의 구성원으로서의 지각은 구성원들이 공동체의 일원으로 존재한다는 느낌이 드는 것이며, 그 속에서 개인적 성장과 소속감을 향상시키는 것이다. 직장에서의 공동체는 사람들이 자신들이 서로 연결되어 있다는 믿음에 근거하며, 이것은 자신의 내적 자아와 타인들의 내적 자아의 교감 같은 것을 의미한다(Maynard, 1992; Miller, 1992). 둘째는 일터에서 의미를 추구하는 행위로서 Hackman과 Oldham(1976)이 이야기하는 일에서 얻어지는 일반적인 즐거움이나 만족감을 넘어 더 깊은 수준의 의미와 목적, 가치를 찾는 것을 말한다(Milliman et al., 2001). 셋째는 내적 삶의 차원이다. 이것은 사람들이 내적 세계와 외적 세계를 가지고 있다는 가정을 근거로 한다. 일터에서 내적 세계(자기 존재)를 양육함으로써 더욱 의미 있고 생산적인 외적 세계를 형성할 수 있다는 것이다(Parboteeah & Cullen, 2003).

이처럼 영성과 일터영성의 구성차원에 대한 여러 연구가 진행되었으며, 이는 이후 실증연구의 기본적인 틀을 제공하였다는 점에서 의의가 있다고 하겠다. 지금까지 이루어진 주요 일터영성 연구의 구성차원에 대한 정리는 표 2-3에 제시하였다.

2. 일터영성의 측정

그동안 개념적으로만 논의되었던 일터영성에 대한 접근이 2000년을 넘어오면서 다양한 척도가 개발되고 실증연구들로 조직효과성에 미치는 영향들이 검증되기 시작했다. 이는 최근에 일고 있는 일터영성 연구를 촉진하고 있을 뿐만 아니라 연구영역의 폭을 빠르게 넓혀가고 있다.

Ashmos와 Duchon(2000)은 기존 문헌들을 근거로 일터영성에 대한 개념화와 척도개발을 통해 연구 촉진에 기여하고자 했다. 그들은 공동체의 맥락에서 의미 있는 일에 의해서 내면적 삶이 양육된다고 보았다. 따라서 ① 내면적 삶, ② 의미 있는 일, ③ 공동체 일원으로서의 지각을 일터영성을 구성하는 3가지 요소로 정의하였다.

그들은 전문가 그룹들과 함께 문헌을 근거로 세 수준에서 문항을 구성하였다. Part 1은 개인 수준으로 34문항으로 구성하고, Part 2는 작업단위 수준으로 16문항으로 구성하였으며, Part 3은 조직단위 수준으로 16문항으로 구성하였다. 의료계에 근무하는 696명으로부터 설문조사를 통해 얻은 자료를 분석한 결과, 먼저 개인적 수준에서는 위에서 언급한 3개의 요인에 더하여 '개인적 책임감', '타인과의 긍정적 관

표 2-3. 일터영성의 구성차원에 대한 주요 연구

연구자(연도)	구성차원	일터영성 구성차원의 주요 내용
Mirvis(1997)	2차원	자신에게 있어 일의 의미를 찾고, 공동체의 구성원으로서 의식을 갖는 것
Beyer(1999)	3차원	자신의 존재에 대한 내면적 세계를 탐구하고, 일을 통하여 의미를 발견하며, 직장을 공동체로 인식하는 것
Emmons(2000)	2가지 해석접근	영성을 수동적, 정적, 시간이 지나도 잘 변하지 않는 성격적 특성(trait)과 같은 것으로 해석 영성을 역동성(dynamics)으로 보는 것. 발현되고, 발전되며, 외부환경과 상호작용하는 능력
Thompson(2000)	2차원	내재적인 것(immanent): 개인적 욕구(ego needs)를 충족시키는 지위, 소득, 안전, 성취 추구 초월적 의미(transcendant meaning): 일 속에서 자신을 넘어선 동기, 이익을 넘어선 원칙, 가시적 세계를 넘어선 힘
Ashmos와 Duchon(2000)	3차원	공동체(community)의 일원으로 존재한다는 느낌 일터에서 의미를 추구하는 행위(목적과 가치 추구) 일터에서 자기 존재를 양육함으로써 더 큰 세계를 형성할 수 있다는 것

Milliman, Czaplewski와 Ferguson(2003)	3차원	일에서 가치를 찾는 태도 공동체 의식을 추구하는 태도 조직의 가치와 정렬하려는 태도
Fry(2003)	2차원	일에서 확고한 의미와 가치를 갖는 소명감(calling) 조직을 공동체로 인식하고, 자신이 그 일원임을 지각하는 것(membership)
Giacalone과 Jurkiewicz(2003)	2차원	일을 통해 더 큰 자기로 나아가는 '초월성(transcendence)' 집단의 구성원이라는 '공동체 의식(sense of community)'
Tepper(2003)	2가지 속성	자신의 존재에 대한 신성한 의미와 목적을 찾기 위해 동기화된 정도 아주 낮은 단계에서부터 아주 높은 단계까지 삶을 고찰하는 수준에 따른 연속체계(continuum)
Marques, Dhiman과 King(2005)	3차원	자신과 긍정적 결과에 대한 강한 믿음 일터에서 정신적, 신체적, 영적으로 스스로를 잘 돌보고 있다는 지각 조직 안에서 환경(동료를 포함)과 상호 연계되어 있다는 지각
Kinjerski와 Skrypnek(2006)	4차원	더 높은 목표와 긍정적 정서로 의미 있는 일을 하고 있다는 지각(engaging work) 다른 사람들과 공통된 목표를 가지고 연계되어 있다는 의식(sense of connection) 자신보다 큰 어떤 힘과 연계되었다는 느낌(spiritual connection) 신체적, 정서적 특별한 체험(mystical experience)
Petchsawang과 Duchon(2009)	4차원	다른 사람의 아픔을 지각하는 것(compassion) 자기 생각과 행동을 섬세하게 인식하는 내면의식(mindfulness) 일이 자신의 인생에서 중요하고 의미 있는 부분이라는 것에 대한 경험(meaningful work) 더 높은 차원의 어떤 힘과 연계된 느낌(transcendence)

계', '명상・묵상' 등 4개 요인이 추가로 추출되어 총 7개의 요인으로 확인되었다. 다음으로, 작업단위 수준에서는 '작업단위 공동체'와 '작업단위 가치' 2개 요인으로 확인되었다. 마지막, 조직 수준에서는 2개의 요인이 추출되었으나, 요인들 간에 중복이 많아 척도로 사용될 수 없음을 밝혔다.

Liu와 Robertson(2011)은 영성 수준이 연속선 상에 있다고 보고 낮은 수준의 영성부터 높은 수준의 영성까지 4단계 수준으로 제안하였다.

이것은 낮은 수준의 '개인적 자기정체성'에서부터 시작하여 → '관계적 자기정체성' → '집단적 수준의 자기정체성' → 가장 높은 수준인 '초월적 차원의 자기정체성'으로 발전하는 모델을 보여주고 있다. 이들은 영성의 하위차원을 ① 더 높은 존재와의 연결성, ② 사람들과의 연결성, ③ 자연과 다른 생명과의 연결성의 3차원으로 규정하고 문헌검증과 전문가그룹의 안면타당도를 확보하는 과정을 거쳐 다른 척도들(Cloninger et al., 1993; Elkins et al., 1998; Hatch, Burg, Naberhaus & Hellmich, 1998; Piedmont, 1999)로부터 16개 문항을 최종 선별하였다. 이들은 설문조사를 위한 별도의 웹사이트를 통하여 확보된 2,232개의 자료를 분석에 활용하였다. 탐색적 요인분석과 확인적 요인분석을 통한 교차타당화를 통해서 위 3가지 차원을 최종적으로 확인하였다.

Fry와 동료들(2005)은 영성리더십 연구를 통하여 리더수준에서는 비전, 신념, 이타적 사랑이라는 3가지 차원을 제시하였으며, 조직구성원들의 개인적 수준에서는 '소명'과 '구성원으로서의 지각'의 2가지 차원을 제시하였다. 이중 개인적 수준에서의 심리적 의식상태인 일터영성에 해당하는 '소명'은 4문항으로 구성되었으며, '구성원으로서의 지각'은 5문항으로 구성되었다. 그들은 텍사스에 위치한 아파치헬기 중대원 181명 전원을 종적 분석하여 리더수준에서의 영성리더십과 구성원의 개인적 수준에 해당하는 일터영성이 조직수행에서 어떤 영향을 미치는지를 검증하였다.

또한, Kolodinsky와 동료들(2008)은 개인의 영성 수준과 조직 영성 수준의 부합도와 일 몰입, 조직정체성, 보상 등 다양한 조직효과성 검증에 관한 실증연구를 실시하였는데, 개인의 일반적 영성 수준을 측정하는 도구로 Wheat(1991)이 제안한 HSS(human spirituality scale; 5점

Likert type 20문항)와 Crumbaugh와 Maholick(1964)이 제안한 PILS(the purpose in life scale; 7점 Likert type 20문항)을 교차 사용하였다. 그들은 또 조직 수준의 영성을 측정하기 위해서 HSS(Wheat, 1991) 문항들을 조직 수준에 맞게 수정하여(예: '이 조직에는 삶의 신성한 부분이 있다', '이 조직은 더 큰 세계로의 연결통로가 된다') 5점 Likert type의 조직영성척도(organizational spiritual value scale: OSVS)를 제안・적용하였다.

이 밖에도 Kinjerski와 Skrypnek(2006)은 일터영성에 대한 탐색적 연구를 통하여서 일 몰입(engaging work), 공동체 의식(sense of community), 영적 연결 (spiritual connection), 특별한 체험(mythical experience)의 4가지 차원 18문항의 척도를 제안하였다. 또한, Milliman과 동료들(2003)은 일터영성을 ① 의미 있는 일 6개 항목, ② 공동체 일원으로서의 지각 7개 항목, ③ 조직 가치정렬 8개 항목의 3가지 차원으로 정의하고 조직효과성 변수 간의 실증연구를 실시하였다.

Petchsawang과 Duchon(2009)은 일터영성의 관련 문헌들을 검토하여 37문항으로 구성된 5가지 구성차원을 제안했는데, 연구결과 ① 동정심 4문항, ② 깨어있음 6문항, ③ 의미 있는 일 7문항, ④ 초월성 5문항의 4가지 구성차원으로 확인되었다(총 22문항). 그는 '동정심'과 '깨어있음'이라는 새로운 요인을 포함해 좀 더 포괄적인 접근을 시도했는데, 확인 과정에서 기존의 모든 척도에서 확인된 '연결성' 요인이 제거되었으나 이에 대한 추가적인 설명은 없었다. Petchsawang의 연구는 아시아 문화권에서 이루어진 일터영성 척도연구로서 그 의미를 가진다고 볼 수 있다.

3. 선행연구의 한계

지금까지 살펴본 바와 같이 일터영성 연구는 1990년대 후반기부터 시작되어 2000년 중반을 넘어오면서 논의가 더욱 활발하게 진행되고 다양한 실증연구들을 통해서 척도의 개발과 함께 조직효과성에 미치는 영향들이 검증되고 있다. 하지만 아직 이들을 통합하는 모델이나 합의된 대표적인 척도가 없어서 연구자에 따라 일터영성의 개념이 혼재될 수 있고, 그 정의와 범위에 따라 사용되는 도구의 일관성이 결여될 수 있다는 한계가 있다.

무엇보다 지금까지의 척도에서 가장 일반적으로 가지고 있는 한계는 일과 조직이라는 환경 속에서 역동적으로 작용하는 심리적 의식 상태인 일터영성이 임상이나 건강에서 다루어지고 있는 일상적 영성 척도와 혼재되어 사용되는 경우가 많다는 것이다. 이것은 특히 '초월성' 차원을 측정하는 도구들에서 흔히 볼 수 있는데, 예를 들어 '나는 어떤 절대적인 힘을 믿는다'와 '나는 어떤 절대자와의 연결감을 가지고 있으며, 이를 통해서 힘을 얻는다' 등이다. 일터영성에서 정의되는 초월성은 앞 절의 논의에서 언급하였듯이 자기의 에고(self-ego)를 넘어선 무엇인가를 추구하고, 일 속에서 더 큰 자신(greater self)을 발견하는 것이어야 하며, 이것은 Maslow(1971)가 이야기하는 자기실현의 가장 높은 단계인 자기초월(영적 상태)과 일맥상통하는 것이다. Maslow(1967)는 정상경험을 통해서 이 단계에 도달할 수 있다고 제안하였으며, 본 연구에서도 이와 같은 일과 조직에서 경험되어지는 특별한 경험을 측정 가능한 초월적 행동특성으로 정의하고자 하는 것이다.

예를 들어, Kolodinsky와 동료들(2008)이 수행했던 연구는 조직효과성에 대한 다양한 변수를 측정함으로써 일터영성 연구의 폭을 넓히는데 기여했으나, 조직영성 수준을 측정하는 데 있어 일반영성척도를 검증작업 없이 단순 변환하여 적용함으로써 일반화에 대한 한계를 지니고 있다. 그들은 Wheat(1991)이 제안한 개인의 일반적 영성 수준을 측정하는 도구(HSS)를 활용하였으며, '나는 살아있는 모든 것에서 신성함을 느낀다' → '이 조직에는 삶의 신성한 부분이 있다'와 '나는 다른 생명과 일종의 연결성을 경험한다' → '이 조직은 더 큰 세계로의 연결통로가 된다' 등으로 단순 수정하여 조직영성척도(OSVS)로 제안 적용하였는데, 이것은 개인 수준과 조직 수준의 심리적 메커니즘이 다르므로 반드시 선행되어야 할 척도에 대한 타당화 작업이 결여되었다는 한계를 가지고 있다.

그간 일터영성 연구는 북미와 유럽을 중심으로 진행됐으며, 아시아 컨텍스트에서는 상대적으로 그 연구가 미비하였다. 특히 국내에서의 일터영성 연구는 상황이 더욱 심각하다. 경영과 산업 및 조직 등 사회과학 분야에서 영성을 다룬다는 것이 종교적 편향에 부딪힐 수 있다는 우려 때문에 연구자들은 조심스러웠던 것이 사실이며, 지난 10년간 산발적으로 진행됐던 연구의 양은 미비하고 그마저도 문헌적 고찰과 제안 수준에 머무르고 있다. 이런 연구들에서는 일터영성에 대한 개념이 모호하여, 일터영성이 일과 조직이라는 환경 속에서 개인에게 내재하여 있는 심리적 차원의 의식상태임에도 불구하고 조직 수준의 영성이나 영성리더십의 개념들과 혼재되어 사용하는 경우가 많다. 예를 들어, 일터영성과 리더십과의 관계(허갑수, 2010) 연구에서는 연구의 목적이 일터영성과 영성리더십을 소개하는 것인지, 아니면 구성원들의 일터영성을 높이기 위한 리더십 고찰을 제안하는 것인지 불분명하다. 또한, 유규창 등(2010)이 제안한 일터영성의 개념적 정의와 모델 제안 연구에서는 일터영성 연구의 필요성에 대한 절박함을 강조하면서도 개념적으로 조직에 대한 적용성을 지나치게 고려한 나머지 개인차원의 심리적 의식상태인 일터영성이 작업집단 수준과 조직 수준에서 혼재되어 사용되고 있다.

따라서 본 연구에서는 첫째, 기존에 제안됐던 연구들을 종합적으로 검토하여, 일과 조직이라는 환경 속에서 역동적으로 형성되는 심리적 의식상태로서 좀 더 포괄적이고 체계적인 일터영성의 구성개념을 제안하고자 한다. 둘째, 일터영성 측정을 위한 척도(WSI)를 개발하고 타당화시킴으로써 산업 및 조직 장면에서 일터영성 연구 활성화에 기여하고자 한다. 셋째, 실증연구를 통하여 일터영성과 개인적 차원, 사회적 차원, 조직효과성 차원의 변인들과의 관계를 살펴보고, 리더십 차원과 조직문화 차원에서 그 특성에 따라 일터영성이 어떻게 매개하고 조절되는지 검증하고자 한다.

제3장

연구 1: 일터영성의 개념화 및 척도개발

제1절 연구의 목적

지금까지 영성에 대한 철학적 고찰과 종교와 일터영성의 구분, 그리고 지난 10년간 일터영성 연구의 흐름과 함께 선행연구들에 대한 문헌적 검토를 통해서 일터영성이 오늘날 조직에서 직면하고 있는 많은 문제에 대한 새로운 접근법을 제시해 줄 수 있다는 가능성을 확인하였다. 그뿐만 아니라 일터영성은 조직구성원들의 삶의 질을 높임과 동시에 조직효과성에도 긍정적 영향을 미칠 것이라는 통찰을 제공한다고 볼 수 있다.

우리는 깨어있는 시간의 대부분, 특히 무엇인가를 창출하기 위해서 노력하는 시간 대부분을 일터에서 보낸다. 따라서 우리가 하는 일과 그 일을 하는 환경은 우리의 자아개념에 직접적인 영향을 주며, 일뿐만 아니라 일을 떠난 우리의 삶의 질에도 영향을 미친다. Giacalone과 Jurkiewicz(2003)은 사람들이 결과물에 기여한 것에서뿐만 아니라 그것을 이루는 방법 안에서도 만족을 찾으려고 하는데, 이러한 만족을 증대시키는 것은 개인의 노력을 촉진할 것이며 그렇게 함으로써 조직적 수행성과는 올라가고 효과성은 극대화될 것이라고 주장하고 있다. 분명히 2000년 중반을 넘어오면서 일터영성 연구는 논의가 더욱 활발하게 진행되고 있으며, 다양한 실증연구들을 통해서 조직효과성에 미치는 영향들이 검증되고 있다.

하지만 아직도 일터영성의 개념에 대한 통합적인 모델이나 이를 포괄하는 척도가 부재한 것이 사실이다. 일터영성의 개념이 혼재되어 있기 때문에 각 연구자에 의한 일터영성의 정의와 범위에 따라 사용된 도구가 달랐으며, 그로 인한 연구의 일관성에 결여가 있었다. 또한, 일과 조직이라는 맥락 속에서 측정되어야 할 일터영성이 임상이나 건강에서 다루어지고 있는 일상 속 개인의 영성척도와 혼재되어 사용되는 사례들이 많았다.

따라서 본 연구에서는 먼저 기존에 제안됐던 연구들을 종합적으로 검토하여, 일과 조직이라는 환경 속에서 역동적으로 형성되는 심리적 의식상태로서의 좀 더 포괄적이고 체계적인 일터영성의 구성개념을 제안하고자 한다. 다음으로, 일터영성의 측정을 위한 척도를 구안하고 실증함으로써 조직 장면에서 일터영성 연구 활성화에 기여하고자 하는 것이다.

제2절 포괄적 구성차원의 고찰

Elkins와 동료들(1988)은 영성에 관한 기존 문헌연구를 통하여 영성이 ① 초월성 차원, ② 인생의 의미와 목적, ③ 인생의 사명감, ④ 삶의 신성함, ⑤ 물질적인 가치, ⑥ 이타주의적 태도, ⑦ 이상주의, ⑧ 비극적인 면의 자각, ⑨ 영성의 풍요함 등 9가지 차원으로 구성된다고 밝혔다. 이후 Howden(1992)은 영성의 속성을 ① 삶의 의미와 목적, ② 내적 자원, ③ 통합적 관계성, ④ 초월성의 4차원으로 분류하였으며, 그의 체계적인 접근은 일터영성 척도연구에 영향을 주었다.

Mirvis(1997)는 이후, 영성척도의 개념을 일터영성으로 현실화시키면서 자신에게 있어 '일의 의미'를 찾고, 공동체의 '구성원으로서 의식'을 갖는 2차원 모델을 제안하였으며, Beyer(1999)는 한 걸음 더 나아가, 자신의 존재에 대한 '내면적 세계의 탐구'를 추가한 3차원 모델을 제안하였다. 이들의 구성차원 제안은 개인이 처한 일과 환경 안에서 자신, 일, 조직이라는 차원을 정의했다는 관점에서 일터영성 척도연구에 기틀을 제공했다고 볼 수 있다. 하지만 일반적으로 영성이란 주제를 다룰 때 포함되는 초월성 차원 등에 대한 설명력이 결여되어 있다는 한계가 있었다.

또한 Thompson(2000)은 기존의 연구들과 다른 접근을 시도하였는데, 그는 일터영성을 지위, 소득, 안전, 성취 추구 등 개인적 욕구(ego need)를 충족시키는 '내재적인 차원(immanent)'과 자신을 넘어선 동기, 이익을 넘어선 원칙, 가시적 세계를 넘어선 힘으로 규정된 '초월적 의미 차원(transcendant meaning)'의 거시적 2차원 모델을 제안하기도 하였다. 여기서 초월적 의미 차원은 Mirvis(1997)와 Beyer(1999)의 연구에서 다뤄지지 않았던 개념이다.

Ashmos와 Duchon(2000)은 기존 문헌들을 근거로 일터영성의 3가지 차원 구성을 제안하고, 척도를 실증 연구함으로써 2000년 이후 일터영성 연구의 물꼬를 텄다고 볼 수 있다. 그들은 일터영성을 공동체의 맥락에서 의미 있는 일에 의해서 내면적 삶이 양육되는 것으로 보고 ① 내면적 삶, ② 의미 있는 일, ③ 공동체 일원으로서의 지각을 일터영성의 3가지 구성차원으로 정의하였다. 하지만 실증연구에서 3개 요인에 더하여 '개인적 책임감', '타인과의 긍정적 관계', '명상·묵상' 등 4개 요인이 추가로 추출되어 총 7개의 요인으로 확인되었으나, 이에 대한 추가적인 확인과정이 없이 논의를 통하여 앞서 정의한 3가지 요인에 모두 포함되는 것으로 결론을 내렸다. 이는 일터영성이 3가지 차원 이외의 추가적인 차원이 존재할 수 있음을 간과한 것이라 볼 수 있다.

이후 Milliman과 동료들(2003)은 개인의 태도적 관점에서 일터영성을 규정하였는데, ① 일에서 가치를 찾는 태도, ② 공동체 의식을 추구하는 태도, ③ 조직의 가치와 정렬하려는 태도 등이 그것이다. 또한, 영성리더십 연구에 큰 기여를 하고 있는 Fry(2003)는 영성이 있는 리더는 조직 구성원의 영성을 고양시킬 수 있다고 주장하면서, 개인적 수준의 영성을 일에서 확고한 의미와 가치를 찾는 '소명감(calling)'과 조직을 공동체로 인식하고, 스스로 그 일원임을 지각하는 '멤버십(membership)'으로 정의했다. 위와 같이 2000년 중반부로 이어지면서 일터영성 구성차원 연구는 조직정체성 부분에 분명한 무게를 두게 되었는데, 이 때문에 여러 연구에서 개인적 차원의 일터영성이 조직 차원의 영성 수준과 혼재되어 사용되기도 하였다.

Kinjerski와 Skrypnek(2006)은 기존의 연구들에서 좀 더 의식적으로 확장된 개념으로 일터영성을 정의했는데, ① 더 높은 목표와 긍정정서로 의미 있는 일을 하고 있다는 지각(engaging work), ② 조직 내 다른 사람들과 공통된 목표를 가지고 서로 연계되어 있다는 의식(sens of connection), ③ 자신보다 더 큰 어떤 힘과 연계되어 있다는 느낌(spiritual connection), ④ 신체적·정서적으로 경험한 특별한 체험

(mystical experience)의 4차원으로 정의하였다. 그들은 함께 일하는 동료들과 연계되어 있다는 의식(connection)을 차원 구성에 포함함으로써, 그간 일터영성 구성차원이 자신, 일, 조직이라는 정형화된 구조에서 동료와의 화학작용을 불러일으키는 '역동적인 구조'로 변화할 수 있음을 시사했다. 하지만 신체적 · 정서적 특별한 체험(mystical experience) 등의 차원은 일터영성 차원으로 구성하기에는 논리적 근거에 한계가 있었다.

Petchsawang과 Duchon(2009)은 최근의 연구에서 일터영성과 관련한 기존 문헌들을 검토한 후, 상호 연결감(connection), 의미 있는 일(meaningful work), 초월성(transcendence)의 3가지 차원 위에 '동정심(compassion)'과 '깨어있음(mindfulness)'의 2가지 차원을 추가하여 5가지 구성차원을 제안했는데, 연구결과 최종 4차원 구성개념으로 확인되었다. 이 과정에서 대부분의 일터영성 척도에서 포함하고 있는 '연결성' 차원이 제거되었는데, 이것이 새로운 구성차원인 '동정심'이나 '깨어있음'과 어떤 관계를 맺고 있는지 구체적으로 밝히지 못한 한계를 가지고 있다.

지금까지 논의한 일터영성 선행연구들의 구성차원을 포괄적으로 종합해보면, 먼저 자기 자신의 존재와 내면에 대한 인식 차원을 들 수 있다. 내면의식은 일터영성 뿐만 아니라 일반적 영성연구에서도 폭넓게 다뤄지는 차원이다. 다음으로는 일에 대한 태도적 관점에서 도구적 수단으로서의 일의 개념을 넘어 삶의 목적과 의미를 찾는 차원이다. 개인이 삶에서 일을 어떻게 받아들이는가 하는 태도는 일터영성을 정의할 때 먼저 고려되고 있는 요소이다. 세 번째로는 함께 일하는 동료나 타인에 대하여 아픔을 공유하고 배려할 수 있는 정서적 태도 관점의 차원이 있을 수 있다. 이것은 일과 자신, 그리고 조직이라는 일터영성의 구조 내에 관계적 차원을 형성하며, 일터영성에 변화하고 움직이는 역동성을 더해주는 요소이다. 네 번째는 조직의 일원으로서 공동체에 대한 지각과 사명감을 갖는 차원이 있을 수 있다. 공동체의 일원으로서 존재감을 가지며, 그 속에서 개인적 성장과 소속감을 향상시키는 것은 일터영성 연구에서 핵심적으로 다뤄지는 요소이다. 마지막으로는 신성한 힘이나 특별한 체험, 그리고 자신의 ego를 극복하는 차원으로 묶어볼 수 있다. 그간 연구자에 따라서 일반영성 연구에서 폭넓게 다뤄지고 있는 '신성한 어떤 존재와의 연결'을 의미하는 초월개념이 혼재되어 사용되는 경우가 많았는데, 이 차원은 일터영성의 관점에서 Maslow(1970)가 이야기하는 정상경험(peak-experience) 등을 통해 자신의 이기심과 ego를 넘어 더 큰 자기를 지향하며, 의식을 높여 가는 차원으로 한정할 필요성이 제기된다.

제3절 일터영성의 개념화

본 연구에서는 일터영성을 좀 더 포괄적이고 체계적으로 정의하기 위해서, 지금까지 기존 연구자들이 논의한 연구들을 기반으로 일터영성의 구성차원들을 다음과 같은 다섯 개 차원으로 정의하고자 한다. 먼저 '개인 자신의 차원'을 들 수 있다. 자신의 내면세계에 대한 인식은 영성연구에서 가장 설득력 있게 받아들여지고 있는 요소다. 영성이 내면세계와 외현적 세계의 연결 역할을 하며, 무엇인가로 변화하고자 하는 내면적 '힘'으로 작용한다는 관점에서 자신의 내면세계에 대한 인식이 일터영성 형성에 중요한 한 부분이라는 것에 연구자들은 동의하고 있는 것이다.

다음으로 '일'에 대한 차원이다. 일터영성을 논할 때 개인의 일에 대한 인식과 태도는 가장 핵심적인 부분이며, 전체적이며 프로세스 관점에서 일터영성의 발현과 성장을 견인하는 요소이기도 하다. 세 번째로는 타인과의 '관계차원'이다. 일터라는 곳은 사람들과의 관계 속에서 결과를 창출하는 '장(場)'으로서, 함께 일하는 동료에 대해서 인식하고, 생산적인 관계를 지향하며, 그들의 아픔까지 헤아릴 수 있는 '공감능력'은 중요한 구성요소로 생각할 수 있다. 공감은 다른 사람에 대한 감정과 느낌을 인지하고 이해하는 능력이며, 개인의 공감능력은 상호신뢰의 협조적 관계를 만들어나가는 데 도움이 된다(Mahsud & Yukl, 2010). Zohar와 Marshal(2000)의 영성지능(SQ) 연구에서도 상대방의 아픔을 헤아리는 능력이 측정요인에 포함되어 있다.

네 번째로는 공동체에 대한 차원이다. 일반 영성연구와 일터영성 연구에서 많은 연구자가 공통으로 제안하고 있는 부분이 '연결성'이다. 이것은 내가 다른 사람 혹은 다른 무엇들과 연결되어 있다는 인식을 하는 것인데, 조직이라는 환경 속에서 개인이 공동체의 일원으로서 연결감을 갖는 것은 일터영성을 구성하는 중요한 요소라고 할 수 있겠다.

마지막으로, 초월성 차원이다. 이것은 거의 모든 종류의 영성연구에서 보편적으로 받아들여지고 있는 특성이다(Ashforth & Pratt, 2003). 일터영성 연구에서는 자신의 이기심을 넘어서 더 큰 자기로 나아가려는 '힘'으로 정의되며, 연속성의 관점에서 본다면 자신의 존재가치를 실현하는 가장 높은 수준의 상태를 이야기한다.

따라서 본 연구에서는 일터영성을 "일과 조직이라는 환경 속에서 개인이 삶의 의미와 목적을 찾고, 더 나은 존재적 가치를 실현하려는 인간의 본연적 · 심리적 의식상태"로 정의하고, ① 자신의 존재적 가치와 정체성에 기반을 둔 '자신에 대한 내면의식'(a sense of inner life), ② 일을 통해서 삶의 의미와 목적을 발견하는 '일에 대한 소명의식'(a sense of calling), ③ 동료 및 상하 간의 관계에서 상대를 헤아리고 고통을 공유할 수 있는 '타인에 대한 공감의식'(a sense of empathy), ④ 조직과 사회의 한 구성원으로서 서로 연결되어 있으며 함께하고 있다는 '조직에 대한 공동체 의식'(a sense of community), ⑤ 일과 환경 속에 몰입되어 자신(ego)을 넘어서는 '초월의식'(a sense of transcendence) 등 5가지 하위차원을 일터영성의 구성개념으로 조작적 정의하고자 한다. 영성이란 개인의 삶 속에서 자신을 넘어서는 초월적 의미를 찾는 내재적이며 통합적인 과정이다. 이러한 전체적이며 포괄적인 일터영성의 개념은 아래 그림 3-1에 제시하였다.

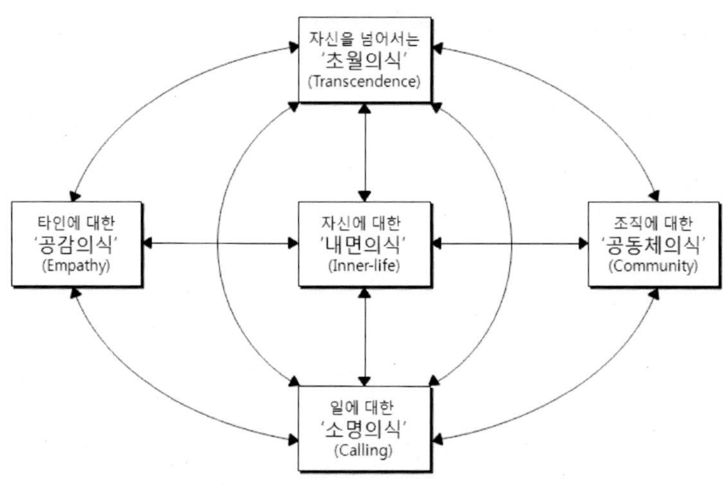

그림 3-1. 일터영성의 5가지 차원 개념

1. **자신에 대한 '내면의식'**(a sense of inner-life)

사람들은 온전한 자신으로 일터에 나오며, 우리가 온전한 자신을 이야기할 때는 영적 자신(spiritual self)을 포함하고 있는 것이다. Dehler와 Welsh(2003)은 변화하는 일의 속성에 대해서 새로운 직장환경에서 사람들은 '온전한 자신'으로 일터에 나온다고 이야기했으며, Vaill(1998)은 내적 삶에 대하여 각 개인의 "자신은 누구인가, 무엇을 하는가, 그리고 무엇에 기여하는가에 대한 근본적인 의미에 대한 느낌"이라고 간주했다. Levy(2000)는 '비즈니스 리더십을 위한 영성'이라는 대학원 과정에 참여한 후 기고문에서,

> *"영성과 비즈니스 리더십 관계의 근원은 우리 모두가 내면의 목소리를 가지고 있다는 것을 인정하는 것과 그것이 우리가 가장 어려운 의사결정상황에서 궁극적인 지혜의 원천이라는 것을 인정하는 데 있다."*

라고 이야기하고 있다[13]. 따라서 일터영성의 한 가지 중요한 차원은 직원들이 육체적, 정서적, 인지적 욕구처럼, 영적 욕구(특히 내적 삶)를 가지고 있다는 개념이며, 이러한 욕구들은 일터에 나오면서 집에 놓고 오지 않는다는 것이다.

Ashmos와 Duchon(2005)은 내적 삶의 존재가 두 가지 조직행동 구성개념과 관련이 있다고 주장하고 있다. 하나는 '개인 정체성'이며 다른 하나는 '사회 정체성'인데, 개인 정체성은 개인의 자기개념의 한 부분

---

13) Levy는 Catalytica社 CEO이며, '리더들을 위한 영성과정'에 대한 기고문이 Journal of Management Inquiry(2000)에 게재되었다.

이며 자신들의 내적 관점이고, 내적 삶의 표출은 부분적으로 사회정체성의 표현인 것이다. Shamir(1991)는 자기개념(self-concept)에 기반을 둔 작업동기 이론을 제안하면서, 개인의 내적 자기개념(특히 내적 삶)과 일의 합치성은 거대한 동기를 자극한다고 주장함으로써 내적 삶의 고찰에 대한 유용한 프레임을 제공하였다. 그가 이야기하는 자기개념의 접근은 다음과 같은 5가지 가정을 전제한다. ① 인간은 목표지향적일 뿐만 아니라 동시에 정서와 자기개념을 표현하고자 한다. ② 사람들은 내적 가이드에 의해서 '자기고양'과 '자기가치'를 유지하고 고양하도록 동기화된다. ③ 사람들은 자기 일관성을 유지하거나 증대하도록 동기화된다(그들은 과거, 현재, 미래 행동에서 자기개념과 지속성의 통합적 관점에서 '의미'를 얻는다). ④ 자기개념은 동기화하는 정체성들로 구성된다(영적 정체성처럼 정체성이 견고하면 할수록 동기도 더욱 강하게 자극될 것이며, 특히 주어진 일이 그러한 정체성을 수행할 수 있는 기회라고 생각될 때 더욱 그러하다). ⑤ 자기개념에 기초한 행동은 항상 명확한 기대나 즉각적이고 구체적인 목표에 의한 것은 아니다. 특히 행동은 종종 '가능성'이나 '신념'에 의해서 유도된다.

Shamir(1991)는 '일'과 '맥락' 그리고 개인의 '자기개념'의 합치도 수준이 높을 때 동기화된다고 제안한다. 또한, 자신의 자기개념이 영적 차원을 포함하고 있는 사람들은 그들의 일 맥락이 그들의 영적 정체성을 표출할 수 있다고 생각할 때 동기자극이 된다. 따라서 일이 개인의 정체성을 확고하게 해줄 때 개인은 동기화될 수 있고, 특히 자신의 정체성을 대변해 줄 수 있는 일을 좋아한다(Leonard, Beauvais & Scholl, 1995; Carlisle & Manning, 1994; Manning & Robinson, 1985;

Shamir, 1991).

2. 일에 대한 '소명의식'(a sense of calling)

일터영성 연구에서 핵심적인 구성개념 중 하나는 구성원들이 그들의 삶에서뿐만 아니라 일을 통해서도 지속적으로 '의미'를 탐색하고 있다는 것이다. 따라서 기존의 많은 일터영성 연구에서 일과 연관된 개념을 정의하면서 의미를 창출하는 것을 영성의 구성개념으로 다루었다(Biberman & Whitty 1997; Cavanagh 1999; Harrington et al., 2001; Mitroff & Denton 1999a; Neck & Milliman 1994).

일에서의 의미를 찾는 개념은 여러 학자에 의하여 '소명'이라는 개념으로 확장되었으며(Hall & Chandler, 2005), '소명'의 정의는 개인이 경험하는 일을 단순히 도구적 목적이나 직무 혹은 경력의 개념을 넘어 인생의 목적과 결부된 어떤 것으로 간주하는 것이다(Singhal & Chatterjee, 2006).

Fry(2003)는 조직구성원들이 의미를 가지고 어떤 것을 만들어 가는 것에 소명이라는 개념을 접목했다. 그는 어떤 일을 통하여 '소명'을 가지는 것과 사회적 연결고리 즉 '멤버십' 욕구를 획득하는 것은 일터영성 이론의 근간이 된다고 밝히고 있다. 여기서 소명과 멤버십은 Ashmos와 Duchon(2000, 2005)에서 제안한 일터영성의 구성요소인 '의미'나 '공동체'와 맥락을 같이 하고 있다고 볼 수 있다.

Thompson(2000)은 일반적 경력 관점에서의 일과 소명을 명확하게 구분했는데, 그에 의하면 '일'은 일반적인 필요를 충족하는 수단이며, 일이 우리의 개인성을 넘어서 간주될 때 우리는 일을 소명으로 볼 수 있으며, 일을 통하여 초월적 의미를 경험할 수 있다고 주장했다.

Learner(1996)가 수행했던 다른 연구에서도 근로자들은 일상적인 일이 그들의 인생에 커다란 목적과 연결되어 있다는 것을 보여 주었다. 또한 Pfeffer(2003)는 많은 사람이 일에서 역량이나 수행수준을 높이기를 원함과 동시에 사회적 의미와 가치를 추구한다고 이야기하고 있다. Fry(2003)는 이것을 사람들이 특히 직장에서 의미를 통한 '소명'을 찾고자 하는 것이라고 해석했다.

의미와 목적성이 갖는 중요성이 영성연구 문헌에서 갖는 중요성은 명백하다(Elkins, Hedstrom, Hghes, Leaf & Saunders, 1988; Emmons, 2000; Wink & Dillion, 2002). 왜냐하면, 영성은 낮은 수준의 사건을 맥락화하여 높은 수준의 이해를 가능하게 하기 때문이다. 영성은 "왜?"라는 질문에 답을 제공하고, 개인의 삶에 통합적인 전체성을 부여해 준다(Mitroff & Denton, 1999). 따라서 일 속에서 의미가 부여되는 과정은 우리로 하여금 어떻게 영성이 있는 개인이 일련의 사건들을 재평가해서 더 높은 수준의 의미, 즉 영적인 의미를 부여하는지 이해할 수 있게 해준다(Baumeister & Vohs, 2005).

3. **타인에 대한 '공감의식'**(a sense of empathy)

영적인 사람은 우리가 서로에게 책임이 있다고 생각하며, 다른 사람의 고통과 슬픔을 보고 같이 가슴 아파한다. 이들은 세상에 홀로인 사람은 없으며, 우리는 모두 동일한 인류의 한 부분이라는 것을 알고 있다(Elkins et al., 1988). 공감은 다른 사람에 대한 감정과 느낌을 인지하고 이해하는 능력이며, 개인의 공감능력은 상호신뢰와 협조적 관계를 만들어 나가는 데 도움이 된다(Mahsud & Yukl, 2010).

영성이 있는 사람들은 의미 있는 관계 속에서 진솔한 삶을 추구한다. 영성을 강화하고 에고(ego)를 초월하는 자기초월의 프로세스는 상호연결성에 대한 '알아차림'과 '수용'을 증대시킨다. 바로 이것이 영성에 대한 연구에서 일반적으로 제기되는 주제이다(Kale, 2004; Sass, 2000).

공감은 타인에 대한 깊은 이해와 연민으로 정의되고(Twigg & Parayitam, 2006), 그들의 고통을 덜어주고자 하는 마음이다(Farlex, 2007). 공감은 자신보다 불행하고 고통받는 사람에 대한 일종의 책임감이 드는 것이다(Delgado, 2005). 또한, Delgado(2005)는 서로에 대한 상호 배려와 지원에 대한 열망이라고도 주장하였다. 이러한 관점에서, 영성이 있는 사람은 타인의 욕구에 대한 인지와 타인을 돕고자 하는 열망이 있는 사람이다.

상호연결성의 본질을 인지하고 느끼고 있는 사람은 다음과 같은 질적인 삶을 추구하는 공통점을 가지고 있다. 첫째, 그들은 자아와 연결되어 있다. 영성은 진정한 자아를 찾기 위한 내면의 여행이다(Weil, 2002). 둘째, 그들은 다른 사람들과 연결 짓는다. 더 이상 스스로를 자동화된 에고의 주체로서 고립시키지 않는다(Yu, 1987). 이러한 사람들에게 있어서 영성은 존재 그 자체이며, 전체성에 이르는 과정이다. 이것은 Lapierre(1994)가 이야기한 '존재세계'의 반영이며, Buber(1970)가 이야기한 '궁극적 타인과의 진정한 공존'을 이해하는 것이다.

공감이라는 용어는 1872년에 로베르트 피셔(Robert Vischer)가 미학에서 사용한 독일어 'Einfühlung(감정이입)'에서 유래되었다. Titchener(1909)는 'Einfühlung'을 '공감(empathy)'으로 번역했으며, '감(感: pathy)'은 다른 사람이 겪는 고통의 정서적 상태로 들어가 그들의 고통을 자신의 고통인 것처럼 느끼는 것으로 정의했다. 감정이입은 관찰자가 흠모하거나 관조하는 물체에 자신의 감성을 투사하는 방법을 설명하는 용어로, 실제로는 예술 작품을 감상하고 즐기는 원리를 밝히기 위해 만들어진 것이었다(Rifkin, 2010).

기존의 여러 문헌에서 동정심(sympathy)을 공감(empathy)과 혼용하여 사용하는 예가 많은데, 그 이유는 동정심이 타인의 곤경을 보고 측은함을 느끼는 감정을 의미한다는 관점에서 공감과 정서적 공통점을 가지고 있기 때문이다. 하지만 공감은 관찰자가 기꺼이 다른 사람의 경험 일부가 되어 그들의 경험에 대한 느낌을 공유한다는 의미에서 동정심보다 적극적이라는 차이가 있다고 볼 수 있다. 따라서 본 연구에서는 동정심보다는 타인의 아픔을 정서적으로 인지하며, 그 속으로 들어가서 적극적으로 동화하는 능력으로서 공감을 정의하고자 한다.

4. **구성원으로서의 '공동체 의식'**(a sense of community)

Duchon과 Plowman(2005)은 공동체 차원을 정의하면서 사람들을 서로 연결하는 '공유', '상호의무', '헌신'을 제시하였다. 또한, Singhal과 Chatterjee(2006)은 일터영성을 자기 자신을 넘어선 더 큰 무엇이며, 다른 사람들과 함께 연결되어 있다는 어떤 느낌이라고 정의하고, 개인은 일터에서 동료들과 같은 정체성을 공유하고 있다는 느낌 자체를 자연스럽게 좋아하게 된다고 하였다.

Sharmir(1991)는 그의 연구에서 작업단위나 조직을 통해서 나타나는 사회정체성이 동기에 직접적인 영향을 주며, 개인은 자신들을 완전히 이해하고 표현하기 위해서 더 큰 사회적 맥락 혹은 그룹을 필요로 한다고 주장했다. 또한, Ellemers, Gilder, 그리고 Haslam(2004)도 환경이 정체성의 강도를 강화시킬 때 작업단위 정체성을 일치시킨 직원들이 더 큰 에너지를 얻을 수 있다고 주장하고 있다. 따라서 개인의 영적 정체성을 강화시킬 수 있는 작업 단위는 그룹의 에너지를 더욱 강화시키며, 조직과 같은 사회적 그룹에 소속된다고 하는 것은 개인의 자기개념(self-concept)을 형성하는 것이라고 볼 수 있다(Ashforth & Mael, 1989; Dutton, Dukerich & Harquail, 1994; Kramer, 1991; Tajfel & Turner, 1985).

개인의 정체성은 부분적으로는 다른 사람들이 자신이 속한 작업단위나 조직을 어떻게 보느냐에 의해 형성된다(Dutton & Dukerich, 1991). 또한, Ashforth와 Mael(1989)에 따르면 직장에서 개인의 사회정체성은 개인이 매일같이 일하고 있는 하부단위가 큰 조직단위보다 더 강력한 사회정체성의 결정요인이 된다. 이 주장에 따르면 개인의 자기개념은 작업 단위의 한 부분이라는 것을 인식함으로써 형성된다고 볼 수 있다. Fry(2003)는 그의 영성리더십 연구에서 이것을 '멤버십'으로 불렀다.

오늘날 사람들은 더 많은 시간을 일터에서 보내고 있으며, 교회와 가족 같은 전통적인 사회적 기능들이 축소되고 있기 때문에(Conger, 1994) 사람들은 일터를 다른 사람들과의 관계 형성의 1차적인 공간으로 간주하고 있다. 따라서 직원들이 공동체의 맥락에서 의미 있는 일을 통해 발현되고 양육되는 영적인 삶을 살고 있다고 인식될 때 그 직장은 '영성이 있는 일터'로 간주될 수 있다(Ashmos & Duchon, 2000).

5. 자신을 넘어서는 '초월의식'(a sense of transcendence)

Thompson(2000)은 영성의 개념을 개인이 자신(self)을 넘어서 '의미'를 찾아내고, 내재적인 것과 초월적 의미를 구분하는 것으로 정의하였다. 여기서 내재적인 것은 지위, 소득, 안전, 성취 같은 우리의 에고 욕구(ego need)를 충족시키는 일반적인 것들을 말한다. 한편으로 초월적 의미는 자신을 넘어서는 동기, 원칙, 그리고 일 관련 사항들이다. 그는 일에 대한 우리의 접근이 포괄적이고 자신을 넘어선 관심사항과 자기 이익을 넘어선 원칙들, 그리고 가시적 세계를 넘어선 '힘'을 포함하고 있을 때, 우리는 초월적 의미의 가능성을 경험할 수 있다고 주장하고 있다.

Ashforth와 Pratt(2003)에 따르면 자기초월의 주제는 영성에 관한 거의 모든 연구에서 다뤄지고 있으며, 자기초월이란 것은 우리로 하여금 자기의 에고를 넘어 궁극적인 '다른 것들'에 대해서 생각하고 관계하게끔 하는 것이다. 또한 Torrance(1994)는 자신의 존재를 초월해서 더 큰 세계와 지속적인 상호작용을 하는 것이라고 해석하였으며, 이런 사람들은 어떤 종교적 집단이나 독립적인 존재 영역에 의존해서가 아니라 더 확대되고 변혁된 자신의 잠재력을 통해서 이기적인 자신을 초월할 수 있다고 주장하였다.

Maslow(1968)는 '존재의 심리학'에서 존재가치는 일종의 형이상학적 가치(meta-value)로서 매우 중요한 개념인데, 성숙한 인간만이 가지는 고유의 존재적 세계라고 주장하면서, 자아실현을 이룬 사람은 그렇지 않은 사람보다 많은 '정상경험(peak-experience)'을 맛보게 되며, 여기서 존재가치(B-value)들이 집중적으로 추구된다고 밝혔다. 또 이

정상경험은 인간이 더 높고 초월적인 본성을 지니고 있으며, 이 본성이야말로 인간의 존재핵심을 이루고 있다는 증거로 제시된다고 밝혔다. 따라서 인본주의 심리학적 관점에서 인간은 자기선택에 따라 자기가 될 수 있는 최고의 것이 되려고 한다는 전제를 가지고 있다고 볼 수 있다.

Elkins와 동료들(1988)은 초월경험이 Maslow(1970)의 정상경험－개인의 힘이 보이지 않은 차원에서 발현됨－과 비슷한 것으로 밝혔으며, Emmons(1999)는 이러한 초월성은 어떤 신성한 존재와 같은 우리의 자연 세계에 제한된 것이 아니라 '높은 의식 수준을 성취하고'(Mayer, 2000), '정상경험'을 하며(Maslow, 1970), '몰입'의 상태로 들어가는 것(Csikszentmilalyi, 1990)[14]을 포함한다고 정의했다.

매슬로우는 후기에 그의 욕구이론 5단계를 8단계로 수정하였으며, 그 정점에는 자아실현(self-actualization)이 아닌 자기초월(self-transcendence)을 두었다. 자기초월은 개인이 자기 자신의 에고를 충족시키는 것 이상의 어떤 원인이나 목적에 기여하려는 동기를 말한다(Mark, 2006).

기존 문헌들에서 초월을 신성한 어떤 힘과 연결된 것으로 보는 연구들이 많은데, 이것은 초월성에 대한 연구가 전통적 종교의 영역에서 많이 수행되어 온 영향이라 할 수 있겠다. 하지만 일과 조직 장면에서 초월성을 다룰 때는 종교적인 영역의 한계적 해석수준에서 벗어나 순수한 인간존재로서 일과 환경에 몰입함으로써 자기 자신(ego)을 초월하고 더 큰 자기(greater self)로 나아가고자 하는 의식상태로 해

14) Csikszentmihalyi(1990)는 그의 저서에서 매슬로우가 이야기하는 '정상경험'과 같은 개념으로 "Flow"를 소개하고 있다(Flow: The psychology of optimal experience. New York: Harper & Row).

석하는 것이 합당하다. 따라서 본 연구에서는 '초월'의 개념을 일을 통해서 높은 의식 수준을 성취하고, 정상경험이나 몰입상태를 경험함으로써 형성되는 심리적 의식상태로 정의하고자 한다.

제4절 일터영성의 척도구안

본 연구의 목적은 일터영성을 좀 더 포괄적 개념으로 정립하고 측정할 수 있는 척도(WSI)를 개발하는 데 있다. 따라서 앞서 논한 일터영성의 배경적 이론과 개념들 그리고 그와 관련된 구성차원과 측정요소들에 대한 체계적이고 종합적인 검토와 평가의 과정을 거쳐서 일터영성의 척도를 개발하여 제시하고자 한다.

우선 Ashmos와 Duchon(2003)은 일터영성 연구에 기반이 되는 척도를 개발함으로써 이후 일터영성 연구를 가속화하는 데 기여했다. 하지만 '내적 세계', '의미 있는 일', '공동체 구성원으로서의 지각'의 3개 구성차원으로 조작적 정의를 한 다음 34문항을 가지고 696명으로부터 얻은 자료를 분석한 결과 4개의 차원이 추가적으로 확인되었다. 그중 개인적 책임(personal responsibility: α=.772), 타인과의 긍정적 연결감(positive connection with other individual: α=.737), 사색과 명상(contemplation: α=.689) 등은 추가적인 검증이 요구되었으나, 그러한 절차 없이 이 부분을 앞서 정의한 3가지 구성차원에 포함된 것으로 규정한 한계를 지니고 있다.

또한, Milliman과 동료들(2003)은 일터영성과 일에 대한 종업원의 태도 연구에서 일터영성의 구성차원으로 '가치정열(alignment of values)'을 추가하였는데, 이것은 '조직 가치들에 대해서 긍정적인 느낌을 가지고 있는지', '조직이 가난한 사람들에 대해 배려를 하고 있는지', '자신이 조직의 미션에 연결되어 있다고 느끼는지' 등에 대한 질문을 포함하고 있다. 하지만 일터영성은 일과 조직이라는 환경 속에서 개인에게 내재하여 있는 심리적 메커니즘을 측정하는 것이기 때문에, 조직 수준의 영성과는 구분돼야 한다. 개인 수준의 일터영성을 조직 수준에서 확인하려 할 때 타당한 설명력을 확보기가 어렵다는 것은 Ashmos와 Duchon(2003)의 연구에서 이미 실험적 증거를 보여주고 있다.

Kolodinsky와 동료들(2008)은 일터의 가치와 다양한 조직효과성들(조직 불만, 보상 만족, 직무몰입과 조직정체성 등)에 대한 실증연구를 통하여 개인의 영성 수준이 조직에 어떠한 영향을 미치는지를 밝혔다. 하지만 이들은 개인이 내재적으로 가지고 있는 일반적인 영성척도[human spirituality scale: HSS, Wheat(1981); purpose in life:PIL, Crumbaugh & Maholick(1969)]를 적용함으로써 일과 조직이라는 환경 속에서 개인에게 역동적으로 형성되는 맥락을 놓칠 수 있었다는 한계를 가지고 있다. PIL척도에는 '만일 내가 선택할 수 있다면 ① 다시는 이 세상에 태어나고 싶지 않다. 또는 ② 다시 한 번 이러한 삶을 살고 싶다'와 '나는 내 인생의 의미와 목적 그리고 미션을 찾는 능력이 ① 없다고 생각한다. 또는 ② 충분히 있다고 생각한다'와 같은 문항들이 포함되어 있다. HSS척도에는 '내 삶에는 신성한 부분이 있다'와 '내 삶은 더 큰 세계로의 연결 통로가 된다', '나는 다른 사람의 고통과 슬픔을 함께한다' 등의 문항이 포함되어 있다.

따라서 본 연구에서는 지금까지 논의를 바탕으로 선행연구에서 제안한 일터영성의 구성차원과 한계점을 종합적으로 고찰함으로써 일터영성의 5가지 개념적 틀(개인 자신의 차원, 일에 대한 차원, 타인과의 관계 차원, 공동체의 차원, 초월성 차원)을 가지고 영성리더십을 포함한 영성과 관련된 척도문항들을 포괄적으로 탐색하였다. 이런 과정을 통해 추출된 54문항을 근거로 전문가 1명과 함께 의미가 중복되거나 일터영성과 거리가 있는 문항들은 우선적으로 제거하고, 일부 문항은 맥락에 맞게 수정하고 추가하는 과정을 거치면서 최종 39문항을 선정하였다. 문항선정과정을 좀 더 구체적으로 살펴보면, 먼저 자신에 대한 내면의식(a sense of inner-life) 차원은 Ashmos와 Duchon(2000)에서 '나는 인생이 희망적이라고 생각한다'와 '나의 영적 가치들은 내가 결정하는 것들에 영향을 미친다'를 포함한 4문항을 추출하였으며, Kinjerski와 Skrypnek(2006)에서 '나의 내면의 힘은 어려움에 직면했을 때 힘을 준다'와 '나의 내면의 힘은 어떤 강한 힘에 대한 믿음과 함께 한다' 등 4문항을 추출하였고, Howden(1992)에서 '나의 (영적) 믿음은 직장에서 내가 하는 의사결정에 중요한 영향을 미치고 있다' 등 3문항을 추출하였다. 위에서 추출된 총 11문항 중 '나는 스스로 치유력을 가지고 있다고 생각한다' 등 2문항은 일터영성보다는 건강이나 상담영역에 적합한 문항으로 판단하여 제외했으며, 최종 9문항을 내면의식 차원의 문항으로 구성하였다.

다음으로, 일에 대한 소명의식(a sense of calling) 차원의 문항 구성을 위해서 Ashmos와 Duchon(2000)에서 '나는 거의 매일 일터에 나오는 것이 즐겁고 기대된다'와 '내가 하는 일을 통해서 나는 다른 사람들에게 가치와 즐거움을 주고 있다' 등 7문항을 추출하였으며, Kinjerski와 Skrypnek(2006)에서 '나의 일은 나의 가치, 신념, 행동과 조화를 이룬다'를 포함하여 7문항을 추출하였다. 이렇게 추출된 총 14문항 중

'나는 개인적인 인생의 미션이 있으며, 일은 미션을 달성하는 데 도움을 주고 있다'와 '순간, 나는 내가 원하는 직장에 있다는 감정을 느낀다' 등 다른 문항과 의미가 중복되거나 너무 일반적인 문항이라고 판단된 4문항을 제외하고, 최종 10문항을 소명의식 차원의 문항으로 구성하였다.

세 번째 차원인 타인에 대한 공감의식(a sense of empathy)은 타인의 욕구에 대한 인지와 타인을 돕고자 하는 열망을 탐색하는 차원으로서 Petchsawang(2005)에서 '나는 다른 사람의 입장에서 생각하는 것에 익숙하다'와 '나는 동료의 고통을 보면 상태가 좋아지도록 적극적으로 돕는다'를 포함한 5문항을 추출하여 구성하였다.

네 번째, 구성원으로서의 공동체 의식(a sense of community) 차원은 Ashmos와 Duchon(2000)에서 '나는 어떤 어려움이 있을 때, 문제를 같이 공유할 적절한 사람을 찾아간다'를 포함한 9문항을 추출하였으며, Fry(2005)에서 '나는 우리 조직이 나의 관심을 이해하고 있다고 생각한다' 등 3문항을 추출하였고, Kinjerski와 Skrypnek(2006)에서 '나는 직장에서 공동체의 일원이라고 생각한다'를 포함한 3문항을 추출하였으며, 연구자가 '나는 직장에서 일어나는 일들이 서로 밀접한 관련이 있다고 생각한다' 등의 문항을 추가로 만들어 총 16문항을 대상으로 문항선정 작업을 수행하였으며, '나는 우리의 일에 대하여 명확한 의미와 목적을 동료들과 잘 공유하고 있다'와 같이 한 문항에서 복합적으로 몇 가지 의미를 묻는 문항은 적절치 않다고 판단하여 제거하였으며, '나는 나의 리더십에 의해서 높게 평가받고 있다' 등 내용타당도가 떨어지는 문항들을 제거한 후, 최종 10문항으로 공동체 의식 차원의 문항을 구성하였다.

마지막으로 초월의식 차원은 Howden(1992)에서 '아무리 절망적인 상황에서도 나는 인생에 희망이 있다는 것을 믿는다'와 '나는 육체적이나 심리적인 한계를 뛰어넘을 수 있다고 생각한다' 등 4문항을 추출하고, Kinjerski와 Skrypnek(2006)에서 '때때로 나는 직장에서 즐거움과 환희를 경험한다'와 '나는 가끔 직장에서 설명하기 힘든 에너지와 활력을 경험한다'를 포함한 5문항을 추출하여 총 9문항을 문항선정 대상으로 하였다. 이 중 '나는 육체적이나 심리적인 한계를 뛰어넘을 수 있다고 생각한다'와 '내가 생각하는 우주는 일반적인 시간과 공간의 개념을 뛰어넘는다' 등과 같이 본 연구에서 개념화한 몰입을 통한 자신을 넘어서는 초월의식에서 벗어나, 종교적이거나 초자연적인 의미의 문항은 제거하고, 최종 5문항을 초월의식 차원의 문항으로 구성하였다.

제5절 일터영성척도(WSI)의 탐색적 요인분석

앞 절에서 개념화한 일터영성의 구성개념이 일과 조식이라는 환경 속에서 개인에게 내재한 심리적 메커니즘으로서 작동하는지를 밝히기 위해서는 이에 대한 척도개발이 요구된다. 따라서 본 연구에서는 지금까지의 문헌연구를 통해 분석한 자료를 토대로 문항을 구성한 뒤 탐색적 요인분석을 통해 일터영성에 대한 척도를 개발하고자 한다.

1. 연구방법 및 절차

1) 조사대상

본 탐색적 요인분석을 위한 연구의 조사대상은 C정보통신과 S전자 등 6개의 글로벌 기업에 근무하는 사무직 종사자 239명을 대상으로 실시하였다. 이들의 자세한 인구통계학적 특성은 표 3-1에 제시하였다.

표 3-1. 탐색적 요인분석을 위한 조사대상자의 인구통계학적 특성

성별	학력	종교
남 154(65.5%) 여 81(34.5%)	고졸 이하 1(0.4%) 대졸 205(86.5%) 대학원 이상 31(13.1%)	기독교 66(28.7%) 가톨릭 31(13.5%) 불교 12(5.2%) 기타 종교 0(0.0%) 무교 121(52.6%)
결측치=4	결측치=2	결측치=9
연령	**직급**	**직장경력**
20대 48(20.2%) 30대 141(59.2%) 40대 47(19.7%) 50대 2(0.8%)	사원 68(28.7%) 대리 68(28.7%) 과장 36(15.2%) 차장 39(16.5%) 부장 이상 26(11.0%)	3년 미만 58(24.5%) 3~7년 86(36.3%) 8~12년 64(27.0%) 13~20년 26(11.0%) 21년 이상 3(1.3%)
결측치=1	결측치=2	결측치=2

2) 조사방법

자료 수집을 위해 2012년 1월 16일부터 2월 10일까지 25일에 걸쳐 설문조사를 하였다. 설문을 실시하기 전 각 회사의 HRD 교육담당자들과 개별 접촉을 통해 설문의 취지를 설명한 뒤 허락을 받았으며, 자료수집 기간에 각 회사의 연수원에서 진행되고 있는 교육과정 참

여자들에게 강의실에서 배포하였고, 설문을 작성한 뒤 바로 수거하였다. 총 300부의 설문지 중에서 244부가 회수되었으며, 설문을 끝까지 응답하지 않았거나 문항편차가 .3을 넘지 않아 불성실한 답변을 한 것으로 간주되는 5명으로부터 획득한 자료를 제외한 총 239부를 탐색적 요인분석에 사용하였다.

3) 측정도구

일터영성의 측정문항은 제3절 척도구안에서 선정된 5개 차원의 총 39문항으로 구성하였다. 첫 번째 차원은 '자신에 대한 내면의식'으로 자신의 존재적 가치와 정체성에 기반을 둔 심리적 상태를 측정하는 것으로서 '나는 조화와 내적 평온함을 유지한다'를 포함한 9문항으로 구성되었으며, 두 번째 차원은 '일에 대한 소명의식'으로 일을 통해서 삶의 의미와 목적을 발견하는 심리적 정서를 측정하며, '내가 하는 일을 통해서 나는 다른 사람들에게 가치와 즐거움을 주고 있다'를 포함한 10문항으로 구성하였다. 세 번째 차원인 '타인에 대한 공감의식'은 동료 및 상하 간의 관계에서 상대를 헤아리고 고통을 공유할 수 있는 심리적 상태를 측정하는 것으로서 '나는 나의 동료의 고통에서 아픔을 느낀다'를 포함한 5문항으로 구성하였다. 네 번째 차원인 '공동체 의식'은 조직과 사회의 한 구성원으로서 서로 연결되어 있으며 함께하고 있다는 심리적 정서를 측정하는 것으로써 '나는 어떤 두려움이 있을 때 동료나 상사와 같이 이야기할 수 있다'를 포함한 10문항으로 구성되었으며, 마지막으로 다섯 번째 차원인 '초월의식'은 스스로 일과 환경 속에 몰입되어 자신(ego)을 초월한 경험감을 측정하는 것으로 '나는 가끔 직장에서 설명하기 힘든 에너지와 활력을 경험한다'를 포함한 5문항으로 구성되었다. 모든 문항은 Likert 7점(1: 전혀 아니다, 7: 매우 그렇다) 척도로 구성하였다(본 연구에서 사용한 척도는 <부록 1>에 제시되었음).

4) 분석방법

연구에서 사용된 일터영성 측정 문항들이 이론적으로 의미 있는 변수로 추출되었는지 알아보기 위해 Mplus version 6.0을 이용하여 탐색적 요인분석을 하였다. 요인분석 방법으로는 공통요인분석(Common Factor Analysis)을 사용하였으며, 추정방법으로는 측정변수들이 다변량 정규분포를 따른다는 가정하에 최대우도법(maximum likelihood)을 적용하였다. 추출된 요인구조의 해석 가능성을 높이기 위해 요인 간의 상관관계를 가정하는 사각회전(geomin)이 적용되었다. 먼저 아이겐 값(eigenvalue)이 1.0을 넘는 요인들을 산출하였으며(Kaiser rule), 최적 모형을 결정하기 위하여 카이제곱(χ^2) 검증, 적합도 지수를 활용하여 최종 요인구조를 확정하였다. 척도의 신뢰도 분석을 위해서는 Cronbach's α 계수를 구하여 각 척도의 문항 신뢰도 분석을 수행하였다. 신뢰도 계수(α)는 SPSS 18.0을 사용하였다.

2. 분석결과

일터영성 문항들이 몇 개의 요인에 의해 설명되는지를 평가하는 추정방법으로 최대우도법(maximum likelihood estimation)을, 요인의 회전은 사각회전(geomin)을 실시하였다. 그 이유는 먼저 최대우도법의 경우 측정오차가 없다는 비현실적인 가정을 기반으로 하는 주성분 분석방법과 달리, 측정오차를 고려하고 모집단이 수집된 자료를 표본으로 가정하여 현실적인 분석을 이행하기 때문이다. 또한, 회전방식의 경우, 직각회전은 요인 간의 상관이 '0'이라는 비현실적인 상황을 가정하는 반면에, 사각회전은 직각회전을 포함하면서 요인 간의 상관을 고려하고, 더 정확한 값을 추정하기 때문이다(이순묵, 2000). 요인의 수를 결정하기 위해서는 Mplus를 활용하여 얻어진 카이제곱과 적합도를 같이 활용하였는데, 이순묵(2000)은 Chi-square값은 관찰변수의 분포나 표본의 크기에 매우 민감하다고 지적했고, Hair와 동료들(2006)은 요인분석에서 적합도 지수를 동시에 고려해야 한다고 주장했기 때문이다. 또한 Ping(2004)에 따르면, Chi-square값을 자유도로 나누어 이 값이 3을 넘지 않으면 적합한 모형으로 간주한다고 제안했다.

5요인 모형의 일터영성에 대한 최종 요인분석 결과를 아래의 표 3-2에 제시하였다. 사각회전 결과에서 요인부하량이 여러 요인에 걸쳐진 구조로 나오거나, 어떤 요인에도 낮은 부하량을 보이는 문항 등 해석가능성이 낮은 문항들은 제거하였다. 표에서 볼 수 있듯이, 각 문항이 가지는 요인부하량(factor-loading)은 전반적으로 기준치로 제시되는 .40~.50을 넘고 있으며(Costello & Osborne, 2005), 요인구조 내에서 전반적인 설명량을 의미하는 공통분 추정치도 모두 .40 이상을 보여줌으로써 본 척도를 구성하고 있는 문항들의 요인구조가 적합한 것으로 해석할 수 있다.

좀 더 구체적으로 살펴보면, 제1요인에는 자신의 내면세계와 관련된 5개의 문항이 추출되었다. 그 내용은 자신의 내면에 어떤 힘이 존재한다는 것을 믿고 있으며 이로 인한 긍정적 내면의식들을 포함하고 있다. 모든 문항에서 .5 이상의 부하량을 보이고 있으며, 내적신뢰도계수(Cronbach's) α=.846로 비교적 높은 신뢰도를 보이고 있다. 이러한 결과는 내면의식 요인이 타당함을 보여주는 것이라 할 수 있다.

제2요인에는 일에 대한 소명의식과 관련한 5개의 문항이 추출되었다. 이들 문항은 모두 일에 대한 신념과 이와 관련된 긍정적 인식을 반영하는 문항들이다. 5문항 모두가 .6을 넘는 높은 부하량을 보이고 있다. V16 '나는 일이 나에게 어떤 의미가 있는지를 잘 알고 있다'와 V10 '나는 내가 하는 일에서 즐거움을 찾는다'의 두 문항은 역시 .6 이상의 높은 요인부하량을 보였으나 동시에 3요인에서도 .5 이상의 부하량을 보이는 걸친구조를 형성하고 있어 본 요인에서 제외키로 판단하였다. 이 요인의 내적신뢰도계수 α=.850로 비교적 높은 신뢰도를 보였다.

제3요인은 타인에 대한 공감의식과 관련된 정서로 5문항이 추출되었다. 이들 문항에서는 타인에 대한 입장을 잘 이해하며, 그들의 고통과 아픔을 함께할 수 있는 정서를 반영하는 문항들이다. 모든 문항에서 .6을 넘는 높은 요인부하량을 보이고 있다. 이 요인의 내적신뢰도계수 α=.857로 비교적 높은 신뢰도를 보였다.

제4요인은 조직 내에서 직장 동료나 상사와 함께 공동체의 일원으로서 느낌을 갖는 정서로 모두 4문항이 추출되었다. 문항 중에서 '나는 직장에서 일어나는 일들이 모두 밀접한 관련이 있다고 생각한다'와 '나는 나의 동료들과 진실한 신뢰와 인간적 관계를 가지고 있다' 등의 문항은 제4요인에서 .5 이상의 비교적 높은 부하량을 보였지만 다른 요인에서도 같은 수준의 높은 부하량을 보였으며, 해석가능성이 낮은 것으로 판단되어 제거하였다. 또한, V26 '나의 상사는 나의 개인적인 성장을 지원한다'와 V30 '나는 어떤 일을 과감하게 시도할 수 있도록 지원받는다'는 .7 이상의 높은 부하량을 보이고 있었지만 내용타당도와 해석가능성을 고려하여 제4요인에서 최종 제외하기로 하였다. 제4요인의 내적신뢰도계수 α=.751로 문항신뢰도 기준을 충족시키고 있다.

마지막 제5요인에서는 직장에서 느끼는 초월의식에 관련된 문항으로서 4문항이 추출되었다. 문항의 예를 보면, '나는 가끔씩 일에 도취될 때가 있다'와 '나는 일하는 동안 가끔씩 시간과 공간을 잊어버리고 빠져드는 경험을 한다'와 같이 자신의 에고(ego)를 넘어 일과 직장에서 최상의 경험 정서를 포함하고 있다. V37과 V38은 다른 요인에서 .5 수준의 걸친구조를 형성하고 있지만 모든 문항이 .2 이상의 부하량 차이를 보이고 있고 내용 면에서도 5요인에 적합하다고 판단되어 존속하기로 했다. 제5요인의 내적신뢰도계수 α=.862의 비교적 높은 신뢰도를 보였다.

표 3-3은 본 연구에서 포괄적으로 제안한 5요인구조 모형에 대한 적합도 검증 결과이다. 표에서 볼 수 있듯이, 표집자료로 전집자료를 추정할 때의 오차를 나타내는 지수인 RMSEA(Root Mean Square Error of Approximation)값이 Brown과 Cudeck(1983)이 제시한 좋은 적합도의 기준인 .08보다 낮은 것으로 나타났으며, 표준화된 RMR값 또한 일반적으로 좋은 합치도의 기준으로 제시되는 .08(이순묵, 1990)보다 낮은 것으로 나타났다. CFI와 TLI는 Bentler와 Bonette(1980)이 제시한 좋은 모형의 부합도 지수 기준인 .90을 넘지는 못하고 있지만 이에 근접하고 있음을 알 수 있다. 또한, 카이제곱은 표본의 크기에 민감하여 200개 이상을 넘어가면 대부분 유의한 차이가 있다고 나타나므로 x^2을

표 3-2. 탐색적 요인분석 결과(요인수 5로 지정)

문항	요인 부하량	eigen value	Chron-bach's α	h^2
요인 1. 자신에 대한 내면의식				
V3. 나는 내 자신이 영성이 있는 사람이라고 생각한다.	.820			.758
V9. 나의 내면의 힘은 어떤 강한 힘에 대한 믿음과 함께한다.	.798			.693
V4. 묵상(기도), 산책, 명상 등은 내 삶에서 중요한 부분이다.	.741	14.07	.846	.657
V2. 나의 영적가치들은 내가 결정하는 것들에 영향을 미친다.	.731			.588
V5. 나는 조화와 내적 평온함을 유지한다.	.587			.431
요인 2. 일에 대한 소명의식				
V17. 나의 일은 나의 가치, 신념, 행동과 조화를 이룬다.	.838			.714
V14. 나는 거의 매일 일터에 나오는 것이 즐겁고 기대된다.	.780			.693
V15. 나는 내가 하는 일이 사회적으로 더 큰 의미를 포함하고 있다고 생각한다.	.760	3.463	.850	.672
V11. 내가 하는 일을 통해서 나는 다른 사람들에게 가치와 즐거움을 주고 있다.	.696			.533
V13. 내가 하는 일은 인생에서 중요한 어떤 것과 연결되어 있다고 생각한다.	.647			.540
요인 3. 타인에 대한 공감의식				
V22. 나는 다른 사람에 대한 입장을 잘 이해하며, 동정심을 갖는다.	.810			.718
V23. 나는 동료의 고통을 보면 상황이 좋아지도록 돕는다.	.774			.708
V21. 나는 다른 사람의 입장에서 생각하는 것에 익숙하다.	.773	2.200	.857	.677
V24. 나는 동료가 무엇을 필요로 하는지를 잘 안다.	.657			.593
V20. 나는 나의 동료의 고통에서 아픔을 느낀다.	.613			.532
요인 4. 조직에 대한 공동체 의식				
V27. 나는 어떤 두려움이 있을 때 동료나 상사와 같이 이야기 할 수 있다.	.811			.663
V25. 나는 현재 내가 일하고 있는 직장에서 공동체의 일원이라고 생각한다.	.630	2.045	.751	.588
V31. 나는 우리 조직에서 가치가 있는 사람이다.	.598			.543
V28. 나는 어떤 어려움이 있을 때, 문제를 같이 공유할 사람을 찾아간다.	.585			.504
요인 5. 자신을 넘어서는 초월의식				
V37. 때때로 나는 직장에서 즐거움과 환희를 경험한다.	.831			.831
V35. 나는 가끔씩 일에 도취될 때가 있다.	.759			.728
V38. 나는 가끔 직장에서 모든 것이 감사하다는 마음이 드는 순간이 있다.	.758	1.437	.862	.657
V36. 나는 일하는 동안 가끔씩 시간과 공간을 잊어버리고 빠져드는 경험을 한다.	.750			.696

자유도로 나눈 값이 3보다 작아야 적합하다고 할 수 있는데, 본 연구에서 제안한 5요인 구조모형은 2.282를 보임으로써 대부분의 적합도 지수들이 5요인 구조모형의 적합함을 지지하였다.

표 3-3. 5요인 구조모형의 적합도 지수

합치도 지수	X^2	CFI	TLI	RMSEA	SRMR
검증모형(5요인)	502.170(df=220)	0.892	0.876	0.074	0.067

표 3-4는 일터영성의 하위요인들에 대한 평균과 표준편차 및 상호상관을 제시하고 있다. 표에서 볼 수 있듯이 척도 내 요인 간 상관이 r= .187에서 r= .628 사이의 값을 가지고 있으며, 내적 일치도 분석 결과 모든 요인의 내적 일치도 계수가 Van de Ven과 Ferry(1980)가 제시한 일반적으로 수용 가능한 수준인 .60을 넘어서고 있는 것으로 확인되었다.

표 3-4. 일터영성척도 하위요인들의 평균, 표준편차 및 상호상관(N=239)

요인	문항	평균	SD	1	2	3	4	5
1. 자신에 대한 내면의식	5	4.463	1.220	(.846)				
2. 일에 대한 소명의식	5	4.864	0.900	.387**	(.850)			
3. 타인에 대한 공감의식	5	5.118	0.793	.270**	.508**	(.857)		
4. 조직에 대한 공동체 의식	4	5.226	0.803	.217**	.628**	.487**	(.751)	
5. 자신을 넘어서는 초월의식	4	4.982	1.078	.187**	.502**	.412**	.449**	(.862)

주1. ** $p<0.01$
주2. ( ) 안은 요인척도의 신뢰도 α 계수

제6절 논의

본 연구에서는 일터영성의 조작적 정의를 통한 개념화 및 탐색적 요인분석을 통해 일터영성을 측정하는 척도를 개발하고자 하였다. 먼저 기존의 문헌탐색을 통하여 다양하게 제안된 일터영성의 구성차원과 측정도구들을 면밀히 검토하였으며, 이를 통하여 일터영성을 ① 자신에 대한 '내면의식'(a sense of inner-life), ② 일에 대한 '소명의식'(a sense of calling), ③ 타인에 대한 '공감의식'(a sense of empathy), ④ 조직에 대한 '공동체 의식'(a sense of community), ⑤ 자신(ego)을 초월하는 경험감을 갖는 '초월의식'(a sense of transcendence)의 5개 하위 차원으로 조작적 정의하였다.

척도의 타당성을 살펴보기 위해, 연구자가 앞에서 제시한 측정문항들에 대한 탐색적 요인분석을 실시하였다. 일터영성 문항들에 대한 탐색적 요인분석 결과 연구자가 사전에 개념화한 5개 구성차원 모델이 적합한 것으로 판단되었으며, 요인분석 결과와 신뢰도 분석 결과 전반적으로 이들 척도가 타당함을 보이고 있었다. 이를 근거로 제1요인인 자신에 대한 '내면의식'(5문항), 제2요인인 일에 대한 '소명의식'(5문항), 제3요인인 타인에 대한 '공감의식'(5문항), 제4요인인 구성원으로서의 '공동체 의식'(4문항), 제5요인인 자신을 넘어서는 '초월의식'(4문항)까지 총 23문항을 일터영성 척도(WSI)로 확정하였다. 이러한 연구결과는 연구자가 개념화한 좀 더 포괄적이고 체계적인 일터영성을 측정할 수 있는 척도를 개발하였다는 점과 이를 통해서 앞으로 일터영성의 실증연구 확대에 기여할 수 있다는 점에서 의의가 있다 하겠다.

제4장

연구 2: 일터영성척도(WSI)의 타당화 연구:

교차타당화 및 유사개념들과의 변별타당도 분석

제1절 연구의 목적

본 연구에서는 연구 1에서 개념화하고 탐색적 요인분석을 통해 개발된 일터영성척도(WSI)에 대한 확인적 요인분석을 통하여 모형을 검증하고자 한다. 또한, 본 연구에서 제안하고 있는 일터영성이 최근 산업 및 조직심리학 영역에서 많이 논의되고 있는 ① 주관적 안녕감(subjective well-being: SWB), ② 직장생활의 질(quality of working life: QWL), ③ 일가치감(perceived value of work: PVW) 등의 유사개념들과 서로 변별이 되는지에 대해서도 구성개념 간의 변별타당도 분석을 통해 확인하고자 한다.

제2절 유사개념들에 대한 이론적 배경

1. **주관적 안녕감**(subjective well-being: SWB)

한 사람이 자신의 삶에 만족을 느끼고 행복함을 느끼는 것은 개인의 주관적인 경험에 기초한다(Andrew & Withey, 1976; Campbell, Converse & Rodgers, 1976; Cantril, 1965). McDowell과 Newell(1990)은 이처럼 개인이 경험하여 지각하는 주관적인 행복감을 주관적 안녕감(SWB)이라고 정의하였다.

Campbell과 동료들(1976)은 주관적 안녕감은 개인의 경험 내에 존재하는 것이므로 건강, 안락함, 부와 같은 객관적인 경험이 없어도 안녕감을 느낄 수 있는 것이라고 주장하였다. 또한, Myers와 Diener(1995)는 주관적 안녕감은 삶의 조건에 대한 주관적인 만족 상태를 개념화한 것으로 개인이 자신의 인생에 대한 질적 수준을 긍정적으로 판단하는 정도를 의미한다고 제안했다.

삶의 질은 한 사회의 구성원인 개개인이 주어진 삶의 상황에 대해 어떻게 생각하고 있고 어떠한 경험을 하는가를 의미하는 것으로 객관적인 삶의 상황에 대한 주관적인 만족도 수준이나 긍정적, 부정적인 정서 경험의 정도가 삶의 질을 결정한다고 본다(Diener, 1984, 1994). Campbell(1976)은 ① 행복은 개인의 경험 내에 존재하는 것이라고 제안했다. 건강, 부, 명예, 신체적 안락 등과 같은 외적 조건은 행복에 영향을 미칠 수 있지만, 그 자체 내에 행복의 본질적 요소가 내재해 있다고 보이지는 않는다. ② 행복은 삶의 긍정적이고 적극적인 측면을 반영한다. ③ 행복은 개인 삶의 모든 측면에 대한 전반적인 평가를 포함한다. 따라서 주관적 안녕감은 생활만족, 긍정정서, 부적정서 등 세 가지 상호 관련이 있는 구성요소들로 구성되어 있다(Watson, 1988).

많은 연구를 통해 주관적 안녕감이 최소한 두 개의 일반적인 측면을 가지고 있음을 알 수 있다(Diener, 1984; Veenhoven, 1991; Myers &

Diener, 1995). 첫째, 인지적 안녕감은 생활 만족감을 나타내는 것으로 (Andrews & Withey, 1976) 한 개인이 자신의 삶에 대하여 인지적으로 판단하고 평가하는 것을 의미한다(Diener, 1984). Kammen(1982)은 행복을 느끼는 것은 환경 자체에 의해서라기보다는 객관적 기준을 주관적으로 해석한 결과에 의해 좌우된다고 하였다. 둘째는 정서적 안녕감으로 여기에서 정서 상태는 일시적 상황에서의 정서 상태를 말하는 것이 아니라 좀 더 지속적이고 깊이 있는 정서 상태를 말하는 것이다(Diener, 1984). 부정적인 감정보다 긍정적인 감정이 우세한 심리상태라 할 수 있으며 행복은 개인이 체험하고 있는 긍정적 정서와 부정적 정서를 비교하여 얻어지는 전반적인 평가라고 할 수 있다 (Bradburn, 1969).

초기의 삶의 질에 대한 연구들은 객관적인 측면들을 강조한 데 반해, 체계적인 연구가 거듭되면서 주관적인 측면의 삶의 질이 더 중요한 요소가 된다는 것을 밝혔다. 특히 Diener(1994)와 Ryff(1989)에 의해 교육수준이나 나이, 성별, 소득수준과 같은 인구사회학적인 변인들이 삶의 질을 설명할 수 있는 정도가 15% 이하밖에 되지 않는다는 것이 밝혀지면서 주관적인 측면이 더욱 중요시되고 있다. Okun(1987)은 주관적 안녕이 긍정-부정의 연속선 상에서 한 개인이 자신의 삶 속에서 이루어지는 경험에 대한 정서적 반응을 지칭하는 개념으로 받아들인다고 주장하였다. 즉, 객관적인 삶의 상황에 대한 개인의 주관적인 만족도 수준이나 긍정적 또는 부정적인 정서 경험의 정도에 따라 주관적 안녕감이 결정된다고 본다(Diener, 1984, 1994).

2. 직장생활의 질(quality of working life: QWL)

QWL(직장생활의 질)은 현대 산업사회가 안고 있는 노동자의 소외를 해결하기 위한 방법으로 노동의 인간화, 노동생활의 질적 향상, 노동소외의 극복이라는 선진공업국들의 공통된 사회문제와 맥락을 같이 하고 있다. 따라서 ILO[15] 같은 국제기구에서는 이러한 문제를 적극적으로 다루고 있으며, QWL 연구는 작업조건이나 직장환경의 개선에 관한 관점을 넘어 직무내용의 개선, 직무재설계, QWL 지표작성 등으로 그 연구의 폭이 넓혀져 왔다.

QWL은 작업장에 참여하여 일할 때 비롯되는 여러 가지 자원, 활동, 결과에 대하여 종업원들이 경험하게 되는 다양한 욕구에 대한 만족이다(Sirgy et al., 2001). Walton(1973)은 QWL을 통한 개인의 목표와 조직 목표의 조화를 주장하고, 이에 포함되는 결정요소로 8가지의 개념을 제안했는데 ① 적정하고 공정한 보상, ② 안전하고 쾌적한 작업환경, ③ 능력개발 및 능력을 발휘할 수 있는 기회, ④ 안정성과 성장가능성, ⑤ 직장 분위기, ⑥ 규정이나 제도에 따른 공정한 처우, ⑦ 직장생활과 사생활의 조화, ⑧ 직장생활의 유익성으로 구성된다.

Glaser(1980)는 QWL을 조직의 모든 근로자가 적절한 커뮤니케이션 통로를 통해 특히 그들의 직무설계나 일반적인 작업환경에 대해 발언권을 가지는 하나의 현상이라고 정의하였으며, Wallace와 동료들(1988)은 경영자와 종업원 간의 공동의사 결정, 공동작업 및 상호존중

15) 국제노동기구(International Labour Organization: ILO)는 노동 문제를 다루는 국제연합의 전문기구로서 제1차 세계대전 이후 베르사유 조약에 의해 국제연맹의 전문기구로서 창립되었다. 현재 스위스 제네바에 본부를 두고 있다.

을 구축하는 과정이라고 정의하고 ① 불만족 요인, ② 종업원의 욕구, ③ 근로환경, ④ 조직구조, ⑤ 조직의 유효성, ⑥ 갈등의 요인을 찾는 것이 QWL의 이상이라고 주장하였다.

Dukles와 동료들(1977)은 QWL에서 지켜야 할 원칙으로 직업의 안정성(security), 공평성(equity), 민주성(democracy), 개인성(individuation) 등의 4가지 원칙을 지적하고 있다. 안정성과 공평성의 원칙은 조직의 일반적인 목표를 반영한 것이며, 개인성 원칙은 직무 충실화나 조직개발 이상의 것을 의미하고 있어서 이들은 의미 있는 작업이나 경력개발 등을 싫어하는 사람들은 여기에 포함시키지 않아야 한다고 지적하고 있다.

이러한 QWL이라는 개념은 근로자가 작업장에서 성숙한 인간이라는 가정을 받아들임으로써 실천이 가능한 것으로, Chernce(1975)는 이 개념이 첫째, 조직은 시스템 자체의 통일을 유지하기 위한 상호작용의 형태로 구성된 사회적 시스템과 기술적 시스템이 결합되어 있고, 둘째, 조직은 그 목적을 위해 필요한 기술을 선택할 수 있다는 것이며, 셋째, 인간은 욕구를 가지고 있는데 이러한 욕구는 작업 또는 작업환경을 통해 충족한다고 주장하고 있다.

Marks(1986)는 직장생활의 질에 대한 구성원들의 인식과 관련 요인들을 연구하였으며, 직장생활의 질 향상이 구성원의 동기부여 증대, 직무만족, 조직몰입을 유도하는 등 조직 유효성에 긍정적으로 기여함을 보고하였다. 이와 같은 결론은 기업조직이 그 조직의 구성원으로 하여금 일하는 보람을 느끼도록 제반 조건을 충족시킴으로써 조직의 존속 가능한 경쟁력을 확보할 수 있다는 것이다. 이것은 근로자들이 더 이상 기계에 종속적이게 되지 않아야 하며, 그들의 창조능력을 발휘할 기회와 직장을 관리할 기회가 주어짐으로써 근로생활에 있어서 민주적 변화가 이루어지도록 하겠다는 QWL의 기본적인 개념과 일치한다고 볼 수 있다.

3. **일가치감**(perceived value of work: PVW)

일가치감은 일을 통해서 경험하는 심리적 상태로써, 자신이 하는 일이 가치 있고, 자신이 조직 내에서 필요한 존재라는 인지적 평가 및 그에 따른 긍정적 정서 반응을 포함하는 개념으로 정의된다(서용원 등, 2004). 그들은 일가치감의 3가지 구성 요인으로서 ① 일 관련 가치, ② 자기 관련 가치, ③ 가치 관련 정서로 제안하였으며, 일련의 실증연구를 통해서 이를 확인하였다(서용원 등, 2004; 오동근, 2004). 일 관련 가치란 자신이 하는 일이 가치 있고 중요하다는 인식을 의미하며, 자기 관련 가치란 자신이 조직 내에서 중요하고 가치 있는 존재라는 인식을 의미하고, 가치 관련 정서는 자신이 하는 일과 자신에 대한 가치인식을 통해 경험하게 되는 긍정적 정서이다.

먼저 일 관련 가치로서 자기 일에 대한 긍정적 정서는 일에 대한 자부심, 성취감, 보람을 포함하고 있다. 훌륭한 일터의 창시자인 Levering(2000)은 훌륭한 일터의 원천이 구성원들의 일에 대한 자부심에 있다고 주장하면서, 일에 대해 자부심을 느끼는 것이 중요함을 강조하였다. 성취감이란 자신에게 주어진 과제를 완수하거나 주어진 목표를 달성했을 때의 긍정적 정서 상태로서 많은 연구자들(Allport et al., 1951; Herzberg et al., 1959)은 성취감을 사람들이 중시하는 대표적인 일의 측면으로 제안하고 있으며, 성취감이 직무만족(Muchinsky,

1977)이나 직무동기(Herzberg et al., 1959)의 주요한 요인임을 주장하였다.

다음은 자신에 대한 긍정적 정서로서의 유능감과 자존감이다. Deci(1971)는 유능감을 자신에게 주어진 업무를 수행할 능력이 있다는 믿음으로 정의했다. 그는 유능성에 대한 지각이 낮을 때 내적 동기가 낮아진다고 주장하였으며, Aldag(1977)은 유능감에 대한 지각이 개인의 조직적응에 중요한 영향을 미친다고 제안하였다. Isen, Daubman, 그리고 Nowicki(1987)는 일 속에서 느끼는 가장 좋은 감정은 자신이 유능하고 타인들로부터 존중받는 가치 있는 존재라고 느낄 때라고 주장하였다. Pierce 등(1989)은 일반적인 자존감과 조직 장면에서의 자존감은 구분되어야 함을 주장하며, 조직-기반 자존감(organization-based self-esteem: OBSE)을 제안하였다. 이들이 제안한 OBSE는 조직구성원으로서의 자신의 적합성과 가치에 대한 개인적 평가이며(Gardner & Pierce, 1998), 조직구성원으로서 개인이 조직 내에서 자신에 대해 가지고 있는 지각된 자기-가치(self-perceived value)를 의미한다(Pierce, Gardner, Cummings & Dunham, 1989).

일가치감의 세 번째 구성요소는 일을 수행하는 과정에서 갖게 되는 긍정적 정서로서의 도전감, 성장감, 즐거움이다. 도전감이란, 더 나은 수준의 성과를 달성하고자 하는 개인의 정서 상태라 할 수 있다. 사람들은 도전감을 느낄 때 자신에게 주어진 일을 더 성공적으로 완수하고자 하고, 더 높은 목표를 설정하려 하며, 더 나아가 새로운 일을 과감히 시도하려 하게 된다. 성장감은 이러한 도전 속에서 자신의 역량이 더 나아지고 있음을 스스로 인식하게 되는 자연스러운 과정이며, 이러한 개인은 일 속에서 즐거움을 찾게 된다. Levering(2000)은 그의 저서에서 즐겁게 일하는 기업은 성과도 좋을 수밖에 없다고 강조하고 있다.

여러 연구자들(Jahoda, 1982; Warr, 1987)이 이러한 가치인식과 긍정적 정서 경험이 개인의 행복감과 심리적 안녕에 영향을 미칠 뿐만 아니라, 개인과 조직의 효과성에도 중요한 영향을 미친다고 주장한다(Brief, Butcher & Roberson, 1995; Chusmir, 1982; Pinder, 1984; Ryan, 1980). Hackman 등(1975)은 사람들의 내적 동기와 직무만족의 향상 및 수행의 질적 향상을 위해서는 사람들이 자기 일이 가치 있고 중요하다고 지각해야 한다고 주장하였으며, Chusmir(1982)는 자기 일에 대한 유의미성 지각이 직무몰입에 직접적 영향과 함께 지각된 역할행동을 통한 간접적 영향을 미친다고 주장하였고, Kavanagh와 Bower(1985)는 긍정적인 정서 상태가 자신의 미래수행에 더욱더 긍정적인 기대를 하도록 함으로써 사람들의 동기를 향상시킨다고 주장하였다.

제3절 연구방법 및 절차

1. 조사대상

먼저 본 연구에서 제안하고 있는 일터영성척도의 교차타당도 분석을 위한 연구의 조사대상은 G자동차회사를 비롯한 9개 글로벌 기업에 근무하는 사무직 종사자 161명을 대상으로 자기보고식 설문방식으로 이루어졌다. 이들의 자세한 인구통계학적 특성은 표 4-1에 제시하였다.

표 4-1. 교차타당도 분석을 위한 조사대상자의 인구통계학적 특성(N=161)

성별		학력		종교	
				기독교	42(26.4%)
남	128(80%)	고졸 이하	0(0%)	가톨릭	21(13.2%)
여	32(20%)	대졸	133(83.1%)	불교	20(12.6%)
		대학원 이상	27(16.9%)	기타 종교	1(0.6%)
				무교	75 (47.2%)
결측치=1		결측치=1		결측치=2	
연령		**직급**		**직장경력**	
20대	13(8.1%)	사원	21(13.1%)	3년 미만	14(8.7%)
30대	77(47.8%)	대리	40(25.0%)	3~7년	46(28.6%)
40대	60(37.3%)	과장	23(14.4%)	8~12년	41(25.5%)
50대	11(6.8%)	차장	46(28.8%)	13~20년	40(24.8%)
		부장 이상	30(18.8%)	21년 이상	20(12.4%)
결측치=0		결측치=1		결측치=0	

다음으로, 일터영성의 유사개념들인 주관적 안녕감, 직장생활의 질, 일가치감 척도들과의 변별타당도를 검증하기 위한 연구대상은 S 전자회사를 비롯한 15개 글로벌 기업에 근무하는 사무직 종사자 400명을 대상으로 자기보고식 설문방식으로 이루어졌으며 이들의 자세한 인구통계학적 특성은 표 4-2에 제시하였다.

표 4-2. 변별타당도 분석을 위한 조사대상자의 인구통계학적 특성(N=400)

성별		학력		종교	
				기독교	108(27.8%)
남	282(71.4%)	고졸 이하	1(0.3%)	가톨릭	52(13.4%)
여	113(28.6%)	대졸	338(85.1%)	불교	32(8.2%)
		대학원 이상	58(14.6%)	기타 종교	1(0.3%)
				무교	196(50.4%)
결측치=5		결측치=3		결측치=11	

연령		직급		직장경력	
20대	61(15.3%)	사원	89(22.4%)	3년 미만	72(18.1%)
30대	218(54.6%)	대리	108(27.2%)	3～7년	132(33.2%)
40대	107(26.8%)	과장	59(14.9%)	8～12년	105(26.4%)
50대	13(3.3%)	차장	85(21.4%)	13～20년	66(16.6%)
		부장 이상	56(14.1%)	21년 이상	23(5.8%)
결측치=1		결측치=3		결측치=2	

2. 조사방법

연구의 목적상 특정 종교적 색채를 띠고 있는 기업이나 사업체는 조사에서 제외하였으며, 또한 일터영성이 일과 조직이라는 환경 속에서 내적으로 형성되는 심리적 의식상태인 만큼 일정도의 근무연한이 필요하다고 판단하여 6개월 이하의 신입사원들은 연구대상에서 제외하였다. 설문을 실시하기 전 각 회사의 HRD 교육담당자들에게 설문의 취지를 설명한 뒤 허락을 받았으며, 자료수집 기간에 각 회사의 연수원에서 진행되고 있는 교육과정 참여자들에게 강의실에서 배포하였고, 설문을 작성한 뒤 바로 수거하였다. 교차타당화를 위한 자료수집은 총 250부의 설문지 중에서 184부가 회수되었으며, 문항편차가 .3을 넘지 않거나 3.0을 넘어 불성실한 답변을 한 것으로 간주되는 23명의 자료를 제외한 총 161부를 확인적 요인분석에 사용하였다. 이 모든 조사는 2012년 3월 12일부터 4월 6일까지 이루어졌다.

유사개념들과의 변별타당도 검증을 위한 자료는 2012년 1월 16일부터 4월 6일까지 2차에 걸쳐서 수집된 400명의 데이터를 분석에 활용하였다.

3. 측정도구

본 연구에서 사용된 자기보고식 질문지에는 교차타당화 연구를 위한 일터영성척도와 유사개념들과의 변별타당화 연구를 위한 주관적 안녕감, 직장생활의 질, 일가치감에 대한 척도로 구성되어 있다(본 연구에 사용된 문항들은 <부록 1>에 제시하였음).

1) **일터영성척도**(WSI)

일터영성척도의 확인적 요인분석에 사용한 측정문항은 본 연구의 탐색적 요인분석을 통해 추출된 5개 차원의 23문항으로 구성된 척도를 이용하였다. 5개 차원은 자신에 대한 '내면의식', 일에 대한 '소명의식', 타인에 대한 '공감의식', 조직에 대한 '공동체 의식' 그리고 자신을 넘어서는 '초월의식'의 23개 문항으로 이루어져 있다.

첫 번째 차원인 자신에 대한 '내면의식'은 자신의 존재적 가치와 정체성에 기초한 심리적 의식상태를 측정하는 것으로 5개 문항으로 구성되어 있다. 두 번째 차원인 일에 대한 '소명의식'은 일을 통해서 삶의 의미와 목적을 발견하는 심리적 의식상태로서 5문항으로 구성되어 있으며, 세 번째 차원인 타인에 대한 '공감의식'은 동료 및 상하간의 관계에서 상대를 헤아리고 고통을 공유할 수 있는 심리적 의식상태로서 5문항으로 이루어져 있다. 네 번째 차원인 조직에 대한 '공동체 의식'은 조직과 사회의 한 구성원으로서 서로 연결되어 있으며 함께하고 있다는 심리적 의식상태로서 4문항으로 구성되었으며, 마지막으로 다섯 번째 요인인 자신을 넘어서는 '초월의식'은 스스로 일과 환경 속에 몰입되어 자신을 초월한 경험감을 측정하는 것으로 4문항으로 이루어져 있다.

위 문항들은 각각의 문항에 대하여 자신의 현재 모습이나 생각과 얼마나 일치하는지를 Likert 7점(1=전혀 그렇지 않다. 7=매우 그렇다) 척도로 응답하도록 구성하였다. 본 척도의 내적신뢰도계수(Cronbach's α)는 .915로 높은 수준의 신뢰도를 보여주고 있다.

2) **주관적 안녕감**(SWB) **척도**

주관적 안녕감은 일반적으로 기존의 많은 연구들(Higgins et al., 1992; Kopelman et al., 1983)에서 사용한 생활만족도척도를 사용하였다. Adams 등(1996)의 연구에서도 생활 만족이 삶의 질을 구성하는 측정변수로 사용되어 입증되었다. 본 연구에서는 Diener와 동료들(1985)이 개발한 생활만족도 검사(satisfaction with life scale: SWLS)를 사용하였다. SWLS는 응답자의 전반적인 삶에 대한 만족도를 측정하기 위해서 개발된 척도로 삶의 모든 영역을 포괄하여 통합적으로 제작되었다. 구체적인 문항으로는 '나의 생활은 대체로 나의 이상(ideal)에 가깝다', '나의 삶을 돌아볼 때, 나는 만족한다', '나의 현재의 행복이 미래에도 지속될 것이다' 등 8개의 긍정문항과 '나의 인생은 살만한 가치가 없다고 생각한다', '나는 현재 인간다운 삶을 살지 못하고 있다' 등 4개의 reversed 문항을 포함한 총 12개 문항으로 구성되어 있으며, 검사 대상자가 자신의 규준에 의해 자신의 삶을 평가하는 방식으로 Likert 7점(1=전혀 그렇지 않다. 7=매우 그렇다) 척도로 표시하도록 하였다. 본 척도의 내적신뢰도계수(Cronbach's α)는 .777로 신뢰할 수 있는 수준임이 확인되었다.

3) 직장생활의 질(QWL) 척도

직장생활의 질을 측정하기 위해서 Sirgy와 동료들(2001)이 위계적 욕구를 근거로 개발한 QWL척도를 번역하여 사용하였다. 이 척도는 건강과 안전의 욕구(health and safety needs), 경제와 가족 욕구(economic and family needs), 자기고양욕구(esteem needs), 자아실현욕구(actualization needs), 지식욕구(knowledge needs), 미적욕구(aesthetics needs)까지 총 6개 하위차원 14개 문항으로 구성되었다.

먼저 '건강과 안전의 욕구' 차원은 직장에서의 신체적 안전과 건강에 대한 질문으로 3문항으로 구성되어 있으며, 두 번째 차원인 '경제와 가족욕구'는 급여에 대한 만족과 가족의 생계에 대한 질문 3문항으로 이루어져 있다. 세 번째 차원인 '자기고양욕구' 차원은 직장에서 느끼는 존중감 및 일에 대한 전문성에 대한 질문 2문항으로 구성되어 있다. 네 번째 차원인 '자기실현 욕구' 요인은 일을 통해서 자신의 잠재력을 실현하고 있는지를 묻는 문항으로서 2문항으로 구성되어 있다. 다섯 번째인 '지식욕구'는 일을 통해서 지적성장이 이루어지고 있는지에 대한 2문항으로 이루어져 있으며, 마지막 여섯 번째 요인은 '창의적 욕구'를 측정하는 척도로서 2문항으로 구성되어 있다.

위 문항들은 각각의 문항에 대하여 자신의 현재 모습이나 생각과 얼마나 일치하는지를 Likert 7점(1=전혀 그렇지 않다. 7=매우 그렇다) 척도로 표시하도록 구성하였다. 본 척도의 내적신뢰도계수(Cronbach's α)는 .912로 높은 신뢰도 수준이 확인되었다.

4) **일가치감**(PVW) **척도**

일가치감은 서용원과 오동근(2004)이 개발한 일가치감 척도를 사용하였다. 일가치감 척도는 일 관련 가치, 자기 관련 가치, 가치 관련 정서의 3개 하위차원 총 14문항으로 구성되었다. 먼저 일 관련 가치 척도는 자신이 하는 일의 중요성에 대한 개인의 지각 정도를 측정하기 위한 것으로, 자신이 하고 있는 일이 중요하고 가치 있다고 지각하는 정도를 묻는 3개 문항으로 구성되어 있으며, 다음으로 자기 관련 척도는 조직 내에서 자신에 대한 가치를 어떻게 지각하고 있는지를 측정하기 위한 것으로서, 회사 내에서 본인이 꼭 필요한 존재인지, 회사가 자신을 놓지 않으려고 노력하는지를 묻는 3개 문항으로 구성되어 있다. 마지막으로, 가치 관련 정서는 자신이 일을 통해서 느끼는 자부심, 성취감, 보람, 그리고 일에서 느끼는 유능감과 자존감 등의 8개 항목으로 구성되어 있다.

각 문항은 Likert 7점(1=전혀 그렇지 않다. 7=매우 그렇다) 척도로 표시하도록 구성하였으며, 본 척도의 내적신뢰도계수(Cronbach's α)는 .942로 높은 신뢰도 수준이 확인되었다.

4. **분석방법**

먼저 본 연구에서 제안한 일터영성척도(WSI)의 교차타당화를 검증하기 위해서 5요인 모형에 대한 확인적 요인분석을 실시하였다. 검증을 위해서 카이제곱과 RMSEA, SRMR, CFI, TLI지수를 활용하였다. 동시에 검증된 5개 하위요인이 일터영성(WS)이라는 상위개념의 요인으로 수렴되는지를 확인하기 위해서 2차 요인분석(second-order factor analysis)을 통해 검증하였다. 확인적 요인분석의 모수(parameter)추정방식으로는 대우도법(maximum likelihood: ML)을 이용하고, Cronbach's α 계수를 구하여 각 척도의 신뢰도 분석을 수행하였다.

두 번째로 일터영성과 주관적 안녕감, 직장생활의 질, 일가치감과 같은 유사개념들과의 변별타당도를 확인하고자 확인적 요인분석과 척도의 신뢰도 분석을 실시하였다. 일터영성은 앞에서의 확인적 요인분석 결과를 토대로 한 5개 하위요인(내면의식, 소명의식, 공감의식, 공동체 의식, 초월의식)의 평균을 이용하였고, 주관적 안녕감은 3개 하위요인의 평균값을 사용하였다. 또한, 직장생활의 질은 6개 하위요인(건강과 안전의 욕구, 경제와 가족 욕구, 자기고양욕구, 자아실현욕구, 지식욕구, 미적욕구)의 평균을 활용하였으며, 일가치감은 일 관련 가치, 자기 관련 가치, 가치 관련 정서의 3개 요인의 평균을 사용하였다. 모수 추정방식으로는 ML방법을 이용하였으며, 각 척도의 신뢰도 분석은 Cronbach's α 를 이용하였다.

확인적 요인분석에서는 Mplus 6.0을 사용하였으며, 2차 요인분석(second-order factor analysis)은 Amos 18.0, 내적신뢰도 분석을 위해서는 SPSS 18.0을 사용하였다.

제4절 분석결과

1. 일터영성척도에 대한 교차타당화

본 연구에서 제안하고 있는 일터영성척도 5요인 모형에 대한 교차타당화를 위해 확인적 요인분석을 실시하였으며, 그 결과 얻어진 모형의 전반적 합치도를 표 4-3에 제시하였다. 표를 통해 알 수 있듯이, 표집자료로 전집자료를 추정할 때의 오차를 나타내는 지수인 RMSEA 값이 좋은 적합도의 기준인 .08보다 낮은 것으로 나타났으며(Browne & Cudeck, 1983; Steiger, 1990), 표준화된 SRMR값 또한 일반적으로 좋은 합치도의 기준으로 제시되는 .08(이순묵, 1990)보다 낮은 것으로 나타나고 있다. 또한, 대표적인 전반적 합치도 지수들인 CFI, TLI값이 Bentleer와 Bonett(1980)이 제시한 좋은 모형의 부합도 지수 기준인 .90을 훨씬 넘고 있다(교차타당화를 위한 확인적 요인분석 검증결과 자료는 <부록 3>에 제시하였음).

표 4-3. 일터영성 5요인에 대한 확인적 요인분석 결과 전반적 합치도 지수

합치도 지수	x^2	CFI	TLI	RMSEA	SRMR
검증모형	339.640(df=220)	0.941	0.933	0.059	0.064

다음으로, '일터영성'이 내면의식, 소명의식, 공감의식, 공동체의식, 초월의식 등 5개의 하위요인을 통합해서 하나로 나타낼 수 있는 변인인지에 대한 구조적 타당성을 검증하기 위해 2차 요인모형분석(second order factor analysis)을 하였다. 분석 결과, 표 4-4에서 볼 수 있듯이 x^2, RMSEA, CFI, TLI 등 모든 합치도 지수들이 좋은 적합도 기준을 충족하였음이 확인되었다. 따라서 일터영성이 5개 하위차원으로 구성된 2차 요인으로서 타당함이 검증되었다고 볼 수 있으며, 일터영성에 대한 2차 요인 모형 결과는 그림 4-1에 추가로 제시하였다.

표 4-4. 일터영성에 대한 2차 요인 모형 분석 결과 전반적 합치도 지수

합치도 지수	χ^2	df	CFI	TLI	RMSEA
2차 요인모형	395.828	225	0.920	0.901	0.069

2. 유사개념들과의 변별타당화

본 연구에서는 일터영성이 최근 산업 및 조직영역에서 연구가 활발한 유사개념들과 변별이 되는지를 확인하였다. 대표적인 유사개념으로서 주관적 안녕감, 직장생활의 질, 일가치감 등이 있으며, 이들 개념과 일터영성의 5가지 하위요인, 그리고 일터영성과 상호상관 분석결과는 표 4-5에 제시하였다. 표에서 알 수 있듯이, 일터영성은 주관적 안녕감, 직장생활의 질, 일가치감과 r=.513에서 r=.704까지의 비교적 높은 상관을 보이고 있다.

따라서 일터영성과 유사개념들이 서로 다른 구성개념인지를 파악하기 위해 추가적인 확인적 요인분석을 실시하였다. 일터영성의 하위요인들과 유사개념들의 하위요인들을 하나의 요인으로 설정한 1요인 모형과 일터영성과 유사개념을 다른 구성개념으로 구분한 2요인 모형에 대한 χ^2차이검증과 전반적 합치도 지수를 표 4-6에 제시하였다.

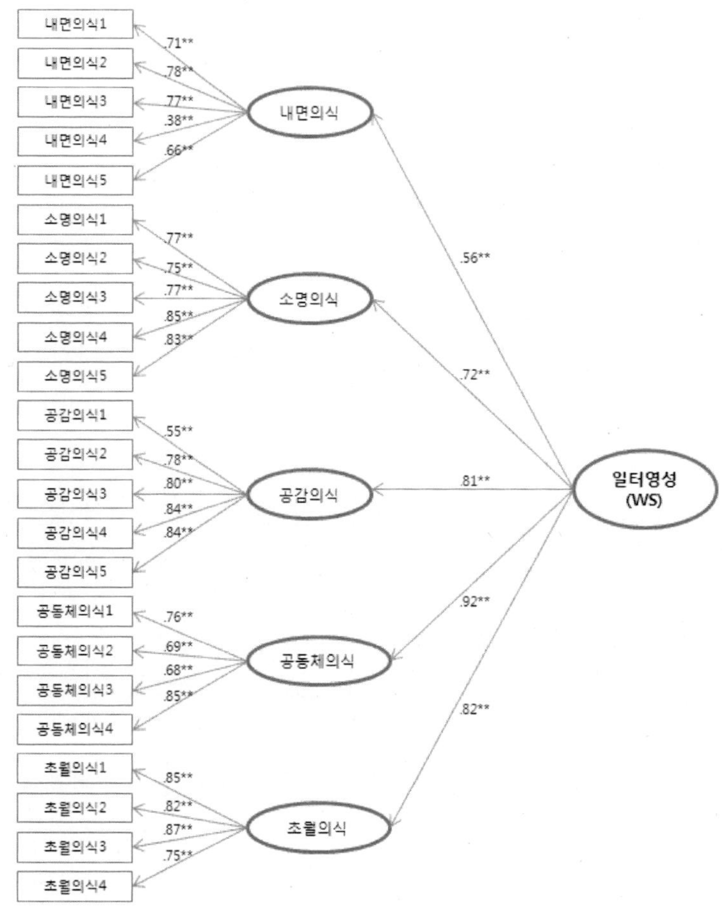

주1. **p<.01

그림 4-1. 일터영성에 대한 2차 요인모형(second-order factor analysis) 분석결과

표 4-5. 일터영성의 하위요인과 유사개념들과의 평균, 표준편차 및 상호상관(N=400)

요인	평균	SD	1	2	3	4	5	6	7	8	9
1. 내면의식	4.407	1.133	(.829)								
2. 소명의식	4.732	0.954	.427**	(.872)							
3. 공감의식	5.079	0.798	.331**	.485**	(.861)						
4. 공동체 의식	5.162	0.839	.268**	.580**	.596**	(.788)					
5. 초월의식	4.992	1.071	.295**	.547**	.466**	.515**	(.872)				
6. 일터영성	4.877	0.712	.656**	.810**	.738**	.764**	.764**	(.915)			
7. SWB	4.647	0.732	.296**	.485**	.369**	.436**	.350**	.513**	(.785		
8. QWL	4.646	0.809	.320**	.654**	.448**	.560**	.488**	.654**	.571**	(.912)	
9. PVW	4.793	0.869	.277**	.634**	.511**	.627**	.619**	.704**	.544**	.760**	(.939)

주 1. SWB(주관적 안녕감), QWL(직장생활의 질), PVW(일가치감)
주 2. **p<0.01

먼저 일터영성과 주관적 안녕감에 대한 구성개념을 하나의 요인모형으로 가정한

1요인 모형과 서로 다른 구성개념으로 가정한 2요인 모형 간 x^2차이검증을 실시하였다. 검증결과 2요인 모형이 1요인 모형에 비해 좋은 모델임이 확인되었다($x^2(1)=152.197$, $p<.001$). 또한, 전반적 모델 적합도 지수에서도 일터영성과 주관적 안녕감을 서로 다른 요인모형으로 가정한 경우 RMSEA값이 .087을 나타내고 있으며, CFI값은 .949, TLI값은 .925로써 모든 지수가 좋은 모델의 합치도 기준을 충족하고 있다. 따라서 2요인 모형이 1요인 모형에 비해 우수한 모델이며, 이는 일터영성과 주관적 안녕감이 서로 다른 개념으로써 변별력을 가진다고 할 수 있다.

다음으로 일터영성과 직장생활의 질에 대한 구성개념을 하나의 요인모형으로 가정한 1요인 모형과 서로 다른 구성개념으로 가정한 2요인 모형 간 x^2차이검증을 실시하였다. 검증결과 2요인 모형이 1요

인 모형에 비해 좋은 모델임을 확인할 수 있었다($x^2(1)=118.665$, $p<.001$). 또한, 전반적 모델 적합도 지수에서도 일터영성과 직장생활의 질을 서로 다른 모형으로 가정한 경우 CFI값이 .902로 좋은 모델의 합치도 기준인 .90을 넘고 있으며, 다른 적합도 지수들과의 관계를 종합적으로 판단했을 때, 두 개념 간 변별력은 확보된다고 볼 수 있다.

표 4-6. 일터영성과 유사개념들에 대한 확인적 요인분석 결과 합치도 지수

일터영성 모델 합치도 지수		x^2	df	CFI	TLI	RMSEA	SRMR
SWB	1요인 모형	228.535	20	0.815	0.741	0.161	0.063
	2요인 모형	76.338	19	0.949	0.925	0.087	0.040
	x^2차이검증	152.197	1	p<.0001			
QWL	1요인 모형	371.543	44	0.847	0.808	0.137	0.064
	2요인 모형	252.878	43	0.902	0.874	0.111	0.052
	x^2차이검증	118.665	1	p<.0001			
PVW	1요인 모형	143.139	20	0.916	0.883	0.124	0.048
	2요인 모형	81.913	19	0.957	0.937	0.091	0.037
	x^2차이검증	61.226	1	p<.0001			

주. SWB(주관적 안녕감), QWL(직장생활의 질), PVW(일가치감)

끝으로 일터영성과 일가치감에 대한 구성개념을 하나의 요인모형으로 가정한 1요인 모형과 서로 다른 구성개념으로 가정한 2요인 모형 간 x^2차이검증을 실시하였다. 검증결과 2요인 모형이 1요인 모형에 비해 좋은 모델임이 확인되었다($x^2(1)=61.226$, $p<.001$). 또한, 전반적 모델 적합도 지수에서도 일터영성과 일가치감이 서로 다른 요인모형으로 가정한 경우, 모델적합도 지수인 CFI와 TLI값이 모두 .9를 훨씬 상회함으로써 좋은 모형구조를 보여주고 있으며, SRMR도 기준값을 충족하고 있는 것을 볼 수 있다. 따라서 x^2차이검증 결과와 다

른 적합도 지수들의 관계를 종합적으로 판단했을 때, 일터영성과 일가치감이 서로 다른 개념으로서 변별력을 가진다고 볼 수 있다(유사개념들의 변별타당도 검증결과 자료는 <부록 4>에 제시하였음).

제5절 논의

본 연구에서는 먼저 연구 1에서 개발한 일터영성척도(WSI)의 교차타당화와 유사개념들과 구성개념이 변별되는지에 대한 검증을 실시하였다. 연구 1에서 제안하고 있는 일터영성 5차원 모형에 대한 교차타당화를 위해 확인적 요인분석을 실시하였으며, 그 결과 일터영성은 자신에 대한 '내면의식', 일에 대한 '소명의식', 타인에 대한 '공감의식', 조직에 대한 '공동체 의식', 자신을 넘어서는 '초월의식'의 5개 차원의 구성개념으로 이루어져 있음이 입증되었다. 검증모형에 대한 모델합치도 지수들은 모두 우수한 적합도 기준을 충족하였으며, 요인별 내적신뢰도계수(Chronbach's α)도 모두 .788 이상의 비교적 높은 값을 보여주고 있음을 확인하였다.

또한, 5개 하위차원의 요인들이 일터영성이라는 상위요인으로 수렴하는지를 검증하기 위해서 2차 요인분석(second-order factor analysis)을 실시하였다. 그림 4-1에서 볼 수 있듯이, 모든 하위요인이 일터영성에 잘 수렴되고 있음이 확인되었으며, 모형적합도 지수들도 기준을 충족시킴으로써 일터영성은 5개 하위차원으로 구성된 2차 요인모형임이 검증되었다.

다음으로, 일터영성과 주관적 안녕감, 직장생활의 질, 일가치감 등의 유사개념들과 x^2차이검증과 확인적 요인분석을 통해 척도의 변별타당도를 검증하였다. 먼저 일터영성과 주관적 안녕감이 서로 다른 개념임을 확인하기 위해 실시한 두 모형 간 x^2차이검증 결과 2요인 모형이 더 우수한 모형임이 확인되었다. 또한, 전반적인 모델 적합도 지수들도 2요인 모형이 더 좋은 합치도를 보임으로써, 이는 주관적 안녕감이 일상생활 속에서 일어나는 객관적 사실에 대한 주관적 해석에 따른 만족정서로 규정되는 데 비해, 일터영성은 일과 조직이라는 환경 속에서 더 나은 삶을 지향하는 인간의 본연적·심리적 의식 상태로써 그 변별성이 있다고 할 수 있다.

둘째로, 일터영성과 직장생활의 질에 대한 변별타당도를 검증한 결과 x^2차이검증에서는 2요인 모형이 더 우수한 모형임이 확인되었다. 하지만 추가로 실시한 전반적 모델 적합도 검증에서 CFI지수는 적합도 기준인 .90을 충족하고 있으나 RMSEA값이 합치도 기준인 .08에 미치지 못하였다. 따라서 직장생활의 질 척도에 대한 타당도를 확인하기 위하여 하위 6차원(안전욕구, 경제와 가족욕구, 자기고양욕구, 자아실현욕구, 지식욕구, 미적욕구)에 대한 확인적 요인분석을 실시하였으며, 분석결과 검증모형의 RMSEA값이 .190으로 적합도 기준에서 많이 벗어나 있음을 확인할 수 있었다. 이러한 척도 내 한계성을 감안하고, 일터영성과 직장생활의 질에 대한 1요인과 2요인 모형 간 x^2차이검증 결과와 적합도 지수들의 차이를 고려할 때 두 개념 간의 변별성은 충분히 보여준다고 볼 수 있다. 이는 직장생활의 질이 종업원들의 기본적 위계욕구에 대한 만족으로 정의되는 데 비해, 일터영성은 일터에서 자신에 대한 내면의식과 일에 대한 소명의식, 그리고 타인과 조직과의 관계 등을 고찰함으로써 더 큰 자기를 추구해나가는 심리적 의식상태로써 두 개념 간 변별성이 있다고 할 수 있다.

셋째로, 일터영성과 일가치감이 서로 다른 개념인지를 확인하기 위해 실시한 두 모형 간 x^2차이검증 결과에서 2요인 모형이 1요인 모형에 비해 더 우수한 모형임이 확인되었고, 모든 적합도 지수에서도 우수한 모델로서의 조건을 충족함으로써 두 개념 간 상호상관이 .660으로써 다소 높지만 충분한 변별력을 보여준다고 해석할 수 있었다. 이는 일가치감이 일과 자신에 대한 인지적 평가 위에 형성된 개인의 긍정적 정서반응으로 정의되는 데 반해, 일터영성은 타인에 대한 공감과 조직에 대한 연결감 등에 의해서 형성된 심리적 의식상태로써 그 변별성이 있다고 할 수 있다.

본 연구에서는 5개 하위 차원으로 구성된 일터영성 척도에 대한 교차타당화를 확인하고, 2차요인 분석을 통하여 5개 하위요인이 일터영성이라는 상위요인으로 수렴하는 모델을 검증함으로써 일터영성 후속연구에 대한 틀을 제공할 수 있다는 데 그 의의가 있다고 하겠다. 또한, 최근에 산업 및 조직 영역에서 자주 거론되고 있는 주관적 안녕감, 직장생활의 질, 일가치감의 유사개념들과 그 변별성을 확인함으로써 일터영성 연구의 방향성을 제시하고 있음에 추가적인 의의가 있다고 볼 수 있다.

제5장

연구 3: 일터영성이 조직효과성에 미치는 영향

제1절 연구의 목적

본 연구에서는 먼저 일터영성이 개인적·사회적 차원의 심리적 속성에 미치는 영향을 검증하고, 다음으로 조직효과성 변인들에 미치는 영향과 끝으로 리더십 차원과 조직문화 차원의 변수들과 어떻게 매개·상호작용하는지를 밝히고자 한다. 이를 위하여 일과 조직이라는 환경 속에서 형성된 일터영성이 개인적·사회적 차원의 심리적 속성에 영향을 미칠 것으로 예측하면서 '회복탄력성', '해석수준', '사회적 지지망', '행복지수'를 준거변인으로 설정하였으며, 조직효과성 차원에서는 먼저 일 관점에서 '직무동기', 조직 관점에서 '조직몰입', 그리고 공식직무 이외의 관점에서 '조직시민행동'을 준거변인으로 설정하여 일터영성의 효과를 검증하고자 하였다.

또한, 지금까지의 일터영성 연구에서 시도되지 않았던 리더십과 조직문화 차원의 매개 및 조절효과를 검증하기 위해서, 구성원의 일터영성이 '변혁적 리더십'과 '거래적 리더십'의 효과를 어떻게 매개하는지를 살펴보고, 다음으로 '인간존중의 조직문화'와 '성과지향적 조직문화'가 일터영성과 어떻게 상호작용하는지를 검증하고자 하였다. 일터영성이 일과 조직이라는 환경 속에서 내재적으로 형성된 개인 수준의 심리적 의식상태라는 점을 고려할 때 리더십에 대한 매개효과와 조직문화 차원에 대한 조절효과 검증은 조직 내에서 일터영성이 갖는 효과를 다양한 관점에서 입증할 수 있는 중요한 의미가 있다 하겠다.

제2절 본 연구의 가설 및 연구모형

1. 개인적 차원

일터영성이 높은 사람은 일과 개인의 삶이 분리되어 있지 않다고 생각하는 특성이 있다(Dutton, 1997). 일 속에서 의미를 찾고 타인을 배려하고 공감하며 조직을 공동체로 지각하는 사람들은 조직 활동에서 생길 수 있는 여러 가지 스트레스 상황에서도 긍정정서를 유지하고 과제 수행에도 적극적이며, 문제해결에 효과적인 대응을 할 수 있을 것이다. 따라서 이번 절에서는 일터영성이 개인적 차원의 심리적 준거변수들과 어떠한 관련이 있는지 살펴보고자 한다.

먼저 일터영성이 높은 개인에게 있는 공통적 특성인 '자기 자신에 대한 내면의식'과 '일에 대한 소명의식', '타인에 대한 공감의식' 등은 일에 접근하는 개인의 태도를 긍정적으로 프레이밍하고, 동료들과 관계의 질을 높임으로써 일과 환경에서 주어지는 스트레스에 대해 회복탄력성을 높일 것이라는 예측을 가능케 할 수 있다.

또한, 함께하는 동료에 대한 깊은 이해를 바탕으로 의미 있는 관계를 구축해나가고, 자신이 조직 구성원의 일원이라는 정체성 자각을 통해서 사회적 맥락을 형성하며, 자신의 ego를 넘어 더 큰 자기를 지향하는 사람은 동일한 사건에 대하여 포괄적인 접근을 하며, 장기적인 관점에서 사건을 해석하려는 경향성을 예측해볼 수 있다.

따라서 본 절에서는 일과 조직이라는 맥락 속에서 형성된 일터영성이 개인적 차원의 심리적 준거변인인 '회복탄력성'과 '해석수준'에 어떤 영향을 미치는지를 살펴보고자 한다.

1) **회복탄력성**(resilience)

'Resilience'란 개념은 학문적으로 비교적 최근에 등장한 용어이며, '정신적 저항력'을 의미한다(Opp et al., 1999). 라틴어의 'resiliere'에서 파생된 'resilience'는 원래 물질이나 기관의 유연성과 신축성을 설명하기 위해 사용하던 용어로서, 늘어나 있거나 압축된 상태에서 다시 튕겨오거나 되돌아오는 능력을 의미한다(Chapman, 1992). 또한 Garmezy(1993)와 Rutter(1985)에 따르면 탄력성은 스트레스가 되는 위험상황에서 문제를 해결하려고 노력하는 대처행동과 관련된다. 또 Lazarus와 Folkman(1984)에 의하면 스트레스를 해결하기 위한 인지적, 행동적 노력인 스트레스 대처행동은 한 개인의 긍정적 적응과정을 결정짓는다.

오늘날 근로자들의 직무는 스트레스와 밀접하게 연결되어 있으며, 이것은 회사생활에 대한 전반적인 만족뿐만 아니라 개인의 삶에 대한 만족에도 직접적인 영향을 미친다. Harrison(1985)에 따르면 직무스트레스는 개인의 동기나 능력에 맞는 직무환경을 제공하지 못하거나, 개인의 능력이 직무환경을 감당하기 어려울 때 발생한다. Hellrigel과 Slocumm(1986)은 직무 스트레스를 환경요인에 의해 유발되는 개인의 생리적·심리적 반응이라 하였고, Beer와 Frantz(1992)는 직무 자체 또는 직무환경의 어떠한 특성이 직원들에게 해로운 결과를 초래하는 과정이라고 정의하였다. 또한, 직무 스트레스는 직무환경으로부터 유발되는 긴장에 대한 반응으로 직무를 수행하는 과정에서 느끼는 긴장, 걱정 등의 감정이라고 정의할 수 있다(Lambert, Hogan & Griffin, 2007).

회복탄력성이 병리적인 행동이나 일탈 행동에 미치는 기존 연구에 따르면, 회복탄력성의 예방적 효과는 병리적 증상에 효과적인 예방적 기능을 한다고 밝히고 있다(Benard, 1993). 즉, 회복탄력성은 개인이 직면한 스트레스나 역경을 효과적으로 극복하는 자원임과 동시에 장차 다가올 스트레스나 역경을 예방하는 데에도 긍정적인 영향을 미친다. 회복탄력성은 일상의 작은 스트레스에서도 계속 작용하여 정신적, 신체적 건강을 유지하도록 하기 때문에, 누구에게나 필요한 능력이며, 동시에 업무수행뿐만 아니라, 신체건강, 정신건강, 관계의 질에 영향을 미치는 행복과 성공의 기초 요소이다(Reivich & Shatte, 2003). 또한, 회복탄력성은 타고나는 것이 아니라 변화와 도전적인 환경에서 긍정적인 적응과 개인적인 발달을 포함하는 역동적인 개념이며(Gu & Day, 2007), 생성되거나 유지 또는 소멸되는 특성을 가진다(Fine, 1991).

회복탄력성은 복합적이고 포괄적인 개념으로 학자마다 다양한 정의와 구성요인을 제안하고 있다. Wdanild와 Young(1993)은 회복탄력성의 하위요인으로 인내심, 자기신뢰, 의지력, 독립심, 평정심을 제시하였고, Russell(1995)은 자기신뢰, 개인적 비전, 유통성, 문제해결력, 대인관계, 사회성, 계획성, 조직력 등을 제시하였으며, 이러한 특성이 스트레스나 변화를 효과적으로 다룰 수 있다고 하였다. Reivich와 Shatte(2003)은 성인을 대상으로 회복탄력성지수(resilience quotient test:

RQT)를 개발하였으며, 구성요인으로 정서조절력, 충동통제력, 낙관성, 원인분석력, 공감능력, 자기효능감, 적극적 도전성을 들고 있다.

자신이 하는 일에 대한 소명의식을 가지고, 다른 구성원들과 좋은 관계 형성을 하고 있을 때 개인의 삶에 대한 의미와 만족에 정적인 영향을 미칠 것이며, 이는 개인의 회복탄력성을 강화할 것으로 예측할 수 있다. 이러한 근거를 토대로 본 연구에서는 일터영성이 개인차원의 회복탄력성에 미치는 영향에 대해 다음과 같이 가설을 설정하였다.

가설 1-1: 일터영성이 높은 사람일수록 회복탄력성이 높을 것이다.

2) **해석수준**(construal level theory: CLT)

동일한 특성을 가진 사건이라도 시간적 거리에 따라 그 선호도가 달라지며, 실제 의사결정에 영향을 미칠 수 있다. Trope과 Liberman(2003)은 시간적 거리가 의사결정에 미치는 영향을 연구한 해석수준이론을 제안했는데, 이 이론은 시간적 거리가 미래 사건에 대해 정신적으로 표상하는 방식을 변화시켜서 개인의 선호도와 판단에 영향을 미친다고 주장하고 있다. 먼 미래 사건에 대해서는 추상적이고 핵심적인 측면, 즉 상위수준(high level construal)에서 표상하는 반면, 시간적 거리가 가까울수록 구체적이고 부차적인 측면, 즉 하위수준(low-level construal)에서 표상하므로 미래 사건에 대한 판단과 결정이 시간적 거리에 따라 달라진다고 보는 것이다(Liberman & Trope, 1998; Trope & Liberman, 2003). Trope과 Liberman은 후속연구에서 심리적 거리(psychological distance)라는 개념으로 확장하였으며, 이는 시간적 거리

뿐 아니라 공간적, 사회적, 확률적 거리를 포함하고 있다.

Fujita와 동료들(2006)은 사회적 사건들에 대한 공간적 거리가 정신 표상에 미치는 효과를 연구했는데, 사회적 사건들이 공간적 거리에 따라 정신적 표상에서 다른 해석을 하고 있음을 보여주고 있다. 사람들은 공간적으로 먼 장소에서 일어나는 사건들을 표현할 때 추상적으로 해석하는 반면, 가까운 장소에서 일어나는 사건들에 대해서 좀 더 구체적인 해석을 하는 경향성을 보여주고 있다. 또한, 대체로 사람들은 자신과 유사할수록 사회적으로 더 가깝다고 느끼는 반면, 덜 유사할수록 사회적으로 더 멀리 있다고 느끼는 경향을 보고했다(Liviatan, Trope & Liberman, 2006). 확률적 거리도 심리적 거리의 기제 중 하나로서 해석수준에 미치는 효과를 지지하고 있는데, Trope과 동료들(Liberman & Wakslak, 2007)은 사건발생 가능성이 낮을수록 그 사건에 대한 심리적 거리가 멀어지기 때문에 자신에게 일어날 것 같지 않은 일에 대해서는 추상적으로 설명하려는 경향성을 가지는 반면, 높은 확률조건에 있는 사람들은 더욱 구체적으로 설명하려는 경향성을 가지고 있음을 확인하였다.

해석수준은 상황적 요인뿐만 아니라 개인적 요인에 의해서도 결정될 수 있다(Kim & John, 2008). Vallacher와 Wegner(1985, 1987, 1989)는 행위정체성이론(action identification theory: AIT)을 통해서 개인의 행동이 구체적인 하위수준에서부터 행위의 목적이나 효과를 의미하는 추상적인 상위수준에 이르기까지 다양한 인지적인 위계로 설명할 수 있다고 주장했다. 예를 들어, 성공을 이룬 뒤에 사람들은 자신의 행동을 전반적인 목적 개념에서 기술하는 반면, 실패에 부딪혔을 때에는 자신의 행동을 구체적이고 세부적인 목적 개념에서 기술하는 경향이 있음을 보여주고 있다. 이는 긍정정서가 전반적인 정보처리를 촉진하고, 부정정서가 지엽적인 정보처리를 촉진하는 것을 지지하는 것이다(Vallacher, Wegner & Frederick, 1987).

행위정체성이론은 개인의 어떠한 사건이나 상황에 대해서 추상적이거나 구체적인 해석을 한다는 부분에서 해석수준(CLT)과 유사한 특징을 가진다(Kim & John, 2008). 하지만 행위정체성이론에서는 시간거리와 같은 심리적 거리에 대한 개념을 포함하고 있지 않으며, 개인의 경향성에 가까운 해석을 하고 있다는 것에서 그 차이가 있다고 볼 수 있다.

일터영성은 개인적 차원에서뿐만 아니라 타인의 고통과 슬픔을 보고 같이 아파하며, 상호신뢰와 협조적 관계를 만들어나가는 공감의식과 공동체의 일원으로서 공유, 상호의무, 헌신에 대한 지각, 그리고 자신을 넘어서 의미를 찾고, 더 큰 세계와 지속적인 상호작용을 통해 지각하는 초월의식을 포함하는 개념이다. Tepper(2003)는 개인의 영성수준을 연속선 상에 있는 것으로 정의하면서, 낮은 단계의 영성은 개인의 삶의 중요성에 관한 낮은 고찰을 하고 있는 반면, 높은 수준의 영성 소유자는 매 순간순간에서 개인의 삶의 의미와 목적을 찾는데 충실하다고 주장했다. 따라서 일터영성이 높은 개인은 자신과 사회적 구성원들과의 관계있음에 대해 높은 지각을 하고 있고, 자기를 뛰어넘는 초월의식을 가지고 있는 사람들로서 이들은 동일한 사건에 대하여 시간적, 공간적, 그리고 가설성 관점에서 더 상위적인 해석을 하는 경향성을 가질 것으로 예측할 수 있다. 이를 근거로 본 연구에서는 일터영성이 개인적 차원의 해석수준에 미치는 영향에 대하여 다음과 같이 가설을 설정하였다.

가설 1-2: 일터영성이 높은 사람일수록 동일 사건에 대하여 상위수준의 해석을 할 것이다.

2. 사회적 차원

1) **사회적 지지망**(social support network: SSN)

인간은 사회적 환경 속에서 타인과 지속적인 상호작용을 통해서만 충족될 수 있는 기본적인 사회적 욕구를 가지고 있다. 이러한 관계 속에서 타인을 통해 얻게 되는 것이 사회적 지지이며, 이는 건강한 삶을 결정하는 중요한 요인이 된다. Caplan(1974)은 사회적 지지를 "개인에게 자신과 다른 사람에 대한 기대를 확인할 수 있도록 피드백의 기회를 제공하는 계속적인 사회적 집합체(social aggregates)"라고 정의하면서, 정보적 지지(informational support), 인지적 안내(cognitive guidance), 유형적인 자원(tangible resources), 정서적 지지(emotional support)가 타인들로부터 제공된다고 하였다.

Cobb(1976)은 사회적 지지를 "자기 자신이 사랑과 돌봄을 받고, 존중되며, 가치 있다고 여겨지거나, 혹은 의사소통 관계망이나 상호 의무의 일원이라고 믿어지도록 하는 정보의 구성요소"라고 정의하였다. 또한, Cohen과 Wills(1985)는 사회적 지지를 존경 지지, 정보적 지지, 도구적 지지로 분류하면서, 현실적 상황에서는 이러한 구분이 서로 독립적일 수 없다고 주장했다.

사회적 지지는 상황에 따라서 지지원과 지지유형이 달라질 수 있는데, Dean과 Lin(1977)은 사회적 지지가 특정 생활사건의 범주 안에서만 스트레스를 완충할 수 있다고 함으로써, 사건이 다르면 사회적 지지의 역할과 필요의 정도가 달라질 수 있음을 시사했다. LaRocco와 동료들(1980)은 상황이 구체적일수록 그 상황과 밀접하게 관계된 지지원에 의해서 영향을 받게 될 것이라고 제안했다. 예를 들어, 직장에서의 문제는 직장 내 사회적 지지원에 의해서 영향을 받을 것이며, 가족관계에서 발생하는 문제는 가족, 친척, 친구 등에 의해서 영향을 받는다는 것이다. 즉, 한 상황에서 유효했던 지지원이나 지지형태가 다른 상황에서도 유효할 것이라고 기대할 수 없으며, 개인이 필요로 하는 지지의 형태, 내용, 의도는 상황에 따라 달라질 수 있다(Aneshensel & Stone, 1982).

사회적 지지에 대한 연구들을 종합해 볼 때, 한 개인을 둘러싼 사회망(social network)으로부터 받는 사회적 지지가 개인의 정신건강, 스트레스 대처양식, 그리고 인생의 여러 가지 변화에 대한 적응에 긍정적인 영향을 미침을 알 수 있으며, 동시에 사회망의 구성원들과의 사회적 관계를 통해 많은 예방적인 기능이 제공된다고 보고하였다(Wallace & Vaux, 1993; Bell, Dill & Burr, 1991; Sandler, 1980). 또한, Berkman과 Syme(1979)은 사회망과 사망률과의 관계를 연구하면서 평상시에 개인이 갖고 있는 관계의 수도 중요하지만 특별한 위협이나 사건에 대해서 이용 가능한 사회적 관계망도 중요하다는 것을 제안하였다.

타인에 대한 공감의식과 조직의 일원으로서 멤버십을 잘 지각하고 있는 개인은 동료들과 신뢰로운 관계 형성을 통하여 폭넓은 사회적 지지망을 확보할 수 있다고 예측할 수 있다. 이러한 근거를 토대로 본 연구에서는 일터영성이 사회적 지지망에 미치는 영향에 대해 다음과 같이 가설을 설정하였다.

가설 2-1: 일터영성이 높을수록 사회적 지지망이 견고할 것이다.

2) **행복**

최근 행복에 대한 사회적 관심이 증대되고 있다. 행복의 사전적 정의는 '생활에서 충분한 만족과 기쁨을 느끼는 흐뭇한 상태', '심신욕구가 충족되어 만족감을 느끼는 정신상태' 등으로 표현되나, 극히 주관적이며 다양하게 받아들여지므로 한마디로 정의하기는 힘들다. 또한, 행복에 대한 조작적 정의가 학자에 따라 다르지만, 여러 연구에서 인간의 기본적 욕구가 충족되는 정도가 행복에 미치는 영향은 일반적으로 받아들여지고 있다.

Alderfer(1972)는 ERG이론에서 생존욕구(existence need), 관계욕구(relatedness need), 성장욕구(growth need)를 인간이 행복한 삶을 살아가는 데 중요한 3가지 요인으로 제안하였다. 여기서 생존욕구는 욕구 유형 중에서 가장 구체적이며, 굶주림, 갈증, 급여, 작업환경처럼 생존에 필요한 생리적이며 물질적 차원이다. 또한, 관계 욕구는 자신을 둘러싸고 있는 인간관계와 사회환경에 초점을 두고 있다. Porter와 동료들(1975)은 관계욕구는 사회관계 및 대인관계 등을 모두 포함한다고 제안하였으며, 특히 자신에게 중요한 타인(부모, 상사, 동료 등)과 형성된 인간관계가 이 욕구의 핵심을 이룬다고 하였다. 마지막으로 성장욕구는 개인이 환경과 상호작용하면서 자신의 능력이나 잠재능력을 발전시키려는 욕구를 의미한다. Porter와 동료들(1975)은 개인의 잠재능력을 충분히 활용하도록 허용하는 환경이 중요하며, 이러한 환경 속에서 능동적으로 상호작용하는 것이 성장욕구의 만족수준을 올린다고 주장하였다.

Diener(1984)는 주관적 안녕감(subjective well-being)이라는 개념을 통하여 개인이 경험을 통해서 주관적으로 느끼는 정서를 행복의 중요한 개념으로 정의하였다. 이러한 경험의 핵심요소로는 인지적 삶의 만족감, 빈번한 긍정적 정서, 그리고 낮은 빈도의 부정적 정서를 포함하고 있다. 이 세 가지는 사람들이 일반적으로 행복의 경험에 관해서 이야기할 때 반복적으로 언급하고 있는 내용이다. Diener의 행복에 대한 접근은 행복연구를 체계화하고 진일보시키는데 기여했지만, 서은국 등(2011)은 Diener의 접근이 대인관계나 소속집단에 대한 주관적 만족을 간과했다는 비판을 제기하고 있다. 또한 Sedikides(2001)는 삶의 개인적, 관계적, 집단적 측면이 자아를 구성하는 기본 요소일 뿐 아니라 행복과 삶의 만족을 평가하는 중요한 차원이라고 주장하고 있다.

조직구성원의 행복은 최근 조직의 효과성을 높이고자 하는 관점에서도 중요한 요소로 받아들여지고 있다. 긍정조직심리(positive organizational scholarship: POS)는 기존의 기계적이고 관리적인 관점의 사람에 대한 정의에서 살아 움직이며, 동기화되는 주체로서 사람을 재정의하며, 구성원들의 수행을 극대화하기 위한 조직 행동론적 접근을 시도하고 있다. 또한, Csikszentmihalyi(1990)는 몰입(flow)의 개념을 통하여 자신이 보유하고 있는 기술과 도전 상황의 일치를 통해 자신의 활동에 깊이 몰두함으로써 개인의 안녕(well-being)을 극대화할 수 있다고 주장하였다. 성인 대부분이 일상의 많은 시간을 직장에서 보내고 있음을 고려할 때 삶의 전반적인 행복을 논하는 과정에서 일과 직장에서의 만족감이 반드시 전제되어야 할 것이다.

지금까지의 논의를 통해서 회사는 단지 급여의 제공이라는 개인의 물질적 생존의 측면에서뿐만 아니라 관계적, 성장 지향적 관점에서도 개인의 행복수준과 밀접한 관계를 맺을 것으로 예측할 수 있다. 특히 함께 일하는 동료에 대한 공감의식과 조직에 대하여 구성원으로서 공동체 의식을 가지고 일터에서 몰입을 경험한 개인은 그렇지 않은 사람보다 훨씬 행복지수가 높을 것이다. 따라서 다음과 같이 가설을 수립하였다.

가설 2-2: 일터영성이 높을수록 개인의 행복지수가 높을 것이다.

3. 조직효과성 차원

일 속에서 의미를 찾고 타인을 배려하고 공감하며 조직을 공동체로 지각하는 사람들은 조직 활동에서 생길 수 있는 여러 가지 스트레스 상황에서도 긍정정서를 유지하고 과제 수행에도 적극적이며, 문제해결에 효과적인 대응을 할 수 있을 것이다.

Fry와 동료들(2008)은 여러 사례연구를 통해 영성적인 회사들이 생산성이 더 높을 뿐만 아니라 더 유연하며 창의적이고 지속적인 경쟁우위를 확보할 수 있다고 제안했다. 조직구성원들의 영성 수준이 높다는 것은 오늘날 조직에서 직면할 수 있는 복합적이고 예측불허인 많은 문제에 효과적으로 대처할 수 있다는 것을 의미하며, 이것은 곧 회사의 존속과도 결부될 수 있음을 의미하는 것이다.

분명히 일터영성은 조직효과성에 있어서 아주 긍정적 변화들을 만들어내고 있다. 일터영성이 단지 개인의 건강과 심리적 안녕과 같은 개인적인 관점에서의 유익뿐만 아니라 직원들의 몰입과 생산성 향상,

이직률과 근태에 있어서 뚜렷한 향상을 보여주고 있음은 여러 실증연구를 통해 확인되었다. 따라서 이번 절에서는 일터영성이 조직효과성 변인으로 설정한 직무동기, 조직몰입, 조직시민행동에 어떠한 영향을 미치는지에 대해 살펴보고자 한다.

1) 직무동기

Steers, Mowday와 Shapiro(2004)는 동기를 "지속해서 인간의 행동에 활력을 불어넣고, 일정 방향을 가지면서 지속적으로 유지하는 요소들이나 사건들"로 정의하였다. 즉 과제를 수행할 때 얼마나 오랫동안 일의 목표에 집중하며 일을 지속해서 하느냐 하는 것과 관련이 있으며, 특히 도중에 난관에 부딪혔을 때도 포기하지 않고 적극적으로 일하려는 내면의 의지와 관련이 있는 것이다.

노동에서 동기는 일과 관련된 행동을 유발하고 그 행동에 대한 방향과 강도, 기간, 형태와 같은 구체적인 계획을 세우고 결정하기 위해 인간의 내면에서 비롯된 강력한 힘으로 정의한다(Pinder, 1998). 또한, 조직에서 동기 혹은 동기부여란 조직을 구성하고 있는 직원이 개인적 욕구충족이나 만족의 상태로 조직이 요구하는 목표를 달성하기 위해 최대의 노력을 발휘하고자 하는 심리적 동인이며, 목표달성을 위한 목적을 가지고 업무에 필요한 행동의 유발, 노력의 정도, 의향, 지속성 등의 행동 및 활동을 촉진하는 윤활제 역할을 한다고 정의하였다(Campbell & Pritchard, 1976; Robbins, 1998; Papacharissi & Rubin, 2000).

일반적으로 직무동기는 과업평가 및 경쟁, 성취상황에서 발생하는 개인의 성격이나 사회인지 요인들로 설명되었다. 조직을 구성하고 있는 직원들 개개인들의 업무성과는 개인의 능력과 동기부여의 승수로 설명되기 때문에 조직의 높은 성과를 달성하고 유지하기 위해서는 종업원의 동기부여가 필수조건이다(Szilagyi & Wallace, 1983).

일 또는 그와 같은 관계에서 동기의 발생 배경은 일반적으로 내재적 동기와 외재적 동기로 구별된다(Sansone & Harackiewicz, 2000). 행동 유발근원에 대해 뚜렷한 보상이나 기대 없이 활동이나 일 그 자체에서 부여되는 흥미, 즐거움, 만족 때문인지, 금전과 같은 활동의 결과로 얻어지는 외적 보상이나 외재적 통제를 피하기 위한 어떠한 행위나 요인 때문인지에 따라 동기를 내재적 동기와 외재적 동기로 구분하였다(Deci, 1975).

내재적 동기와 외재적 동기의 관계에 관한 많은 연구에서는 내재적 동기가 부여된 사람에게 보상과 같은 외재적 동기가 더해지면 내재적 동기가 감소하게 된다고 주장하였다. 그리고 일부 심리학적 연구결과를 보면 높은 강도의 내재적 동기를 가진 상태에서 외재적 보상이 기대된 활동에 참여하게 되면 사람들은 그 활동이나 일에 대한 흥미나 기쁨, 업무수행의 지속성 및 활동이나 일에 대한 참여의 질을 저하시킨다는 것이 밝혀졌다(Deci, 1975; Kohn, 1993; Lepper & Greene, 1975; Lepper, Keavney & Drake, 1996; Ryan & Deci, 1995).

하지만 보상과 같은 외재적 동기요인이 내재적 동기를 증진시키거나 적어도 감소시키지는 않는다는 결론을 다양한 실험연구 결과들을 통해 입증하였다(Cameron & Pierce, 1994). Ryan과 Deci(2000)의 연구에 따르면, 이와 같은 주장을 한 연구를 살펴보면 인간의 본성이나 일 자체에서 비롯된 내재적 동기는 행동과 업무수행 그리고 행복과 안녕에 긍정적인 영향을 미친다. 그러나 외부적 통제의 제한을 받은 결과들이나 외부적인 행동 제약 또한 동기 부여된 행동의 중요한 원인이 된다고 밝혔다.

Ryan, Kuhl과 Deci(1997)는 인간의 기본적인 심리적 욕구인 자율, 유능, 관계욕구의 충족이 개인의 현재 주관적 안녕을 판단하는 기준으로 작용한다고 가정했으며, 이러한 욕구들의 충족은 '심리적 양분'으로 작용하여 주관적 안녕을 지속시키고 동기 수준을 유지시킨다고 제안하였다(Deci & Ryan, 1991). 이와 마찬가지로, 사람들은 누구나 자기 일과 자신에 대해 가치를 느끼고 싶은 기본적인 욕구를 가지고 있다(Alderfer, 1972; Maslow, 1943).

Baumeister와 Vohs(2005)는 모든 사람이 사회적 집단에 속하고 싶어 하는 욕구를 가지고 있으며, 한 개인의 자존감은 한 개인이 가치 있는 집단에 속하는 정도를 나타내는 주관적인 지표라고 주장했다. 이들은 소속의 욕구가 충족되지 않으면 많은 부정적인 결과가 나타난다고 주장하기도 했다. 또한, Haslam과 동료들(2004)은 작업집단이 한 종업원의 자기개념에 중요한 부분이 될 수 있으므로 일터에서 종업원들을 동기화시킬 수 있고, 그렇게 함으로써 종업원들은 작업집단이나 조직에 소속되어 있다는 안정감을 유지할 수 있다고 주장했다.

즉, 조직구성원이 하는 일에 대한 의미를 찾고, 조직으로부터 구성원으로서 소속감을 유지하며, 다른 구성원들과 좋은 관계 형성을 하고 있을 때 개인의 직무동기에 정적인 영향을 미칠 것임을 예측할 수 있다. 이러한 근거를 토대로 본 연구에서는 일터영성이 직무동기에 미치는 영향에 대해 다음과 같이 가설을 설정하였다.

가설 3-1: 일터영성이 높은 사람일수록 직무동기가 높을 것이다.

2) 조직몰입

몰입한다는 것은 특정 대상에 대한 가치관의 일치를 통한 심리적인 애착이나 소속의 욕구로 특정한 대상에 대한 동일시 감정을 소유하거나 특정한 대상에 공헌하는 것을 의미한다(Mowday et al., 1982). 특히 조직몰입이란 종업원이 자신을 고용하고 있는 조직에 헌신하는 정도로써 조직을 위해 기꺼이 일하려고 하는 정도 및 조직구성원으로 계속해서 남아 있을 가능성으로 정의된다(Jex & Britt, 2008).

높은 수준의 정서적 몰입을 가지고 있는 종업원은 낮은 수준의 정서적 몰입을 가지고 있는 사람에 비해 더 열심히 일하고, 더 많은 노력을 기울이는 경향이 있다. 비록 모든 경우에 이런 것은 아니지만, 많은 경우에 이처럼 높은 수준의 노력은 높은 수준의 수행으로 변환되는 것이다(Campbell, 1990, 1994).

Meyer와 Allen(1991)은 몰입의 기반이 다양할 수 있다고 지적하면서 조직몰입에 대한 정의를 좀 더 정밀하게 만들었다. 즉, 종업원은 여러 가지 다른 이유로 조직에 몰입할 수 있는데, 이런 이유가 서로 구별되는 몰입 형태를 구성한다. 그들은 몰입의 3요소 모형을 제안했는데, '정서적 몰입', '계속적 몰입', '규범적 몰입'이 그것이다. 정서적 몰입이란 개인이 자신의 조직에 대한 강한 동일시를 느끼고, 깊게 개입되어 있으며, 조직의 구성원이라는 것을 즐기는 등, 그 조직에 대한 강한 애착을 느끼는 것을 말한다. 지속적 몰입이란 행동의 일관성과 연속성을 유지하려는 경향성(Becker, 1960)을 의미하며, 현재의 조직을 떠남으로써 발생하는 기회비용에 대한 지각을 토대로 한다. 마지막으로 규범적 몰입이란 조직에 대해 느끼는 의무감에 기반을 둔 것으로 그 조직에 계속 남는 것이 "올바르고 도덕적이다"라는 지각에 근거한 것이다.

Mathieu와 Zajac(1990)은 정서몰입이 계속몰입보다 직무만족, 직무몰입과 더 높은 관련성이 있다는 것을 밝혔으며, Cooper-Hakim과 Viswesvaran(2005)이 수행한 최근의 통합분석은 직무 만족은 정서몰입과 .47, 계속몰입과 .09, 규범적 몰입과 .29의 상관을 보여주었다. 따라서 개인이 조직의 구성원으로서 명확한 정체성을 형성하고 조직과 동일시하는 것이 조직몰입에 가장 영향을 많이 미치는 것을 알 수 있다. 또한 개인은 조직의 목표를 내면화시키고, 자신이 조직의 목표달성에 기여하는 만큼 개인의 욕구도 충족될 수 있다는 기대와 믿음을 가짐으로써, 조직에 대한 강한 동일시 애착이 형성되므로 조직에 대한 몰입이 증가하게 되는 것이다 (Buchanan, 1974; Decotiis & Summer, 1987; Cook & Wall, 1980; Roberts & O'Reilly, 1974; Steers, 1977).

지금까지의 조직몰입에 대한 연구 결과들을 근거로 할 때, 자신의 삶에 대한 내면의식과 일에 대한 소명의식을 가지고 자신을 조직이라는 공동체의 한 구성원으로 생각하는 사람은 조직과 동일시하고 몰입하는 경향성을 가질 것으로 예측할 수 있다. 따라서 아래의 가설을 설정할 수 있다.

가설 3-2: 일터영성이 높은 사람일수록 조직몰입이 높을 것이다.

3) **조직시민행동**(OCB)

Katz와 Kahn(1978)은 조직이 원활히 운영되고 성장하기 위한 필수적인 행동적 요소로서 역할 외 행동(extra-role behavior)의 중요성을 강조하였다. 그들은 연구에서 공식적 역할행동에 따른 제한적 행동만을 하는 구성원들로 이루어진 조직은 아주 쉽게 붕괴될 것이라고 주장하였다.

Organ(1988)은 조직시민행동(organizational citizenship behavior: OCB)이란 구성원들이 공식적으로 직무기술서에 명시되어 있지 않은 행동을 통하여 성과를 높이는 행동이라고 정의하였다. 또한, 조직시민행동이 개인의 성향, 기질, 특성, 가치관 등과 같은 개인의 특성에 의해 영향을 받는 것으로 밝히고 있다.

Bateman과 동료들(1983)에 의해 조직시민행동 연구가 시작된 이래로, 하위요인들을 밝히려는 많은 연구가 이루어졌으며, Organ(1988)이 제안한 5개 차원의 구성요인이 가장 일반적으로 받아들여지고 있다. 그 특성을 살펴보면 먼저 '이타적 행동'은 조직 내의 특정한 업무나 문제와 관련하여 타인을 돕는 행동이며, 둘째로 '성실행동'은 조직에서 공식적으로 요구하는 수준 이상의 과업을 수행하는 행동이다. 셋째로 '참여행동'은 조직에 관심을 두고 적극적으로 참여하고 몰입하는 행동을 말한다. 넷째로 '문제예방행동'은 업무와 관련하여 타인들과의 사이에 문제나 갈등이 야기될 수 있는 가능성을 미리 예방하기 위해서 노력하는 행동이다. 마지막으로 다섯째, '스포츠맨십'은 조직에 대한 비난을 삼가고 조그만 불편함은 인내하려는 행동 등이다(Podsakoff & Mackenzie, 1989; Niehoff & Moorman, 1993).

Tepper(2003)는 조직시민행동과 직원의 영성에 대한 문헌연구에서 영성을 "개인이 자신의 존재에 대한 신성한 의미와 목적을 찾기 위해 동기화된 정도"로 정의하고 있으며, 영성이 있는 개인은 감사하는 마음과 타인의 욕구에 대한 민감성, 그리고 불평등에 대한 인내력을 매개로 조직시민행동과 정적인 관계를 형성할 것으로 예측했다.

위와 같은 연구결과들은 일터영성이 높은 개인이 조직에서 역할 외 행동(extra-role behavior)에도 적극적으로 임할 것이며, 전체적인 조직수행에 긍정적 영향을 미칠 것으로 예측할 수 있다. 따라서 아래와 같은 가설을 수립하였다.

가설 3-3: 일터영성이 높은 사람일수록 조직시민행동을 많이 할 것이다.

4. 리더십 차원

리더십은 지난 수십 년간 조직 관련 연구에서 가장 중요한 주제 중 하나였다. 그것은 리더십이 조직과 구성원들에게 상당한 영향을 미치며, 수행결과와 직접적인 연관성을 갖기 때문이다. Vroom과 Jago(2007)는 리더십을 "위대한 것을 성취하기 위해 사람들이 협동하여 일하도록 동기화시키는 절차"라고 정의하였다. 여기서 리더십을 결과가 아닌 과정으로 보는 견해는 그만큼 역동적이며, 동시에 실패할 가능성도 내포하고 있다는 것이다(Jex & Britt, 2008).

Yukl과 Van Fleet(1992)은 기존의 리더십에 대한 연구들을 통합하여 리더십에 대한 다양한 정의 간의 공통점을 아래와 같이 규정하였다. 첫째, 전략을 실행하고 목적을 달성하기 위해 조직구성원들에게 영향을 미치는 것, 둘째, 조직의 목표 과업과 전략에 대해 영향을 미치는 것, 셋째, 집단 유지와 동일시에 영향을 미치는 것, 넷째, 조직 문화에 영향을 미치는 것 등을 포함하는 과정이다.

리더십이론 연구는 연구자들에 따라 리더십에 대한 개념과 방법의 선택 등에 의하여 서로 다른 접근방법을 사용하고 있는데, 일반적인 접근방법은 특성이론(trait approach), 행동이론(behavior approach), 상황이론(situational approach) 등 세 가지로 분류될 수 있다. 특성적 접근은 리더 부상을 예측하는 특성을 확인하는 데 있어서 많은 기여를 해왔다(Foti & Rueb, 1990; Zaccaro, Foti & Kenney, 1991). Zaccaro(2007)는 리더의 특성에 성격적 특성, 인지적 능력, 동기 및 가치가 포함된다고 하였다. 그리고 이러한 특성들의 결합은 각각의 특성보다 리더의 효과성에 대해 더 좋은 예측변인이 된다고 강조한다. 반면 행동이론과 상황이론은 과정론에 입각한 것으로 리더십은 상황 속에 존재하는 현상이고, 리더십 발휘는 누구나 가능하다고 주장한다. 그리고 그 과정으로써 리더십은 행동에서 관찰될 수 있는 현상이다 (Jago, 1982).

1980년대 이후 새로운 리더십 패러다임을 제시하는 많은 연구가 이루어졌으며, 최근에는 전통적 리더십 이론의 연구영역을 넘어 대안적 리더십의 출현이 가속화되고 있다. 변혁적 리더십(transformational leadership), 비전 리더십(visionary leadership), 서번트 리더십(servant leadership), 진정성 리더십(authentic leadership)등의 새로운 연구영역이 그것이다.

특히 변혁적 리더십에서 보여주고 있는 리더행동의 핵심은 리더가 부하직원들에게 영향을 주는 것을 넘어 영감을 불어넣어 능력 이상으로 업무를 잘하도록 이끌 수 있다는 것이다. 이러한 리더십은 조직 내에서 의미 있는 변화를 일으킬 수 있는 잠재력을 가진다는 것이다. 또한, 연구자들은 변혁적 리더십의 반대 개념으로 거래적 리더십(transactional leadership)을 사용하고 있다(Jex & Britt, 2008). 1980년대 이후 많은 리더십 연구들은 부하의 객관적인 수행측정치들(예: 생산량/질, 이직률, 결근율, 조직몰입수준, 리더에 대한 만족, 역할 명료/모호, 그리고 역할갈등 등)에서 거래적 리더십보다 변혁적 리더십이 더 정적인 효과를 보인다는 것을 검증해 왔다(Bass, 1985; Gilmore, Beehr & Richter, 1979; Harter & Bass, 1988; Howell & Avolio, 1993; Howell & Frost, 1989; Kuh, Steers & Tergorg, 1995; Schriesheim & Murphy, 1976; Waldman, Bass & Einstein, 1987).

따라서 본 연구에서는 조직효과성에 가장 많은 설명력을 가지고 있는 상사의 리더십 스타일, 특히 변혁적 리더십과 거래적 리더십 상황을 중심으로 개인의 일터영성이 어떻게 조직효과성에 영향을 미치는지를 규명해 보고자 한다.

1) **변혁적 리더십**(transformational leadership)

Jex와 Britt(2008)은 변혁적 리더십의 가장 중요한 요소로 비전을 꼽고, 비전은 도덕적으로 함축된 의미를 지니는 이상적이고 바람직한 최종 목표라고 정의했다. 비전을 가진 리더는 목적의식이 명확하며, 부하직원들과 이것을 공유한다. House(1977)에 의하면 비전은 매우 일반화된 이상적인 상태로 공유된 가치를 반영하고, 종종 도덕적인 면을 내포한다고 하였다.

Burns(1978)가 최초로 변혁적 리더십과 거래적 리더십 두 가지 유형을 제안한 이래로, Bass(1985)는 이를 조직상황에 일반화시킬 수 있도록 체계화시켰다. 그는 변혁적 리더는 부하들에게 ① 조직구성원으로서의 존재가치와 성취할 목표의 중요성을 깨닫게 하고, ② 자신의 이익을 초월하여 집단의 이익을 추구하며, ③ 매슬로우의 욕구위계 수준에서 부하들에게 상위욕구를 각성시키거나 욕구목록을 확장시키는 것으로 리더에 대한 신뢰와 자신감을 주입하여 부하들을 동기화 시킨다고 했다.

Judge와 Piccolo(2004)는 변혁적 리더십이 네 차원으로 구성되어 있음을 밝혔는데, 첫 번째 차원은 이상적인 영향력으로 '카리스마'와 같은 것이다. 이것은 열정을 가지고 마음을 다해 업무를 수행하고, 조직에 헌신하는 모범적인 리더를 말한다. 두 번째 차원은 '영감적 동기'이다. 리더가 부하들과 비전을 공유하는 것은 영감적 동기를 불러일으키는 데 중요한 요소가 된다. 세 번째 차원은 '지적 자극'이다. 이 차원은 부하직원들이 창의적이고 적정수준의 위험을 감수하며, 도전할 수 있도록 자극하고 격려하는 리더의 능력을 말한다. 마지막 차원은 '개별적 배려'이다. 리더가 종업원의 요구에 관심을 가지고 종업원이 리더로부터 이해받고 인정받고 있다고 느끼게 하는 리더의 능력을 말한다.

또한, 여러 연구에서 변혁적 리더십은 부하직원들로 하여금 직무특성상 더 다양하고 중요하며, 의미 있는 일을 수행하도록 고취하고, 나아가 더 높은 성과를 내도록 이끈다고 보고하였다(Piccolo & Colquitt, 2006; Purvanova, Bono & Dzieweczynski, 2006). Purvanova와 동료들(2006)은 객관적인 직무특성을 통제했을 때도 변혁적 리더십이 수행성과에 유의미한 영향을 미치는 것을 밝혔으며, 이는 변혁적 리더들은 종업원의 업무에 대해 주인의식을 갖도록 하며 의미를 부여하게 함으로써 그들이 더 나은 수행을 하도록 한다는 것을 알 수 있다.

Lowe, Kroeck과 Sivasubramaniam(1996)은 변혁적 리더십을 발휘하는 사람들이 단지 거래적 리더십을 발휘하는 사람들보다 더 높은 업무성과를 초래하게 하며, 더 효과적인 리더로 지각된다는 사실을 발견하였다. 이유는 거래적 리더십이 기대된 성과를 올리게 하는데 초점이 있는 반면에, 변혁적 리더십은 구성원들의 잠재력을 인정하고 동기 부여시킴으로써 기대를 훨씬 초과하는 업적 성과를 초래하기 때문이다.

2) **거래적 리더십**(transactional leadership)

거래적 리더십은 변혁적 리더십에 반대되는 개념으로 일컬어지며, 거래적 리더는 부하직원들이 직무를 완수하고 조직의 규칙을 따르도록 하는 사람이다. 전형적으로 거래적 리더는 종업원이 해야 할 직무를 수행하도록 하기 위해 보상과 처벌을 사용한다(Judge & piccolo, 2004).

Bass(1985)는 변혁적 리더십과 거래적 리더십을 정의하면서 리더가 보상이나 처벌을 사용하여 부하들이 자신의 직무욕구를 충족시키도록 동기 부여시키는 것을 거래적 리더십으로 정의하였다. 여기서 핵심은 부하들이 이해관계 충족 여부에 따라 그들의 동기 수준을 결정한다는 점이다. 부하의 욕구와 조직의 보상을 근거로 한 동기부여의 교환관계가 성립된다는 가정은 House와 동료들(1971, 1974)이 설정한 경로－목표이론과도 흡사하다고 볼 수 있다.

Bass(1985)는 요인분석을 통해 거래적 리더십은 ① 목표 달성 시에 제공되는 수반적 보상과 ② 예외에 의한 관리(management-by-exception)의 두 가지 요인으로 구성되어 있음을 밝혔다. 수반적 보상은 두 가지 형태로 기술될 수 있는데, 훌륭한 수행에 대한 칭찬, 승인, 인정 등의 형태와 봉급, 승진, 보너스 등의 형태가 그것이다(Yukl, 1994). 예외에 의한 관리는 그 내용 면에서 현상유지와 부적 피드백의 형태로 나누어질 수 있다. 즉, 기존의 방식대로 잘 진행되면 아무런 지시도 하지 않지만, 만약 설정기준에 도달하지 못한다면 처벌을 가하면서 부하를 통제하는 리더행동을 말한다(Bass, 1985; Yukl, 1994).

예외에 의한 관리가 부하들에게 작업의 책임을 위임한다는 관점에서 권한위임과 비슷할 수 있지만, 지속적으로 목표에 미달되는 부분에 통제를 실시한다는 부분에서 권한위임과는 다르다(Bass, 1985). 또한, 부적 강화와 부적 피드백의 특성을 갖는 처벌을 직접적으로 수행한다는 점에서 통제자로서의 관리기능이 강조되는 점은 자유방임적 리더와는 다르게 구별된다(Harter & Bass, 1988).

3) 연구가설

변혁적 리더십이 대부분의 조직효과성 변인들에 정적인 영향을 미치고, 수행을 높인다는 것은 지금까지 많은 연구를 통해서 검증되었으며, 일반화된 사실과 다름없다. 하지만 구체적으로 변혁적 리더십이 어떤 경로를 통해서 조직효과성 변인들에 영향을 미치는지는 명확하지 않는데, 본 연구에서는 지금까지의 논의를 토대로 변혁적 리더십이 가지고 있는 이상적인 영향력과 영감적 동기, 지적 자극, 개별적 배려 등의 특성들이 조직 구성원으로서의 개인에 대하여 일에 대한 소명의식과 타인을 이해하고 배려하는 공감의식, 그리고 조직 구성원으로서의 사명감과 헌신을 지각하는 공동체 의식 등을 고양시킬 것으로 예측할 수 있다. 따라서 변혁적 리더십 행동이 조직효과성에 미치는 영향은 개인의 일터영성을 통해서 매개됨을 예측할 수 있다. 즉, 구성원이 지각하는 리더의 이상적인 영향력, 영감적 동기, 지적 자극, 개별적 배려 등은 개인의 일터영성을 높이기 때문에 결과적으로 높은 수준의 직무동기, 조직몰입, 조직시민행동을 고양시킬 수 있다고 볼 수 있다.

반면, 거래적 리더십이 가지고 있는 특성인 수반적 보상과 예외에 의한 관리는 조직 구성원으로서 일에 대한 소명이나 공감의식, 그리고 조직에 대한 공동체 의식등 개인의 일터영성에 부적으로 작용할 것이며, 이렇게 낮아진 일터영성은 직무동기, 조직몰입, 조직시민행동 등 조직효과성 변인들에 부적인 영향을 미칠 것을 예측할 수 있다. 따라서 아래와 같은 가설을 설정하였다.

가설 4-1: **조직구성원의 일터영성은 변혁적 리더십이 조직효과성에 미치는 영향을 매개할 것이다.**

가설 4-1a: 조직구성원의 일터영성은 변혁적 리더십이 직무동기에 미치는 영향을 매개할 것이다.

가설 4-1b: 조직구성원의 일터영성은 변혁적 리더십이 조직몰입에 미치는 영향을매개할 것이다.

가설 4-1c: 조직구성원의 일터영성은 변혁적 리더십이 조직시민행동에 미치는 영향을 매개할 것이다.

가설 4-2: **조직구성원의 일터영성은 거래적 리더십이 조직효과성에 미치는 영향을 매개할 것이다.**

가설 4-2a: 조직구성원의 일터영성은 거래적 리더십이 직무동기에 미치는 영향을 매개할 것이다.

가설 4-2b: 조직구성원의 일터영성은 거래적 리더십이 조직몰입에 미치는 영향을 매개할 것이다.

가설 4-2c: 조직구성원의 일터영성은 거래적 리더십이 조직시민행동에 미치는 영향을 매개할 것이다.

5. 조직문화 차원

조직문화는 오랫동안 조직심리학자들에게 흥미로운 주제 중 하나였다. 그 이유는 조직문화의 특성이 조직과 개인의 수행에 영향을 미치는 주요한 변수로 간주되고 있기 때문이다. Ritchie(2000)는 조직문화에 대한 기존 문헌들(Deal & Kennedy, 1982; Ouchi, 1981)을 고찰하고, 조직문화가 개인과 조직의 생산성과 수행, 몰입, 자신감, 그리고 윤리적 행동에 영향을 미친다고 주장했다. 또한, Holmes와 Marsden (1996)은 조직문화는 조직과 구성원들의 행동과 동기, 궁극적으로는 조직의 최종 수행결과에 결정적인 영향을 미친다고 피력했다.

Ravisi와 Schultz(2006)는 조직문화를 "다양한 상황에 적합한 행동을 정의함으로써 조직에서의 해석과 행위를 유도하는 공유된 정신적 가정들의 집합"이라고 요약하며, 다음의 두 가지를 강조했다. 첫째는 문화란 조직의 구성원들이 공유하는 세상에 대한 관점이라는 것이며, 둘째는 문화가 조직구성원의 행동을 유도한다는 것이다. 따라서 문화는 구성원들이 서로 대하는 방식, 의사결정의 질, 그리고 궁극적으로 조직이 성공하느냐의 여부에 영향을 준다.

Schein(1985, 1992)은 조직문화를 기본 가정과 전제, 가치와 이념, 인공물과 창조물의 세 가지 수준에서 정의하고, 하단으로 갈수록 외부 사람이 더 이해하기 어렵다고 가정했다. Schein(1992)에 따르면 조직문화의 최하층에는 조직구성원들이 갖는 기본 신념과 가정이 매우 깊이 자리 잡고 있으며, 개인은 이것을 당연하다고 받아들인다는 것이다. 또한, 이것은 매우 중요하며 더 가시적인 문화의 측면에 영향을 미친다(Denison & Mishra, 1995).

O'Reilly, Chatman과 Caldwell(1991)은 조직문화프로파일(organizational culture profile: OCP)이라는 조직문화척도를 개발했다. 이 모형은 각 기업의 문화를 7개의 대표적 특성으로 그려내는 프로파일로써, 7개의 가치범주는 혁신, 안정성, 인간존중, 성과지향, 주도면밀, 팀 지향, 공격성으로 분류될 수 있으며, 한 조직은 동시에 몇 가지 특성의 가치를 보유할 수 있다. O'reilly 등(1991)의 연구는 조직의 문화와 구성원 개인의 성격 간의 합치에 초점을 두었으며(Judge & Cable, 1997), 상황에 따라서 이러한 문화 차원 중 일부가 조직의 수행과 관련될 것으로 예측하고 있다.

서용원(1998)은 조직행동을 다룸에 있어 개인을 둘러싸고 있는 외부환경이나 문화와 같은 맥락효과를 간과하면 여러 가지 경영기법들의 효과성에 대한 기존의 지식이 제한적일 수밖에 없게 된다고 주장했다.

따라서 본 절에서는 위에서 논의한 연구결과들을 토대로 일터영성이 조직문화의 차원에서 어떻게 조직효과성에 영향을 미치는지를 살펴볼 것이다. 특히 O'Reily와 동료들(1991)이 제안한 7개의 문화요소 중에서 가장 대표적인 인간존중 조직문화와 성과지향 조직문화를 살펴볼 예정이다. 인간존중 조직문화는 조직이 구성원들에게 상호존중, 공정, 그리고 구성원 간의 개인차를 존중하도록 강조하는 정도로 규정되며, 성과지향 조직문화는 조직이 구성원들에게 그들의 업무에서 최고의 성과를 추구하고 달성하도록 강조하는 정도로 규정된다.

1) **인간존중 조직문화**(people centered)

최근 논의가 되고 있는 따듯한 자본주의 3.0은 지나친 시장경쟁으로 야기된 자본주의 한계(빈익빈 부익부의 양극화와 인간성 상실 등)를 극복하고 자본주의 시스템을 유지하면서 인간성을 회복하고자 하는 next capitalism의 개념이다. 이를 조직 관점에서 본다면 성과지상주의를 넘어 조직구성원의 개별적 존재와 가치를 인정하는 동시에 조직의 전제적인 목표를 달성해 갈 수 있는 섬세한 조직문화가 요구되고 있는 것이다.

서용원(1995)은 오늘날의 조직혁신기법들이 개인의 동기에만 국한하지 않고, 조직 전체의 수준에서 바라보고 있다고 주장하며, 이 두 가지 접근법은 모두 자율의 증대와 인간에 대한 존중이라는 인본적 가치를 바탕으로 하고 있다고 밝혔다. 특히 수평적 조직으로의 변환과 기능 중심에서 업무 프로세스 중심으로의 전환은 실질적인 구조 변경을 통해 인본적 가치들이 발휘될 수 있는 제도적 틀을 만들며, 이러한 변화들은 궁극적으로 작업자로 하여금 업무와 관련해서 자율과 존중을 더 많이 지각하고 더 많이 경험할 수 있게 한다는 점에서 더 진전된 접근이라고 제안하였다.

Korten(1984)은 기존의 산업사회에서는 사람의 가치를 생산에 기여하는 정도로 평가하였다고 주장하며 이를 '생산중심'의 조직문화라고 규정하고, 새로운 경영환경에서는 '사람 중심'의 조직시스템이 이루어져야 한다고 주장했다. 그는 '사람 중심'의 정의에 대하여 신체적, 경제적 관점에서뿐만 아니라 사회적, 심리적 관점에서 구성원의 웰빙을 강화하는 것이라고 주장했다. 이러한 조직은 구성원들이 스스로 도전하고 자신들의 능력을 최대한 개발할 수 있도록 함으로써 자신과 조직 그리고 사회를 위해 더 높은 가치를 창출할 수 있는 역할과 기회를 부여받는 것이라고 강조했다.

Kerr와 Slocum(1987)은 조직문화와 가치가 고성과자와 저성과자의 조직존속률을 조절할 것이라고 제안했다. 그들은 팀워크와 안정, 개인을 존중하는 가치를 가지고 있는 조직문화에서는 수행성과와 관계없이 모든 구성원이 장기적인 관점에서 충성도와 몰입을 보여줄 것으로 예측하였다. 반면 개인의 구체적인 수행성과에 따라서 개별적인 보상을 하거나 개인의 능력을 강조하는 가치를 가지는 문화에서는 구성원들이 조직에 대한 충성도를 보이지 않을 것이라고 강조했다. 이러한 조직에서 저성과자들은 곧 조직을 떠나게 될 것이고, 고성과자들도 더 많은 보상을 주는 곳을 찾게 되면 떠날 수 있다고 보고했다. 결과적으로 고성과자와 저성과자 양자 모두 개인을 존중하는 가치를 가지고 있는 문화에서 조직에 대한 충성도가 높다는 것을 예측할 수 있다.

O'relly(1991)는 조직문화프로파일(OCP) 연구에서 조직을 특징지을 수 있는 7개 차원의 요인을 추출하였는데, 그중 인간존중 요인은 조직이 구성원 개인에 대한 존중과 공정한 대우, 그리고 구성원 간의 개인차를 존중하도록 하는 정도로 정의하였다.

2) **성과지향 조직문화**(performance oriented)

급변하는 경영환경에 대응하기 위하여 1990년대 말부터 국내 많은 조직이 경영 혁신의 하나로 성과주의 시스템을 적용하기 시작하였다. 이영석과 오동근(2004)은 성과주의 문화의 구성요인에 관한 연구에서 성과주의란 구성원들의 역량을 최대한 동원하여 경영의 초점을 최종 활동결과에 두고 기업을 운영한다는 경영철학이라고 정의하고, 성과주의 보상체계, 평정자의 능력, 성과주의 리더십, 성과지향적 목표설정 등 4개의 요인이 성과주의 문화에 유의한 영향을 미치는 것으로 보고했다. 또한, 그렇게 형성된 성과주의 문화는 구성원들의 직무만족, 직무몰입, 조직효율성 지각에 긍정적인 것으로 나타나고 있음을 밝혔다.

실제 국내 기업들을 대상으로 한 연구에서, 성과주의 도입 동기를 묻는 질문에 절반 이상인 50.4%가 생산성 향상을 꼽아서 성과주의의 도입이 국내 기업에서도 많이 사용되고 있을 뿐만 아니라, 많은 인사담당자에게도 효과적인 것으로 인식되고 있음을 알 수 있다(김동배, 2006). 또한, 보상이 성과에 기초해서 주어질 때, 근로자의 임금만족, 직무만족, 수행, 무단결근, 이직, 수행동기에 영향을 미칠 수 있음을 보여주는 여러 연구가 수행되어 왔다(Lawler, 1990; Lowery, Petty & Thompson, 1995).

성과주의 문화가 올바르게 정착되기 위해서는 구성원들이 성과달성의 중요성을 인식하고 그것을 하나의 가치로 받아들여서 행동으로 표출될 수 있어야만 비로소 성과주의 문화라 할 수 있다. 또한, 성과지향적 목표수립과 동기가 회사와 구성원들 간에 충분히 신뢰롭게 형성되어야 할 것이다. 왜냐하면, 성과를 내기 위해서는 목표설정이 수행의 주요한 결정요인이 되기 때문이다(Locke & Latham, 1990). 목표란 개인이 달성하고자 하는 것(Locke, Shaw, Sarri & Latham, 1981), 성과를 판단하는 것(Locke & Latham, 1990), 행위의 결과라기보다는 성과의 결과 등으로 정의될 수 있다. 이영석과 오동근(2004)은 성과주의 문화가 올바르게 정착되기 위해서는 성과에 대한 보상에 공정한 인사원칙을 적용하려는 회사 측의 노력이 있어야 하며, 조직과 개인의 성과 달성이 실제의 성과 공유로 이어질 때, 이러한 성공체험을 통해 성과주의에 대한 공유된 신념과 가치가 강화됨으로써 구성원들이 내적으로 동기 부여되어 주인의식을 갖고 신바람 나게 일하게 하는 메커니즘으로 작용할 수 있다고 제안했다.

하지만 성과주의 문화가 근로자의 수행을 높일 것이라는 예측이 모든 연구에서 지지되는 것은 아니었다. 예를 들어, Kahn과 Sherer(1990)의 연구는 성과급의 증가가 수행에 어떤 영향도 미치지 못한다는 것을 보여주었고, 근로자의 직무만족과 임금만족에 대한 성과주의 임금효과에 대한 모순된 결과도 보고되었다(Greene, 1973; Greene & Podsakoff, 1978; Gomez & Balkin, 1989; Lowery, Petty & Thompson, 1995).

성과주의가 팀워크에 미치는 영향을 검증하는 경험적 연구들도 진행되었다. 최근 이루어진 연구에서 정홍식(2007)은 성과주의 문화가 팀워크에 미치는 영향에 대한 연구에서 절차공정성에 의해서 팀워크에 미치는 영향이 조절되었음을 보여주었고, Swinehart(1986)는 개인성과에 기초한 전통적인 근로자 인센티브 프로그램이 오히려 비협동적 행동을 유발하거나 팀워크 프로그램을 저해하였다고 지적하였다. Hatcher와 Ross(1989)는 유사실험(quasi-experiment) 연구를 통해서 개인 인센티브 제도에서 조직기반 성과분배제(gainsharing)로 전환되었을 때 팀워크와 생산성 향상에 긍정적인 영향을 미친다고 보고하였다. 이것은 Deutsch(1949, 1973, 1980)의 협동이론을 근거로 한 것이다.

3) 연구가설

조직은 지속해서 가치를 창출해야 하는 집단이다. 또한, 최근 급변하는 경영환경과 치열한 시장경쟁에서 생존하기 위해서 성과주의 시스템과 문화가 조직혁신의 하나로 여겨지고 있는 것이 사실이다. 성과주의가 지향하는 결과에 따른 인센티브 시스템 등이 구성원들의 수행성과를 올리고 조직이 성장하는 데 정적인 영향을 미친다는 연구 결과들은 많다(Lawler, 1990; Lowery, Petty & Thompson, 1995). 하지만 지나치게 성과지향적 일변도의 조직운영은 구성원 간의 갈등을 초래한다거나 직무탈진으로 몰아갈 수 있다. 따라서 장기적인 관점에서 조직의 안정을 꾀하고, 구성원들의 조직에 대한 충성도와 몰입도를 높이는 것이 중요하며, 이를 위해서는 구성원 개개인의 가치를 인정하고, 배려하며, 존중해주는 인간존중의 조직문화가 전제되어야 한다. 한 조직이 단기적으로 경쟁력을 유지하고 성과를 창출하기 위해서는 동기를 자극할 수 있는 성과주의 시스템이 필요한 반면, 장기적으로 조직의 핵심역량을 확보하고 안정화를 통해 지속 생존 가능한 기업모델을 만들기 위해서는 사람 중심의 조직문화가 반드시 수반되어야 할 것이다.

Trope과 Liberman(2003)은 동일한 특성을 가진 사건이라도 시간적 거리에 따라 그 선호도가 달라지며, 실제 의사결정에 영향을 미칠 수 있다고 제안하고 있다. 그들은 해석수준이론 연구에서, 시간적 거리가 미래 사건에 대해 정신적으로 표상하는 방식을 변화시켜 선호도와 판단에 영향을 미친다고 보고했으며, 먼 미래 사건에 대해서는 추상적이고 핵심적인 측면, 즉 상위수준에서 표상하는 반면, 시간적 거리가 가까울수록 구체적이고 부차적인 측면, 즉 하위수준에서 표상한다고 보았다(Liberman & Trope, 1998; Trope & Liberman, 2003). 이에 근거해 보면, 인간존중의 조직문화는 추상적이며 상위수준에 표상하는 반면, 성과지향적 조직문화는 개인이 업무를 실행하는 단계에서 구체적이며 실질적으로 조직원의 동기에 직접적인 영향을 미칠 것이라는 예측을 할 수 있다.

또한 Tepper(2003)는 개인의 영성 수준이 아주 낮은 단계에서부터 아주 높은 단계까지 삶을 고찰하는 수준에 따른 연속체계(continuum) 위에 있다고 보았다. 조직구성원들이 다양한 자기개념을 형성하고 있고, 연속체계 위에 있는 일터영성의 수준이 서로 다르다는 것을 전제할 때, 가장 효과적인 조직문화는 낮은 차원의 수준과 높은 차원의 수준 모두를 충족시킬 수 있을 때 가장 효과적이라고 볼 수 있다.

지금까지의 논의를 바탕으로 아래와 같이 가설을 수립하였다.

가설 5-1: 일터영성이 조직효과성에 미치는 영향은 인간존중 조직문화에 의해서 조절될 것이다.

가설 5-1a: 일터영성이 직무동기에 미치는 영향은 인간존중 조직문화와 상호작용할 것이다. 구체적으로, 일터영성이 높은 집단에서는 직무동기의 차이가 작지만, 일터영성이 낮은 집단에서는 인간존중 문화에 따라 직무동기의 차이가 클 것이다.

가설 5-1b: 일터영성이 조직몰입에 미치는 영향은 인간존중 조직문화와 상호작용할 것이다. 구체적으로, 일터영성이 높은 집단에서는 조직몰입의 차이가 작지만, 일터영성이 낮은 집단에서는 인간존중 문화에 따라 조직몰입의 차이가 클 것이다.

가설 5-1c: 일터영성이 조직시민행동에 미치는 영향은 인간존중 조직문화와 상호작용할 것이다. 구체적으로, 일터영성이 높은 집단에서는 조직시민행동의 차이가 작지만, 일터영성이 낮은 집단에서는 인간존중 문화에 따라 조직시민행동의 차이가 클 것이다.

가설 5-2: 일터영성이 조직효과성에 미치는 영향은 성과지향 조직문화와 상호작용할 것이다.

가설 5-2a: 일터영성이 직무동기에 미치는 영향은 성과지향 조직문화와 상호작용할 것이다. 구체적으로, 일터영성이 높은 집단에서는 직무동기의 차이가 작지만, 일터영성이 낮은 집단에서는 성과지향 문화에 따라 직무동기의 차이가 클 것이다.

가설 5-2b: 일터영성이 조직몰입에 미치는 영향은 성과지향 조직문화와 상호작용할 것이다. 구체적으로, 일터영성이 높은 집단에서는 조직몰입의 차이가 작지만, 일터영성이 낮은 집단에서는 성과지향 문화에 따라 조직몰입의 차이가 클 것이다.

가설 5-2c: 일터영성이 조직시민행동에 미치는 영향은 성과지향 조직문화와 상호작용할 것이다. 구체적으로, 일터영성이 높은 집단에서는 조직시민행동의 차이가 작지만, 일터영성이 낮은 집단에서는 성과지향 문화에 따라 조직시민행동의 차이가 클 것이다.

6. 연구가설 요약 및 연구의 종합모델

본 연구의 목적은 일터영성을 개념화하고, 사람들이 일과 직장이라는 환경 속에서 자신의 존재감을 확인하고 삶의 의미를 찾으며, 타인과의 교류를 통하여 한 공동체의 구성원으로서 지각하는 심리상태가 개인적・사회적 차원의 심리적 속성과 조직효과성 차원의 직무동기, 조직몰입, 조직시민행동과 같은 변인에 미치는 영향을 검증하고자 하는 것이다. 또한, 이러한 개인의 일터영성이 상사의 리더십 성향에 따라 조직효과성을 매개하는지와 조직문화의 특성에 따라 어떻게 상호작용하는지를 동시에 검증하고자 한다. 이를 위한 본 연구의 가설들을 정리하면 다음과 같다.

가설 1: **일터영성은 개인적 차원의 심리적 속성에 긍정적인 영향을 미칠 것이다.**

가설 1-1: 일터영성이 높은 사람일수록 회복탄력성이 높을 것이다.

가설 1-2: 일터영성이 높은 사람일수록 동일 사건에 대하여 상위수준의 해석을 할 것이다.

가설 2: **일터영성은 사회적 차원의 심리적 속성에 긍정적인 영향을 미칠 것이다.**

가설 2-1: 일터영성이 높은 사람일수록 사회적 지지망이 견고할 것이다.

가설 2-2: 일터영성이 높은 사람일수록 행복지수가 높을 것이다.

가설 3: 일터영성은 조직효과성에 정적인 영향을 미칠 것이다.

가설 3-1: 일터영성이 높은 사람일수록 직무동기가 높을 것이다.

가설 3-2: 일터영성이 높은 사람일수록 조직몰입도가 높을 것이다.

가설 3-3: 일터영성이 높은 사람일수록 조직시민행동을 많이 할 것이다.

가설 4-1: 조직구성원의 일터영성은 변혁적 리더십이 조직효과성에 미치는 영향을 매개할 것이다.

가설 4-1a: 조직구성원의 일터영성은 변혁적 리더십이 직무동기에 미치는 영향을 매개할 것이다.

가설 4-1b: 조직구성원의 일터영성은 변혁적 리더십이 조직몰입에 미치는 영향을 매개할 것이다.

가설 4-1c: 조직구성원의 일터영성은 변혁적 리더십이 조직시민행동에 미치는 영향을 매개할 것이다.

가설 4-2: 조직구성원의 일터영성은 거래적 리더십이 조직효과성에 미치는 영향을 매개할 것이다.

가설 4-2a: 조직구성원의 일터영성은 거래적 리더십이 직무동기에 미치는 영향을 매개할 것이다.

가설 4-2b: 조직구성원의 일터영성은 거래적 리더십이 조직몰입에 미치는 영향을 매개할 것이다.

가설 4-2c: 조직구성원의 일터영성은 거래적 리더십이 조직시민행동에 미치는 영향을 매개할 것이다.

가설 5-1: **일터영성이 조직효과성에 미치는 영향은 인간존중 조직 문화에 의해서 조절될 것이다.**

가설 5-1a: 일터영성이 직무동기에 미치는 영향은 인간존중 조직 문화와 상호작용할 것이다. 구체적으로, 일터영성이 높은 집단에서는 직무동기의 차이가 작지만, 일터영성이 낮은 집단에서는 인간존중 문화에 따라 직무동기의 차이가 클 것이다.

가설 5-1b: 일터영성이 조직몰입에 미치는 영향은 인간존중 조직 문화와 상호작용할 것이다. 구체적으로, 일터영성이 높은 집단에서는 조직몰입의 차이가 작지만, 일터영성이 낮은 집단에서는 인간존중 문화에 따라 조직몰입의 차이가 클 것이다.

가설 5-1c: 일터영성이 조직시민행동에 미치는 영향은 인간존중 조직문화와 상호작용할 것이다. 구체적으로, 일터영성이 높은 집단에서는 조직시민행동의 차이가 작지만, 일터영성이 낮은 집단에서는 인간존중 문화에 따라 조직시민행동의 차이가 클 것이다.

가설 5-2: **일터영성이 조직효과성에 미치는 영향은 성과지향 조직 문화와 상호작용할 것이다.**

가설 5-2a: 일터영성이 직무동기에 미치는 영향은 성과지향 조직 문화와 상호작용할 것이다. 구체적으로, 일터영성이 높은 집단에서는 직무동기의 차이가 작지만, 일터영성이 낮은 집단에서는 성과지향 문화에 따라 직무동기의 차이가 클 것이다.

가설 5-2b: 일터영성이 조직몰입에 미치는 영향은 성과지향 조직 문화와 상호작용할 것이다. 구체적으로, 일터영성이 높은 집단에서는 조직몰입의 차이가 작지만, 일터영성이 낮은 집단에서는 성과지향 문화에 따라 조직몰입의 차이가 클 것이다.

가설 5-2c: 일터영성이 조직시민행동에 미치는 영향은 성과지향 조직문화와 상호작용할 것이다. 구체적으로, 일터영성이 높은 집단에서는 조직시민행동의 차이가 작지만, 일터영성이 낮은 집단에서는 성과지향 문화에 따라 조직시민행동의 차이가 클 것이다.

지금까지 밝힌 가설들을 검증하기 위한 본 연구의 틀은 그림 5-1에 모형의 형태로 제시하였다. 개인적 차원의 심리적 속성에 미치는 영향을 확인하기 위해서 회복탄력성과 해석수준을 변인으로 설정하였다. 일터영성이 높은 개인은 스트레스에 대한 내성이 높고, 더 높은 차원의 삶을 지향하고 해석하려는 경향성을 가지고 있을 것으로 예측했기 때문이며 가설 1로 설정하였다. 또한, 사회적 차원의 심리적 속성에 미치는 영향을 확인하기 위해서는 사회적 지지망과 행복지수를 변인으로 선택하였는데, 일터에서 일에 대한 소명과 동료에 대한 공감의식, 조직에 대한 공동체 의식을 가지고 있는 개인은 좋은 사회적 관계를 형성하고 있다고 이야기할 수 있으며, 이는 높은 행복지수를 예측할 수 있기 때문에 가설 2로 설정하였다. 조직효과성 변인으로서 직무동기와 조직몰입 그리고 조직시민행동을 설정한 것은 일터영성이 일과 조직이라는 환경 속에서 개인이 내면적으로 느끼게 되는 심리상태를 나타내기 때문에, 이것이 일에 대한 동기와 조직에 대한 관점, 그리고 주어진 일 외에 조직구성원에게 주어질 수 있는 다양한 역할에 대하여 적극적으로 임할 것으로 예측하기 때문이며 가설 3으로 설정하였다.

일과 조직이라는 환경 속에서 형성되는 일터영성은 상사의 리더십

성향에 따라 영향을 받게 될 것이며, 이는 리더십이 조직효과성에 미치는 영향을 개인적 차원의 일터영성이 매개할 수 있음을 의미한다. 본 연구에서는 최근에 이슈가 되고 있는 혁신적 리더십과 거래적 리더십의 특성을 통하여 리더십이 조직효과성에 미치는 영향을 일터영성이 어떻게 매개하는지에 대한 가설을 검증할 것이다(가설 4-1, 4-2).

또한, 일터영성이 조직효과성에 미치는 영향을 조직문화 차원에서 검증하고자 했다. 여러 가지 조직문화의 형태 가운데 인간존중의 조직문화와 기업혁신의 주제가 되고 있는 성과지향 조직문화의 특성을 통하여 일터영성이 조직효과성에 미치는 영향을 어떻게 조절하는지 검증할 것이다. 조직의 성과를 극대화하기 위해서 결과 중심적이며 목표지향적인 성과지향 문화가 필요하겠지만, 장기적인 차원의 조직

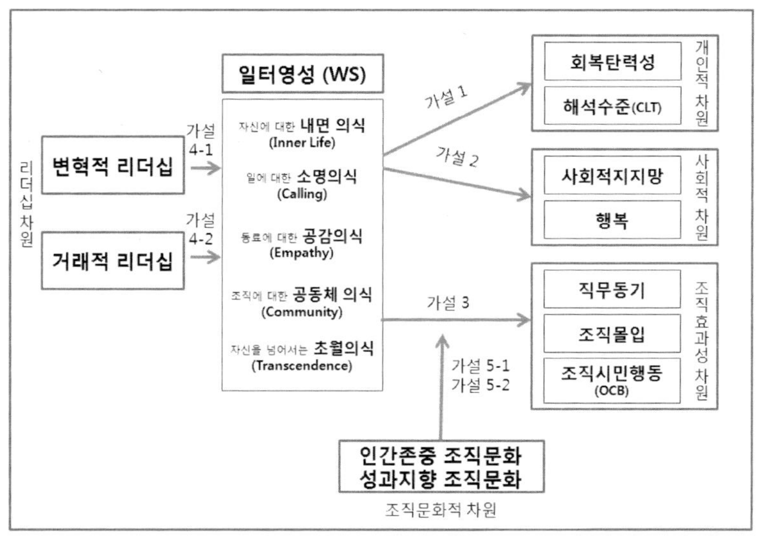

그림 5-1. 본 연구의 종합모델

안정과 지속성장 가능성을 위해서는 동시에 인간존중의 조직문화도 공존해야 한다고 가정했다(가설 5-1, 5-2).

제3절 연구방법 및 절차

1. 조사대상

먼저 본 연구에서 제안하고 있는 가설 검증을 위한 연구의 조사대상은 G자동차회사를 비롯한 12개 기업에 근무하는 사무직 종사자 515명을 대상으로 한 것이며, 이들의 자세한 인구통계학적 특성은 표 5-1에 제시하였다.

표 5-1. 조사대상자의 인구통계학적 특성(N=515)

성별	학력	종교
남 345(67.0%) 여 170(33.0%)	고졸 이하 8(1.6%) 대졸 410(79.8%) 대학원 이상 96(18.7%)	기독교 122(23.7%) 가톨릭 77(15.0%) 불교 47(9.1%) 기타 종교 1(0.2%) 무교 267(51.9%)
결측치=0	결측치=1	결측치=1
연령	**직급**	**직장경력**
20대 113(22.0%) 30대 235(45.7%) 40대 143(27.8%) 50대 21(4.1%) 60대 이상 2(0.4%)	사원 153(30.1%) 대리 114(22.4%) 과장 71(13.9%) 차장 101(19.8%) 부장 이상 64(12.6%) 임원 이상 6(1.2%)	3년 미만 116(22.6%) 3~7년 142(27.6%) 8~12년 94(18.3%) 13~20년 108(21.0%) 21년 이상 54(10.5%)
결측치=1	결측치=6	결측치=1

2. 조사방법

연구의 목적상 특정 종교적 색채를 띠고 있는 기업이나 사업체는 조사에서 제외하였으며, 또한 일터영성이 일과 조직이라는 환경 속에서 내적으로 형성되는 심리적 속성인 만큼 일정도의 근무연한이 필요하다고 판단하여 6개월 이하의 신입사원들은 연구대상에서 제외하였다. 설문을 실시하기 전 각 회사의 HRD 교육담당자들에게 설문의 취지를 설명한 뒤 허락을 받았으며, 자료수집 기간에 각 회사의 연수원에서 진행되고 있는 교육과정 참여자들에게 강의실에서 배포하였고, 설문을 작성한 뒤 바로 수거하였다. 총 650부의 설문지 중에서 532부가 회수되었으며, 설문을 끝까지 응답하지 않았거나 문항편차가 .3을 넘지 않아 불성실한 답변을 한 것으로 간주되는 17명의 자료를 제외한 총 515명의 자료를 가설검증에 사용하였다. 이 모든 조사는 2012년 9월 3일부터 9월 26일까지 이루어졌다.

3. 측정도구

본 연구에서 사용된 자기보고식 질문지에는 5개 하위차원으로 구성된 일터영성척도(WSI)와 개인적 차원의 변인에 미치는 효과 검증을 위해 회복탄력성과 해석수준척도를 구성하였다. 또한, 사회적 차원의 변인에 미치는 효과를 검증하기 위해서 사회적 지지망과 행복지수 척도를 사용하였고, 조직효과성에 미치는 영향을 검증하기 위하여 직무동기, 조직몰입, 조직시민행동 척도를 구성하였다. 이어 리더십 스타일에 대한 매개효과를 검증하기 위하여 변혁적 리더십과 거래적 리더십을 척도로 채택하였으며, 조직문화에 따른 조절효과를 검증하기 위하여 인간존중 및 성과지향 조직문화척도를 사용하였다. 본 연구에서 사용된 척도에 대한 구체적인 설명은 아래와 같으며 문항들은 <부록 2>에 제시하였다.

1) **일터영성 척도**(workplace spirituality inventory: WSI)

일터영성척도의 측정문항은 본 연구에서 확인적 요인분석을 통해 검증된 5개 차원의 23문항 척도를 이용하였다. 5개 차원은 '자신에 대한 내면의식', '일에 대한 소명의식', '타인에 대한 공감의식', '조직에 대한 공동체 의식', '자신을 넘어서는 초월의식'이며 23개 문항으로 이루어져 있다.

첫 번째 차원인 '자신에 대한 내면의식'은 자신의 존재적 가치와 정체성에 기초한 심리적 상태를 측정하는 것으로 5개 문항으로 구성되어 있다. 두 번째 차원인 '일에 대한 소명의식'은 일을 통해서 삶의 의미와 목적을 발견하는 심리적 정서로서 5문항으로 구성되어 있으며, 세 번째 차원인 '타인에 대한 공감의식'은 동료 및 상하 간의 관계에서 상대를 헤아리고 고통을 공유할 수 있는 심리적 상태로 5문항으로 이루어져 있다. 네 번째 차원인 '조직에 대한 공동체 의식'은 조직과 사회의 한 구성원으로서 서로 연결되어 있으며 함께 하고 있다는 심리적 정서로서 4문항으로 구성되었으며, 마지막으로 다섯 번째 요인인 '초월의식'은 스스로 일과 환경 속에 몰입되어 자신을 초월한 경험감을 측정하는 것으로 4문항으로 이루어져 있다.

위 문항들은 각각의 문항에 대하여 자신의 현재 모습이나 생각과 얼마나 일치하는지를 Likert 7점(1=전혀 그렇지 않다. 7=매우 그렇다)

척도로 응답하도록 구성하였다. 본 척도의 내적신뢰도계수(Cronbach's α)는 .922로 높은 수준의 신뢰도를 보여주고 있다.

2) **회복탄력성**(resilience) **척도**

회복탄력성 척도는 Reivich와 Shatte(2003)이 성인을 대상으로 개발한 회복탄력성 지수 검사(resilience quotient test: RQT)를 사용하였다. 본 척도는 자기조절능력, 대인관계능력, 긍정성의 3가지 하위요인으로 구성되었으며, 각 요인은 3가지 세부요인으로 이루어져 있다. 자기조절능력은 감정조절력, 충동통제력, 원인분석력으로 구성되고, 대인관계능력은 소통능력, 공감능력, 자아확장력으로 이루어져 있다. 마지막으로 긍정성은 자아 낙관성, 생활 만족도, 그리고 삶과 주변 사람에 대한 감사하는 태도로 구성되어 있다. 본 연구에서는 각 세부요인별로 대표 문항을 추출하여 9문항으로 설계하였다. 구체적인 문항으로는 '누군가가 나에게 화를 낼 경우 나는 우선 그 사람의 의견을 잘 듣는다'와 '나는 내 주변 사람들로부터 사랑과 관심을 받고 있다.' '세상을 둘러볼 때, 내가 고마워해야 할 것들이 너무 많다' 등이다. 그 중 한 문항은 reversed 문항을 포함하고 있으며, 검사 대상자가 자신의 규준에 의해 자신의 일상적인 생활 태도를 평가하는 방식으로 Likert 7점(1=전혀 그렇지 않다. 7=매우 그렇다) 척도로 표시하도록 하였다. 본 척도의 내적신뢰도계수(Cronbach's α)는 .746으로 신뢰할 수 있는 수준임이 확인되었다.

3) **해석수준**(construal level theory: CLT) **척도**

해석수준은 어떤 사물이나 사건을 접할 때 개인 간 서로 다른 이해와 해석을 내리는 현상을 전제하고 이를 정의하는 것이다. 본 연구에서는 Vallacher와 Wegner(1989)이 행위정체성 수준에서 사람들의 역량에 따라 신뢰로운 개인차가 나타날 수 있을 것이라고 가정하고 개발한 행위정체성 척도(the behavior identification form: BIF)를 사용하였다. 이 척도는 25문항으로 구성되어 있으나 사회심리학 박사과정에 있는 1인과 함께 본 연구에 필요한 대표적인 10문항을 추출하여 번역 사용하였다. 세부 문항으로는 '나무를 벤다', '화초를 돌본다', '어린아이에게 말을 건다'와 같이 어떤 특정한 행동상황을 주고 높은 수준의 해석과 낮은 수준의 해석 기술문을 주고 ipsative방식으로 둘 중 하나를 선택하도록 구성하였다.

분석을 위해서는 응답자별로 해석수준이 높은 문항의 응답개수를 점수화하여 0점부터 최고 10점까지 연속변수로 전환하여 사용하였다. 본 연구에서 응답자들의 평균은 4.05이며 표준편차는 2.11로 나타났다.

4) **사회적 지지망**(social support network: SSN) **척도**

사회적 지지망을 측정하기 위해서 Antonucci(1986)이 개발하고 Hlebec과 동료들(2009)이 재검증에 사용한 척도(SSN)를 활용하였다. 최초 6문항 중에서 의미가 중첩되는 한 문항을 제외한 5문항을 본 연구에 맞게 번역하여 척도로 구성하였다. 세부적인 문항은 '나는 중요한 일에 관하여 터놓고 이야기할 수 있는 사람이 주위에 많이 있다'와 '나는 건강에 대해서 중요한 문제를 이야기할 사람이 주위에 많이 있다'

등의 총 5문항으로 구성하였다.

각각의 문항에 대해서 응답자들은 평소 자신과 주위의 관계에 대하여 자기 생각을 보고하는 방식으로 Likert 7점(1=전혀 그렇지 않다. 7=매우 그렇다) 척도로 표시하도록 하였으며 한 문항은 reversed 척도로 구성하였다. 본 척도의 내적신뢰도계수(Cronbach's α)는 .823으로 신뢰할 수 있는 수준임이 확인되었다.

5) 행복 척도

행복을 측정하기 위해서 서은국 등(2011)이 개발한 단축형 행복 척도(COMOSWB)[16]를 사용하였다. 본 척도에서 삶의 만족에 대한 개인적 측면, 관계적 측면, 집단적 측면의 3문항을 채택하였으며, 세부 문항은 '내 삶의 개인적 측면(개인적 성취, 성격, 건강 등)에 대해서 만족한다'와 '나는 내 삶의 관계적 측면(주위 사람들과의 관계 등)에 대해서 만족한다'가 있다. 각 문항은 자신의 삶에 대하여 본인이 느끼는 정서를 보고하는 방식으로 Likert 7점(1=전혀 그렇지 않다. 7=매우 그렇다) 척도로 표시하도록 하였으며, 내적신뢰도계수(Cronbach's α)는 .848로 신뢰할 수 있는 수준임이 확인되었다.

6) 직무동기 척도

직무동기는 일과 관련된 행동을 유발하는 원동력이 되고 역량을 이끌어내며, 목적달성을 위해 방향을 제시하고 지속 가능하게 하는 힘을 의미한다. 본 연구에서는 Van de ven과 Ferry(1980)가 개발한 직

---

16) COMOSWB: Concise Measure of Subjective Well-Being

무동기 척도 6개 문항 중 3문항을 선별하였으며, '나는 직무성과를 높이기 위해 많은 노력을 기울이고 있다' 등 2문항을 추가하여 총 5문항으로 척도를 구성하였다. 각각의 문항들에 대하여 자신의 규준에 의해 일에 대한 자신의 태도를 평가하는 방식으로 Likert 7점(1=전혀 그렇지 않다. 7=매우 그렇다) 척도로 표시하도록 하였으며, 본 척도의 내적신뢰도계수(Cronbach's α)는 .909로 높은 신뢰도 수준을 보여주고 있다.

7) 조직몰입

조직몰입을 측정하기 위한 척도로 Mowday와 동료들(1979)이 개발한 척도(organizational commitment questionnaire: OCQ)를 활용하였다. 총 15개 문항 중 유사한 의미의 문항을 제외한 대표적인 6개 문항을 번역하여 사용하였다. 여러 연구에서 개인이 조직의 구성원으로서 명확한 정체성을 형성하고 조직과 동일시하는 정서몰입이 조직몰입에 가장 영향을 많이 미치는 것으로 나타났으며, 본 연구에서는 '나는 친구들에게 우리 회사가 근무하기 좋은 회사라고 자랑스럽게 이야기한다'와 '나는 우리 회사에서 어떤 업무를 주더라도 받아들일 것이다' 그리고 '나는 다른 회사보다 우리 회사를 선택한 것이 정말 잘한 결정이라고 생각한다' 등으로 구성하였다.

각 문항은 자신이 속한 회사에 대한 자기 생각과 느낌을 Likert 7점(1=전혀 그렇지 않다. 7=매우 그렇다) 척도로 표시하도록 하였다. 본 척도의 내적신뢰도계수(Cronbach's α)는 .899로 높은 신뢰도 수준이 확인되었다.

8) 조직시민행동(OCB) 척도

조직시민행동은 공식적으로 규정되어 있지는 않지만, 조직에 의해 요구되는 행동으로 직무수행과 관련하여 동료를 돕는 등 조직의 공식적인 보상을 전제로 하지 않은 규정 외 행위를 의미한다. 본 연구에서는 Niehoff와 Moorman(1993)이 개발한 OCB척도 20문항 중 대표적인 9문항을 선별, 번역하여 사용하였다. 5개 하위요인으로 이타적 행동, 성실행동, 예의행동, 시민정신, 스포츠맨이 포함되어 있으며, 세부 문항으로는 '나는 일이 많은 동료를 적극적으로 돕는다'와 '나는 내 행동이 동료에게 어떤 영향을 주게 될 것인가를 고려하여 행동한다' 등 총 9문항으로 척도를 구성하였다. 각각의 문항들에 대하여 일과 동료의 관계에서 평소의 자신의 태도를 평가하는 방식으로 Likert 7점(1=전혀 그렇지 않다. 7=매우 그렇다) 척도로 표시하도록 하였으며, 그중 한 문항은 reversed 문항으로 구성하였다. 본 척도의 내적신뢰도 계수(Cronbach's α)는 .852로 신뢰할 수 있는 수준임이 확인되었다.

9) 변혁적 · 거래적 리더십 척도

리더십의 두 차원인 변혁적 리더십과 거래적 리더십을 측정하기 위해서 Bass와 Avolio(1997)가 개발한 MLQ Form5-45(multifator leadership questionnaire)를 사용하였다. 변혁적 리더십의 5개 하위요인과 거래적 리더십의 3개 하위요인에 대하여 검토하였으며, 김정남(2009)이 번역한 한국어 버전의 일부 문항을 본 연구에 맞게 수정, 보완하여 척도를 구성하였다. 변혁적 리더십은 카리스마, 이상적 영향, 영감적 동기, 지적 자극, 개별적 배려의 5가지 요인으로, 세부 문항은 '나의 상사는 내가 상사와 함께 일하는 것에 대해 자부심을 갖게 한다', '나의 상사는 미래에 대해서 낙관적으로 말한다', '나의 상사는 문제해결 과정에서 다양한 관점들을 권장한다' 등 10문항으로 구성하였으며, 거래적 리더십은 연계보상, 적극적 관리, 소극적 관리의 3가지 요인으로, 세부 문항은 '나의 상사는 수행목표를 성취하는데 누가 얼마나 기여했는지 구체적으로 밝힌다'와 '나의 상사는 실수가 발생할 수 있는 모든 과정을 놓치지 않으려고 예의 주시한다' 등 6문항으로 구성하였다.

각 문항은 자신이 속해있는 조직에서 상사에 대한 평소의 생각이나 태도를 평가하는 방식으로 Likert 7점(1=전혀 그렇지 않다. 7=매우 그렇다) 척도로 표시하도록 하였다. 본 척도에서 변혁적 리더십의 내적신뢰도계수(Cronbach's α)는 .946으로 높은 신뢰도 수준을 보였으며, 거래적 리더십의 내적신뢰도계수(Cronbach's α)는 .763으로 문항 신뢰도 기준을 충족시키고 있다.

10) 인간존중·성과지향 조직문화 척도

조직문화척도는 O'reily와 동료들(1991)이 개발한 OCP(organizational culture profile)를 활용하였다. Chatman과 Jehn(1994)은 OCP가 북미뿐만 아니라 유럽 등 다른 나라에서도 일관되게 사용될 수 있음을 보고했다. OCP는 7개의 하위요인 총 26개의 문항으로 구성되어 있는데, 본 연구에서는 그 중 인간존중 요인과 성과지향 요인을 측정하는 7개 가치문항을 뽑아 번역하여 사용하였다. 인간존중문화를 측정하는 문항은 조직구성원들 간에 상호존중, 공정함, 그리고 구성원 간의 개인차를 존중하고 인내하는 정도를 포함하고 있으며, 성과지향문화를 측정하는 문항은 과업지향성, 경쟁적, 성과에 대한 높은 기대, 결과지향성 등을 포함하여 총 7문항으로 구성하였다.

각 문항은 자신이 속해 있는 조직에 대하여 본인이 평소 생각하거나 느끼는 바를 평가하는 방식으로 Likert 7점(1=전혀 그렇지 않다. 7=매우 그렇다) 척도로 표시하도록 구성하였다. 본 척도에서 인간존중 조직문화의 내적신뢰도계수(Cronbach's α)는 .868로 나타났으며, 성과지향적 조직문화의 내적신뢰도계수(Cronbach's α)는 .781로 문항 신뢰도 기준을 충족하고 있음을 볼 수 있다.

4. 분석방법

먼저 일터영성이 개인적 차원, 사회적 차원, 조직효과성 차원의 변인들에 미치는 영향을 검증하였다. 이를 위해서 모든 분석의 1단계에서는 인구통계학적 변인들을 더미변수로 전환하여 회귀모형에 투입함으로써 종속변인에 미치는 유의한 영향을 통제하였으며, 2단계에서 예측변인인 일터영성을 투입한 결과를 분석하여 β 계수에 대한 유의도 검증을 실시하였다.

다음으로 리더십 차원에서 변혁적 리더십과 거래적 리더십이 직무동기, 조직몰입, 조직시민행동 등의 조직효과성 변인들에 미치는 영향을 일터영성이 매개하는지를 검증하였다. 매개효과 검증을 위해서는 MacKinnon(2002)이 제안한 위계적 회귀분석 방법을 이용하여 분석을 실시하였다.

세 번째로 일터영성이 직무동기, 조직몰입, 조직시민행동(OCB)의 조직효과성 변인들에 미치는 영향을 인간존중의 조직문화와 성과지향 조직문화가 조절하는지를 검증하였다. 이를 위해 앞에서와 동일한 방법으로 1단계에서 인구통계적 변수들을 모형에 투입한 뒤, 2단계에서 일터영성과 인간존중의 조직문화, 성과지향 조직문화를 모형에 투입하였고, 3단계에서는 이 두 변수의 상호작용항을 모형에 투입하였다. 그런 뒤 2단계에서의 각 항의 β 계수에 대한 유의도 검증과 3단계에서의 β 계수에 대한 유의도 검증을 실시하였다. 상호작용 분석에서는 다중공선성(multicollinearity) 문제를 완화하기 위해서 Aiken과 West(1991)이 제안한 센터링(mean-centering) 기법을 사용하였다.

본 연구에서 사용되고 있는 변수들이 잘 구별되는 개념인지를 보기 위하여 AMOS 18.0을 사용하여 확인적 요인분석을 실시하였으며, 각 측정변수의 내적 일치도계수(Cronbach'α)와 가설 검증을 위한 위계적 회귀분석에는 SPSS 18.0을 사용하였다.

제4절 분석결과

먼저 가설 검증에 앞서 인구통계학적 특성들이 일터영성에 어떠한 영향을 미치는지를 분석해 보았다. 표 5-2에서 볼 수 있듯이, 인구통계변인들의 전체 모형 설명력은 8.6%이며, 유의도 α =.001 수준에서 유의하였다. 좀 더 구체적으로 살펴보면 성별, 종교, 직위가 통계적으로 유의한 영향을 미쳤으며, 각각의 β 계수는-.143(p<.01), .174(p<.001), .172(p<.05)로 확인되었다. 이것은 여자가 남자보다 일터영성이 더 높고, 종교를 가지고 있는 사람이 종교가 없는 사람에 비하여 일터영성이 더 높으며, 직위가 높은 사람이 낮은 사람에 비해 통계적으로 유의한 수준에서 일터영성이 높은 것으로 나타났다.

표 5-2. 일터영성에 미치는 인구통계변인들의 효과분석(N=507)

단계	종속변인	요인	B계수	표준오차	β	t	p	R^2
1	일터영성	성별	-.243	.085	-.143	-2.850	.005	.086***
		종교유무	.278	.069	.174	4.042	.000	
		연령	.026	.084	.026	.303	.762	
		경력	.036	.057	.060	.631	.529	
		직위	.094	.042	.172	2.220	.027	
		학력	-.042	.084	-.022	-.497	.619	

$^*p < .05$, $^{**}p < .01$, $^{***}p < .001$

또한, 본 연구의 가설에는 설정하지 않았으나, 일터영성이 종교적 영성 개념과 구분되는지 확인하기 위하여 확인적 요인분석을 실시하였다. 표 5-3에서 볼 수 있듯이 일터영성이 종교적 영성과 같은 개념으로서 설정한 1요인보다 서로 다른 개념으로서 설정한 2요인 모형이 χ^2차이검증과 모형 적합도 지수인 NFI, TLI, CFI, RMSEA 등에서 더 우수한 모델합치도를 보이는 것으로 확인되었다.

표 5-3. 일터영성과 종교영성에 대한 확인적 요인분석 결과 합치도 지수(N=333)

모형 합치도 지수	χ^2	df	NFI	TLI	CFI	RMSEA
1요인 모형	625.805	20	0.725	0.513	0.729	0.243
검증모형	191.059	19	0.916	0.854	0.923	0.133
χ^2차이검증	434.746	1	p<.0001			

추가로 인구통계학적 변인 중 종교적 영성에 미치는 영향을 분석한 결과 연령, 경력, 직위, 학력 등은 영향을 미치지 않았으며, 단지 성별에서 여성이 남성보다 β =-.156(p<.05) 수준에서 유의미한 차이를 보이는 것으로 나타났다(인구통계학적 특성이 주요변인들에 미치는 영향은 <부록 6>에 제시하였음).

표 5-4. 전체 변인에 대한 평균, 표준편차 및 상호상관(N=515)

요인	평균	S.D	1	2	3	4	5	6	7	8	9	10	11	12	13
1. 일터영성	4.78	0.80	(.922)												
2. 회복탄력성	4.62	0.70	.69**	(.746)											
3. 해석수준	4.05	2.11	.13**	.15**											
4. 사회적 지지망	4.84	0.95	.49**	.51**	.08	(.823)									
5. 행복지수	4.95	0.98	.59**	.56**	.13**	.54**	(.848)								
6. 직무동기	4.89	1.00	.69**	.53**	.12**	.39**	.54**	(.909)							
7. 조직몰입	4.84	1.01	.59**	.48**	.10*	.30**	.52**	.59**	(.899)						
8. 조직시민행동	5.00	0.75	.69**	.63**	.19**	.47**	.55**	.64**	.59**	(.852)					
9. 변혁적 리더십	4.65	1.10	.50**	.38**	.06	.33**	.40**	.43**	.53**	.47**	(.946)				
10. 거래적 리더십	3.46	1.16	-.07	-.11**	.03	-.10*	-.07	-.05	-.07	-.16**	-.24**	(.763)			
11. 인간존중 문화	4.53	1.03	.39**	.36**	.02	.33**	.42**	.33**	.43**	.41**	.52**	-.07	(.777)		
12. 성과지향 문화	5.07	0.91	.46**	.36**	.05	.29**	.39**	.35**	.41**	.43**	.37**	-.03	.51**	(.728)	
13. 종교적 영성	4.51	1.87	.50**	.38**	.18**	.30**	.35**	.25**	.26**	.32**	.19**	-.02	.18**	.18**	(.960)

주 1. $*p<.05$, $**p<.01$

주 2. 표시가 없는 상관계수는 유의하지 않음

본 연구에서 사용된 변인 간의 상호상관과 내적일치도계수(Cronbach'α)는 표 5-4에 제시하였다. 표에서 볼 수 있듯이, 모든 변인의 신뢰도는 .70 이상의 좋은 신뢰도를 보이고 있으나, 일터영성과 회복탄력성, 직무동기, 조직시민행동의 상호상관이 .60을 넘고 있어 서로 잘 변별되는 개념인지를 판단하기 위해서 추가로 확인적 요인분석이 요구되었다. 따라서 일터영성과 개인적 차원의 심리적 변인으로 채택한 회복탄력성과 사회적 차원의 심리적 변인으로 채택한 사회적 지지망, 행복지수와 조직효과성 변인으로 채택한 직무동기, 조직몰입, 조직시민행동이 서로 잘 구별되는 개념인지를 보기 위하여 확인적 요인분석을 실시하였으며, 그 결과를 표 5-5에 제시하였다[17].

표 5-5. 일터영성과 개인적 차원, 사회적 차원, 조직효과성 변인들의 확인적 요인분석 결과의 전반적 합치도 지수들(N=507)

합치도 지수	χ^2	NFI	TLI	CFI	RMSEA
검증모형	1,142(df=473)	.908	.933	.944	.052

표에서 볼 수 있듯이, 표집자료로 전집자료를 추정할 때의 오차를 나타내는 지수 RMSEA(root mean square error of approximation)값이 .052로 좋은 적합도 기준이 .08보다 낮은 것으로 나타났으며(Browne & Cudeck, 1983; Steiger, 1990), 대표적인 합치도 지수인 NFI, TLI, CFI의 값이 모두 Bentler와 Bonett(1980)이 제시한 좋은 모형의 부합도 지수 기준인 .90을 넘고 있다. 따라서 본 연구에서 측정된 변수들이 잘 변별되는 것으로 판단하고, 가설검증을 위한 분석을 수행하였다(모델 적합도

17) 개인적 차원의 심리적 변인 중 해석수준(CLT)은 연속변수가 아닌 2개 중 택1 형태의 ipsative 방식으로 측정되었기 때문에 본 확인적 요인분석에서 제외하였음.

분석 결과는 <부록 5>에 제시하였음).

1. 일터영성이 개인적 차원의 심리적 변인들에 미치는 영향

본 연구는 일터영성이 회복탄력성과 해석수준 등 개인적 차원의 심리적 변인들에 미치는 영향에 대한 가설검증을 위해 위계적 회귀분석을 실시하였다. 먼저 인구통계적 변인들이 종속변인에 미치는 영향을 통제하기 위해서 더미변수화하여 회귀모형에 투입한 뒤, 2단계에서 일터영성이 종속변인에 미치는 영향을 분석하였다. 또한, 일터영성을 구성하고 있는 5개 차원의 하위요인들이 종속변인에 대하여 어떤 관계를 형성하고 있는지 알아보기 위하여 위계적 중다회귀분석으로 추가 분석을 실시하였다

1) 일터영성이 회복탄력성에 미치는 영향

일터영성이 회복탄력성에 미치는 영향을 검증하기 위해 위계적 회귀분석을 실시하였으며 그 결과는 표 5-6에 제시하였다. 분석 1에서 종속변인에 영향을 미치는 인구통계학적 변인으로 성별(β =-.122, $p<.05$)과 종교(β =.104, $p<.05$)가 변량의 2.9%의 유의미한 영향을 미치는 것으로 나타났으며, 인구통계학적 변인을 통제한 후 일터영성이 종속변인인 회복탄력성에 미치는 영향을 분석한 결과 β =.721($p<.001$)로 변량의 약 47.6%를 설명하는 것으로 나타났다. 따라서 가설 1-1은 지지되었다. 추가적으로 실시한 분석 2에서는 일터영성의 5개 하위차원 요인들이 모두 α =.01 수준에서 회복탄력성에 유의한 영향을 미치는 것으로 나타남으로써, 이러한 결과는 전반적으로 일터영성이 높

은 사람들은 업무 스트레스와 같은 심리적 부담감으로부터 빠른 회복력을 가지고 있다고 해석할 수 있다.

표 5-6. 인구통계변수를 통제한 후, 일터영성이 회복탄력성에 미치는 효과에 대한 위계적 중다회귀분석 결과(N=507)

분석	종속변인	예측변인	B계수	표준오차	β	t	p	ΔR^2
1	회복탄력성	성별	-.181	.077	-.122	-2.355	.019	.029*
		종교 유무	.146	.062	.104	2.343	.020	
		일터영성	.634	.029	.721	21.922	.000	.476***
2	회복탄력성	내면의식	.083	.019	.165	4.337	.000	
		소명의식	.082	.030	.124	2.694	.007	
		공감의식	.248	.030	.308	8.301	.000	
		공동체 의식	.066	.024	.100	2.742	.006	
		초월의식	.194	.031	.278	6.203	.000	

$*p < .05$, $**p < .01$, $***p < .001$

2) 일터영성이 해석수준(CLT)에 미치는 영향

일터영성이 해석수준에 미치는 영향을 검증하기 위해 위계적 회귀분석을 실시하였으며, 그 결과는 표 5-7에 제시하였다. 분석 1에서 종속변인에 영향을 미치는 인구통계학적 변인으로는 연령이 유일하게 나타났으며(β =.210, p<.05), 인구통계학적 변인을 통제한 후 일터영성이 종속변인인 해석수준에 미치는 영향을 분석한 결과 β =.108(p<.05)로 변량의 약 1.1%를 추가적으로 설명하는 것으로 나타났다. 따라서 가설 1-2는 지지되었다. 추가적으로 실시한 분석 2에서는 5개의 일터영성 하위요인 중에서 동료에 대한 '공감의식'이 해석수준과 유의하게 영향을 미치는 것으로 나타났는데(p<.05), 이는 타인에 대한 깊은 이해와 정서적 공감을 형성할 수 있는 요인이 사건에 대해 좀 더 장

기적인 관점에서 접근하고 더 높은 상위의 개념으로 해석할 수 있기 때문으로 판단된다.

표 5-7. 인구통계변수를 통제한 후, 일터영성이 해석수준에 미치는 효과에 대한 위계적 중다회귀분석 결과(N=507)

분석	종속변인	예측변인	B계수	표준오차	β	t	p	ΔR^2
1	해석수준	연령	.542	.229	.210	2.365	.018	.036**
		일터영성	.285	.121	.108	2.359	.019	.011*
2	해석수준	내면의식	.117	.082	.077	1.429	.154	
		소명의식	.188	.129	.094	1.450	.148	
		공감의식	.285	.128	.117	2.231	.026	
		공동체 의식	-.128	.102	-.065	-1.255	.210	
		초월의식	-.152	.133	-.072	-1.142	.254	

$*p < .05$, $**p < .01$, $***p < .001$

2. 일터영성이 사회적 차원의 심리적 변인들에 미치는 영향

본 연구는 일터영성이 사회적 지지망, 행복 등 사회적 차원의 심리적 변인들에 미치는 영향에 대한 가설검증을 위해 위계적 회귀분석을 실시하였다. 먼저 인구통계학적 변인들이 종속변인에 미치는 영향을 통제하기 위해서 더미 변수화하여 회귀모형에 투입한 뒤, 일터영성이 종속변인에 미치는 영향을 분석하였다. 또한, 일터영성을 구성하고 있는 5개 차원의 하위요인들이 종속변인에 대하여 어떤 관계를 형성하고 있는지 알아보기 위하여 추가적으로 위계적 중다회귀분석을 실시하였다

1) 일터영성이 사회적 지지망(SSN)에 미치는 영향

일터영성이 사회적 지지망에 미치는 영향을 검증하기 위해 위계적 중다회귀분석을 실시하였으며, 그 결과는 표 5-8에 제시하였다. 분석 1에서 종속변인에 유의한 영향을 미치는 인구통계학적 변인은 없었으며, 일터영성이 종속변인인 사회적 지지망에 미치는 영향은 β =.538(p<.001) 수준에서 변량의 약 26.5%를 설명하는 것으로 나타났다. 따라서 가설 2-1은 지지되었다. 추가적으로 실시한 분석 2에서는 일터영성의 5개 하위차원 요인 중 '공감의식'과 '공동체 의식'이 α =.001 수준에서 사회적 지지망에 유의한 영향을 미치는 것으로 나타났으며, 소명의식은 .05 수준에서 유의한 것으로 나타났다. 이는 타인에 대한 이해와 정서적 공감, 그리고 조직구성원으로서 갖는 공동체 의식이 높은 사람일수록 더 강한 사회적 지지망을 가지고 있는 것으로 해석할 수 있다.

표 5-8. 인구통계변수를 통제한 후, 일터영성이 사회적 지지망에 미치는 효과에 대한 위계적 중다회귀분석 결과(N=507)

분석	종속변인	예측변인	B계수	표준오차	β	t	p	ΔR^2
1	사회적 지지망	일터영성	.641	.047	.538	13.723	.000	.265***
2	사회적 지지망	내면의식	.055	.031	.081	1.787	.075	
		소명의식	.099	.049	.111	2.025	.043	
		공감의식	.197	.048	.180	4.064	.000	
		공동체 의식	.296	.039	.333	7.648	.000	
		초월의식	.031	.050	.033	.618	.537	

*$p < .05$, **$p < .01$, ***$p < .001$

2) 일터영성이 행복에 미치는 영향

일터영성이 행복에 미치는 영향을 검증하기 위해 위계적 회귀분석을 실시하였으며, 그 결과는 표 5-9에 제시하였다. 분석 1에서 인구통계학적 변인 중 종속변인에 유의한 영향을 미치는 것은 종교 유무(β =.096, $p<.05$)와 학력(β =-.099, $p<.05$)으로 나타났으며, 이를 통제한 후 일터영성이 종속변인인 행복에 미치는 영향은 β =.620($p<.001$)로 변량의 약 35.2%를 설명하는 것으로 나타났다. 따라서 가설 2-2는 지지되었다. 인구통계학적 변수 중에서 종교를 가지고 있는 사람들은 행복에 정적(+)인 영향을 미쳤으나, 학력수준은 행복에 부적(-) 영향을 미치는 것으로 나타났는데, 이것은 오늘날 우리 사회에서 학력이 높은 사람은 현재의 삶에 대해서 학력이 낮은 사람에 비해 상대적으로 덜 행복하게 느끼고 있다고 볼 수 있다. 그 이유는 학력이 높은 사람들이 삶에 대한 기대수준이 다소 높은데 기인한 것으로 해석된다. 추가적으로 실시한 분석 2에서는 일터영성의 5개 하위차원 요인 중 '소명의식'과 '공동체 의식'이 α =.001 수준에서 행복에 유의한 영향을 미치는 것으로 나타났으며, '초월의식'은 .01 수준에서, '공감의식'은 .05 수준의 경계에서 유의한 것으로 나타났다. 이러한 결과는 전반적으로 일터영성이 높은 사람일수록 자신의 삶이 더 행복하다고 지각하고 있는 것으로 해석할 수 있다.

표 5-9. 인구통계변수를 통제한 후, 일터영성이 행복지수에 미치는 효과에 대한 위계적 중다회귀분석 결과(N=507)

분석	종속변인	예측변인	B계수	표준오차	β	t	p	ΔR^2
1	행복	종교 유무	.190	.088	.096	2.168	.031	.029*
		학력	-.235	.107	-.099	-2.210	.028	
		일터영성	.767	.046	.620	16.858	.000	.352***
2	행복	내면의식	.052	.030	.074	1.722	.086	
		소명의식	.298	.048	.320	6.193	.000	
		공감의식	.092	.048	.081	1.940	.053	
		공동체 의식	.153	.038	.166	4.025	.000	
		초월의식	.157	.050	.160	3.171	.002	

$^*p < .05$, $^{**}p < .01$, $^{***}p < .001$

3. 일터영성이 조직효과성 차원의 심리적 변인들에 미치는 영향

본 연구는 일터영성이 조직효과성 차원의 심리적 변인으로 채택된 직무동기, 조직몰입, 조직시민행동에 미치는 영향에 대한 가설 검증을 위해 위계적 회귀분석을 실시하였다. 먼저 인구통계학적 변인들이 종속변인에 미치는 영향을 통제하기 위해서 더미변수화하여 회귀모형에 투입한 뒤, 일터영성이 종속변인에 미치는 영향을 분석하였다. 또한, 일터영성을 구성하고 있는 5개 차원의 하위요인들이 종속변인에 대하여 어떤 관계를 형성하고 있는지 알아보기 위하여 추가로 위계적 중다회귀분석을 실시하였다

1) 일터영성이 직무동기에 미치는 영향

일터영성이 직무동기에 미치는 영향을 검증하기 위해 위계적 회귀분석을 실시하였으며, 그 결과는 표 5-10에 제시하였다. 분석 1에서

종속변인에 유의하게 영향을 미치는 인구통계학적 변인은 없었으며, 일터영성이 종속변인인 직무동기에 미치는 영향은 β =.720(p<.001)로 변량의 약 47.4%를 설명하는 것으로 나타났다. 따라서 가설 3-1은 지지되었다. 추가적으로 실시한 분석 2에서는 일터영성의 5개 하위차원 요인 중 '소명의식'과 '초월의식'이 α =.001 수준에서 직무동기에 유의한 영향을 미치는 것으로 나타났으며, '공동체 의식'은 .05 수준에서 유의한 것으로 나타났다. 이는 자신이 하는 일에서 소명을 발견하고, 자기 자신을 넘어서는 초월의식을 가지고, 조직구성원으로서 공동체 의식을 지각하는 사람일수록 직무동기가 높은 것으로 해석할 수 있다.

표 5-10. 인구통계변수를 통제한 후, 일터영성이 직무동기에 미치는 효과에 대한 위계적 중다회귀분석 결과(N=507)

분석	종속변인	예측변인	B계수	표준오차	β	t	p	ΔR^2
1	직무동기	일터영성	.909	.042	.720	21.808	.000	.474***
2	직무동기	내면의식	-.005	.024	-.007	-.214	.831	
		소명의식	.494	.038	.520	13.043	.000	
		공감의식	-.051	.037	-.044	-1.354	.176	
		공동체의식	.071	.030	.075	2.369	.018	
		초월의식	.335	.039	.335	8.602	.000	

$^{*}p<.05$, $^{**}p<.01$, $^{***}p<.001$

2) 일터영성이 조직몰입에 미치는 영향

일터영성이 조직몰입에 미치는 영향을 검증하기 위해 위계적 회귀분석을 실시하였으며, 그 결과는 표 5-11에 제시하였다. 분석 1에서 인구통계학적 변인 중에서 종교를 가지고 있는 사람(β =.098, p<.05)

과 경력이 오래된 사람(β =.264, p<.01)일수록 조직몰입에 영향을 미치는 것으로 나타났으며, 이를 통제한 후 일터영성이 종속변인인 조직몰입에 미치는 영향은 β =.614(p<.001)로 변량의 약 34.4%를 설명하는 것으로 나타났다. 추가적으로 실시한 분석 2에서는 일터영성의 5개 하위차원 요인 중 '소명의식', '공동체 의식', '초월의식'이 모두 α =.001 수준에서 조직몰입에 유의한 영향을 미치는 것으로 나타났다. 이는 자신이 하는 일에서 소명을 발견하고, 조직구성원으로서 공동체 의식을 지각하며, 일터에서 초월경험을 하는 사람일수록 조직몰입이 높은 것으로 해석할 수 있다.

표 5-11. 인구통계변수를 통제한 후, 일터영성이 조직몰입에 미치는 효과에 대한 위계적 중다회귀분석 결과(N=507)

분석	종속변인	예측변인	B계수	표준오차	β	t	p	ΔR^2
1	조직몰입	종교 유무	.198	.090	.098	2.202	.028	$.033^{*}$
		경력	.204	.075	.264	2.714	.007	
		일터영성	.780	.047	.614	16.627	.000	$.344^{***}$
2	조직몰입	내면의식	-.018	.030	-.025	-.606	.545	
		소명의식	.292	.047	.304	6.144	.000	
		공감의식	-.002	.047	-.002	-.039	.969	
		공동체의식	.165	.038	.173	4.394	.000	
		초월의식	.320	.049	.317	6.550	.000	

$^{*}p < .05$, $^{**}p < .01$, $^{***}p < .001$

3) 일터영성이 조직시민행동(OCB)에 미치는 영향

일터영성이 조직시민행동에 미치는 영향을 검증하기 위해 위계적 회귀분석을 실시하였으며, 그 결과는 표 5-12에 제시하였다. 분석 1에서 종속변인에 유의하게 영향을 미치는 인구통계학적 변인은 없었으며,

일터영성이 종속변인인 조직시민행동에 미치는 영향은 β =.714(p<.001)로 변량의 약 46.6%를 설명하는 것으로 나타났다. 따라서 가설 3-3은 지지되었다. 추가적으로 실시한 분석 2에서는 일터영성의 5개 하위차원 요인 중 '소명의식', '공감의식', '공동체 의식', '초월의식'이 모두 α =.001 수준에서 조직시민행동에 유의한 영향을 미치는 것으로 나타났다. 이는 일과 조직이라는 환경에서 일터영성이 전반적으로 높은 사람들이 조직에서 역할 외 행동(extra-role behavior)에도 적극적으로 임하고 있으며, 전체적인 조직수행에 긍정적인 영향을 미치는 것으로 해석할 수 있다.

표 5-12. 인구통계변수를 통제한 후, 일터영성이 조직시민행동에 미치는 효과에 대한 위계적 중다회귀분석 결과(N=507)

분석	종속변인	예측변인	B계수	표준오차	β	t	p	ΔR^2
1	조직시민행동	일터영성	.666	.031	.714	21.499	.000	.466***
2	조직시민행동	내면의식	.027	.020	.051	1.366	.173	
		소명의식	.132	.032	.187	4.133	.000	
		공감의식	.307	.031	.358	9.772	.000	
		공동체 의식	.151	.025	.216	5.981	.000	
		초월의식	.109	.033	.148	3.341	.001	

$*p < .05$, $**p < .01$, $***p < .001$

4. 리더십 유형에 따른 일터영성의 매개효과 검증

본 연구는 리더십 차원의 변인으로 설정한 변혁적 리더십과 거래적 리더십이 조직효과성 변인들에 미치는 영향을 일터영성이 매개하는지를 검증하기 위한 것이다. 분석에 앞서 실시한 문항신뢰도 분석과 확인적 요인분석 결과, Hartog(1997)가 MLQ 분석에서 지적한 내용과 일치하게 거래적 리더십의 수반적 보상(contingent reward)과 예외에 의한 적극적 관리(active management by exception) 문항이 변혁적 리더십과 높은 상관(r=.710)을 보이는 것으로 나타났다. 따라서 이 문항들을 제외한 나머지 3개 문항(Cronbach's α =.763)을 채택하여 분석에 활용하였으며, 본 연구에 포함된 다른 모든 변인과 개념적으로 잘 구분되고 있는지 확인적 요인분석을 한 결과 x^2=942.713(df=215), NFI=.880, TLI=.876, CFI=.904, RMSEA=.081로 모형이 전반적인 합치도를 무난하게 충족시키는 것으로 확인하였다. 매개효과와 간접효과를 통계적으로 검증하는 방법 중 Baron & Kenny(1986)가 제안한 인과적 단계접근 방법(causal-steps approach)은 종속변인과 매개변인에 대하여 여러 차례의 회귀분석 결과를 종합하는 것으로써 제2종 오류에 취약하다는 결점을 가지고 있다는 지적이 제기되어(MacKinnon, Lockwood, Hoffamn, West & Sheets, 2002; MacKinnon, Lockwood & Williams, 2004), 본 연구에서는 MacKinnon과 동료들(2002)이 제안한 매개효과 검증방법을 채택하여 적용하였다. MacKinnon 등(2002)은 1단계로 A→B에서 A의 회귀계수가 유의하고, 2단계로 (A · B)→C에서 B의 회귀계수가 유의하고, A의 회귀계수가 유의하면 부분매개이고, A의 회귀계수가 유의하지 않으면 완전매개로 보았다. 이 방식은 1종 오류와 2종 오류를 균형 있게 통제하는 것이다.

1) **변혁적 리더십이 조직효과성에 미치는 영향에 대한 매개효과 검증**

먼저 변혁적 리더십이 조직효과성 변인인 직무동기, 조직몰입, 조직시민행동에 미치는 영향을 일터영성이 매개하는지를 검증하였다. 표 5-13에서 보는 바와 같이 1단계에서는 예측변인인 변혁적 리더십(A)이 매개변인인 일터영성(B)에 미치는 영향을 살펴보았고, 2단계에서는 예측변인인 변혁적 리더십(A)과 매개변인인 일터영성(B)을 동시에 투입하여 종속변인인 직무동기, 조직몰입, 조직시민행동(C)에 미치는 영향을 살펴보았다. 2단계에서 매개변인인 일터영성(B)이 종속변인에 미치는 β값이 유의하면 매개변인(B)가 예측변인(A)와 종속변인(C) 사이를 매개한다고 보았으며, 이때 예측변인(A)가 종속변인(C)에 미치는 β값이 유의하면 부분매개이고, 유의하지 않으면 완전매개로 판단하였다.

표에서 알 수 있듯이 일터영성은 변혁적 리더십이 직무동기, 조직몰입, 조직시민행동에 미치는 영향을 모두 부분매개하고 있는 것으로 나타났다. 분석1에서 직무동기에 대한 변혁적 리더십의 직접효과는 .005로 α =.05 수준에서 유의했으며, 일터영성의 간접효과는 .188로 α =.001 수준에서 유의하였다. 분석2에서 조직몰입에 대한 변혁적 리더십의 직접효과는 .077로 α =.001 수준에서 유의하였으며, 일터영성의 간접효과는 .239로 α =.001 수준에서 유의하였다. 분석3에서 조직시민행동에 대한 변혁적 리더십의 직접효과는 .015로 α =.001 수준에서 유의하였으며, 일터영성의 간접효과는 .211로 α =.001 수준에서 유의한 것으로 나타났다. 추가적으로 매개효과에 대한 직접적인 검증을 하기 위해 Sobel Test를 실시한 결과, 변혁적 리더십이 종속변인인 직무동기, 조직몰입, 조직시민행동에 미치는 매개효과는 Z값이 각각 12.071, 11.072, 11.981로 모두 p<.001로 유의하게 나타났다. 따라서 가설 4-1a, 4-1b, 4-1c는 모두 지지되었다.

표 5-13. 변혁적 리더십이 조직효과성에 미치는 영향에 대한 매개효과(N=507)

분석	종속변인	예측변인	모형	β계수	ΔR^2	p	검증결과
분석1		*모형: 변혁적 리더십[A]→ 일터영성[B]→ 직무동기[C]*					
통제	일터영성	인구통계	D→B		.089	.000	
	직무동기	인구통계	D→C		.027	.034	
1단계	일터영성	변혁적 리더십	A→B	.534***	.277	.000	
2단계	직무동기	일터영성	B→C	.677***	.483	.000	부분매개
		변혁적 리더십	A→C	.084*			
		변혁적 리더십의 직접효과			.005	.029	
		간접효과(매개효과)			.188	.000	
분석2		*모형: 변혁적 리더십[A]→ 일터영성[B]→ 조직몰입[C]*					
통제	일터영성	인구통계	D→B		.089	.000	
	조직몰입	인구통계	D→C		.033	.000	
1단계	일터영성	변혁적 리더십	A→B	.534***	.277	.000	
2단계	조직몰입	일터영성	B→C	.429***	.429	.000	부분매개
		변혁적 리더십	A→C	.338***			
		변혁적 리더십의 직접효과			.077	.000	
		간접효과(매개효과)			.239	.000	
분석3		*모형: 변혁적 리더십[A]→ 일터영성[B]→조직시민행동[C]*					
통제	일터영성	인구통계	D→B		.089	.000	
	조직시민행동	인구통계	D→C		.030	.019	
1단계	일터영성	변혁적 리더십	A→B	.534***	.277	.000	
2단계	조직시민행동	일터영성	B→C	.622***	.468	.000	부분매개
		변혁적 리더십	A→C	.147***			
		변혁적 리더십의 직접효과			.015	.000	
		간접효과(매개효과)			.211	.000	

$*p < .05$, $**p < .01$, $***p < .001$

2) **거래적 리더십이 조직효과성에 미치는 영향에 대한 매개효과 검증**

다음으로 거래적 리더십이 조직효과성 변인인 직무동기, 조직몰입, 조직시민행동에 미치는 영향을 일터영성이 매개하는지를 검증하였다. 표 5-14와 같이 1단계에서는 예측변인인 거래적 리더십(A)이 매개변인인 일터영성(B)에 미치는 영향을 살펴보았고, 2단계에서는 예측변인인 거래적 리더십(A)과 매개변인인 일터영성(B)을 동시에 투입하여 종속변인인 직무동기, 조직몰입, 조직시민행동(C)에 미치는 영향을 살펴보았다. 2단계에서 매개변인인 일터영성(B)이 종속변인에 미치는 β 값이 유의하면 매개변인(B)이 예측변인(A)와 종속변인(C) 사이를 매개한다고 보았으며, 이때 예측변인(A)가 종속변인(C)에 미치는 β 값이 유의하면 부분매개이고, 유의하지 않으면 완전매개로 판단하였다.

표에서 보는 바와 같이, 일터영성은 거래적 리더십이 직무동기와 조직몰입에 미치는 영향을 완전매개하였으며, 조직시민행동에 미치는 영향은 부분매개하고 있는 것으로 나타났다. 분석1에서 거래적 리더십이 직무동기에 미치는 간접효과는 .066(p<.001)이며, 분석2에서 조직몰입에 미치는 간접효과는 .059(p<.001)로 나타났다. 분석3에서 조직시민행동에 대한 거래적 리더십의 직접효과는 .011로 α =.001 수준에서 유의하였으며, 간접효과는 .021로 α =.001 수준에서 유의한 것으로 나타났다. 추가로 매개효과에 대한 직접적인 검증을 하기 위해 Sobel Test를 실시한 결과, 거래적 리더십이 종속변인인 직무동기, 조직몰입, 조직시민행동에 미치는 매개효과는 Z값이 각각-2.515,-2.505,-2.515로 모두 p<.01 수준에서 유의하게 나타났다. 따라서 가설 4-2a, 4-2b, 4-2c는 모두 지지되었다.

표 5-14. 거래적 리더십이 조직효과성에 미치는 영향에 대한 매개효과(N=507)

분석	종속변인	예측변인	모형	β계수	ΔR^2	p	검증결과
분석1		*모형: 거래적 리더십[A) → 일터영성[B) → 직무동기[C)*					
통제	일터영성	인구통계	D→B		.089	.000	
	직무동기	인구통계	D→C		.027	.034	
1단계	일터영성	거래적 리더십	A→B	-.110*	.012	.011	
2단계	직무동기	일터영성	B→C	.725***	.478	.000	완전매개
		거래적 리더십	A→C	.011			
		간접효과(매개효과)			.066	.000	
분석2		*모형: 거래적 리더십[A) → 일터영성[B) → 조직몰입[C)*					
통제	일터영성	인구통계	D→B		.089	.000	
	조직몰입	인구통계	D→C		.033	.000	
1단계	일터영성	거래적 리더십	A→B	-.110*	.012	.011	
2단계	조직몰입	일터영성	B→C	.618***	.353	.000	완전매개
		거래적 리더십	A→C	-.031			
		간접효과(매개효과)			.059	.000	
분석3		*모형: 거래적 리더십[A) → 일터영성[B) → 조직시민행동[C)*					
통제	일터영성	인구통계	D→B		.089	.000	
	조직시민행동	인구통계	D→C		.030	.019	
1단계	일터영성	거래적 리더십	A→B	-.110*	.012	.011	
2단계	조직시민행동	일터영성	B→C	.693***	.465	.000	부분매개
		거래적 리더십	A→C	-.106**			
		거래적 리더십의 직접효과			.011	.001	
		간접효과(매개효과)			.021	.000	

$*p < .05$, $**p < .01$, $***p < .001$

5. 조직문화 특성에 따른 조절효과 검증

본 연구는 조직문화 차원의 변인으로 설정한 인간존중의 조직문화와 성과지향적 조직문화가 일터영성이 조직효과성 변인들에 미치는 영향을 조절하는지를 검증하기 위한 것이다. 분석에 앞서 본 연구에서 설정한 모든 변인의 개념이 서로 잘 구분되고 있는지 확인적 요인분석을 통한 검증결과 x^2=533.277(df=184), NFI=.918, TLI=.930, CFI=.945, RMSEA=.061로 모형이 전반적인 합치도를 충족시키는 것으로 확인하였다. 가설 검증을 위하여 위계적 회귀분석을 실시하였으며, 이때 조절효과 분석 시 발생하는 다중공선성(multicollinearity)을 최소화시키고, 회귀계수에 대한 의미 있는 해석을 가능하게 하기 위해서 Aiken과 West(1991)이 제안한 센터링(centering)방식을 적용하였다. 본 방식은 독립변수와 조절변수에 대해서 센터링한 값으로 상호작용항을 생성함으로써 회귀계수의 크기나 유의성에 영향을 주지 않으면서 상호작용변수(interaction variables) 간의 상관관계를 줄여주기 때문에 다중공선성의 문제를 효과적으로 완화할 수 있다(VIF값이 10 이하로 떨어져야 함). 분석에서는 인구통계학적 변인들을 더미 변수로 전환하여 모형에 투입함으로써 종속변인인 직무동기, 조직몰입, 조직시민행동에 대한 설명량을 통제하였으며, 2단계에서 독립변인들의 추가적인 설명량을 통제하고, 3단계에 상호작용항을 모형에 투입하여 증분설명량($\triangle R^2$)의 유의도를 판단하였다.

1) 인간존중 조직문화의 조절효과 검증

먼저 인간존중 조직문화가 일터영성과 상호작용하여 조직효과성 변인인 직무동기, 조직몰입, 조직시민행동에 영향을 미치는지를 검증하였다. 표 5-15에서 보는 바와 같이 모든 분석의 1단계에서는 인구통계학적 변인들을 투입하였으며, 모형에 투입한 결과 직무동기에 대한 설명변량은 2.7%, 조직몰입에 대한 설명변량은 3.3%, 조직시민행동에 대한 설명변량은 3.0%로 모두 α =.05 수준에서 유의하게 나타났다

(인구통계학적 특성이 주요 변인들에 미치는 영향은 <부록 6>에 제시하였음).

표 5-15. 인구통계변수를 통제한 후, 일터영성과 인간존중 조직문화의 상호작용이 조직효과성에 미치는 영향에 대한 위계적 중다회귀분석 결과(N=507)

분석	종속변인	예측변인	β	R^2	ΔR^2	*Sig*
분석1	*일터영성* 인간존중 조직문화 → 직무동기*					
1단계	직무동기	인구통계		.027		.034
2단계	직무동기	일터영성(A)	.691***	.505	.478	.000
		인간존중 조직문화(B)	.067			
3단계	직무동기	일터영성*인간존중(AXB)	-.083**	.512	.007	.009
분석2	*일터영성* 인간존중 조직문화 → 조직몰입*					
1단계	조직몰입	인구통계		.033		.010
2단계	조직몰입	일터영성(A)	.506***	.425	.392	.000
		인간존중 조직문화(B)	.247***			
3단계	조직몰입	일터영성*인간존중(AXB)	-.058 †	.428	.003	.090
분석3	*일터영성* 인간존중 조직문화 → 조직시민행동*					
1단계	조직시민행동	인구통계		.030		.019
2단계	조직시민행동	일터영성(A)	.640***	.518	.488	.000
		인간존중 조직문화(B)	.169***			
3단계	조직시민행동	일터영성*인간존중(AXB)	-.079*	.524	.006	.011

$*p < .05$, $**p < .01$, $***p < .001$

분석1의 2단계는 일터영성(A)과 인간존중 조직문화(B)의 주효과를 동시에 투입하였으며, 그 결과 이들 두 변인이 인구통계변수의 효과에 추가적으로 직무동기를 설명하는 증분설명변량은 47.8%로 나타났으며, 일터영성의 주효과는 β =.691(p<.001)로 유의하였지만 인간존중 조직문화의 주효과는 유의하지 않았다. 마지막으로 3단계에서 일터영성과 인간존중 조직문화의 상호작용항(AXB)을 모형에 투입했을

때 β =-.083(p<.01)로 나타났으며, 추가 증분설명량(ΔR^2)은 .007로 α =.001 수준에서 유의한 것으로 나타났다. 이러한 결과는 일터영성이 직무동기에 미치는 영향을 인간존중 조직문화가 조절할 것이라는 가설 5-1a를 지지하는 결과이다. 따라서 이러한 조절효과를 해석하기 위해 일터영성 점수의 중앙치(mdn=4.83)를 기준으로 집단을 2등분한 뒤, 인간존중 조직문화의 특성이 높은 집단과 낮은 집단에서의 직무동기 평균을 산출하여 그림 5-2에 제시하였다.

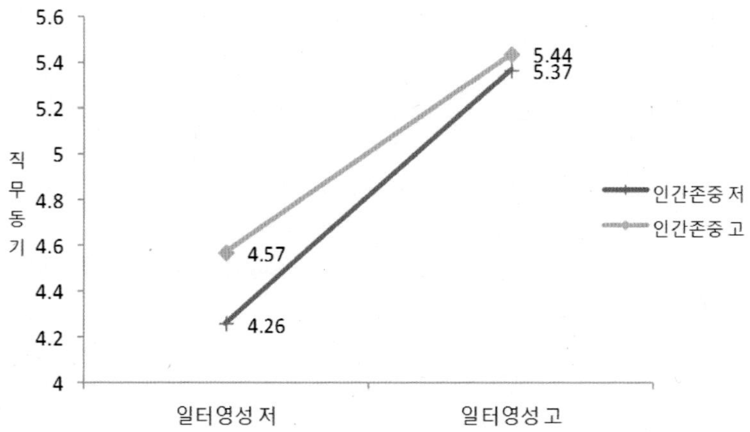

그림 5-2. 직무동기에 대한 일터영성X인간존중 조직문화(고/저) 상호작용 결과

그림에서 볼 수 있듯이, 일터영성이 높은 집단에서는 직무동기의 차이가 작지만, 일터영성이 낮은 집단에서는 인간존중 문화에 따른 직무동기의 차이가 큰 것으로 나타났다. 또한, 그래프의 기울기가 인간존중 조직문화가 높은 집단보다 낮은 집단에서 더 가파른데, 이것은 개인의 일터영성이 인간존중이 낮은 조직 문화에서 직무동기에

더 큰 영향을 미치는 것으로 해석할 수 있다. 이러한 결과는 가설 5-1a를 지지하는 것이다.

다음으로 분석2에서는 조직몰입을 종속변인으로 하여 검증을 실시하였다. 1단계에서 인구통계학적 변인을 통제한 후, 2단계는 일터영성(A)과 인간존중 조직문화(B)의 주효과를 동시에 투입한 결과, 일터영성이 조직몰입에 미치는 영향은 β =.506(p<.001)이었으며, 인간존중 조직문화가 조직몰입에 미치는 영향은 β =.247(p<.001)로 나타났다. 이들 두 변인이 인구통계변인의 효과에 추가적으로 조직몰입을 설명하는 증분설명변량은 39.2%로 유의도 α =.001 수준에서 통계적으로 유의하였다. 마지막으로 3단계에서 일터영성과 인간존중 조직문화의 상호작용항(AXB)을 모형에 투입했을 때 β =-.058(p<.10)이었으며, 추가 증분설명량(ΔR^2)은 .003으로 α =.10 수준에서 가까스로 유의하였다. 이러한 결과는 일터영성이 조직몰입에 미치는 영향은 인간존중 조직문화에 의해서 조절될 것이라는 가설 5-1b가 제한적으로 지지 되었음을 의미하는 것이다. 따라서 이러한 조절효과를 해석하기 위해 일터영성 점수의 중앙치(mdn=4.83)를 기준으로 집단을 2등분 한 뒤, 인간존중 조직문화의 특성이 높은 집단과 낮은 집단에서의 조직몰입의 평균을 산출하여 그림 5-3에 제시하였다.

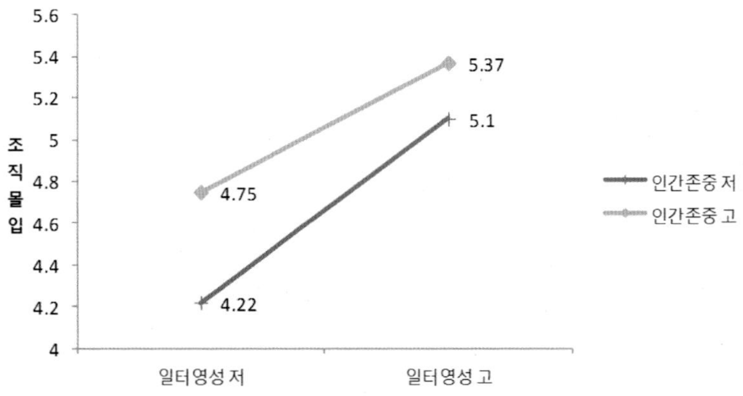

그림 5-3. 조직몰입에 대한 일터영성X인간존중 조직문화(고/저) 상호작용 결과

끝으로 분석3에서는 조직시민행동을 종속변인으로 하여 검증을 실시하였다. 1단계에서 인구통계학적 변인을 통제한 후, 2단계는 일터영성(A)과 인간존중 조직문화(B)의 주효과를 동시에 투입한 결과, 일터영성이 조직시민행동에 미치는 영향은 β =.640(p<.001)이었으며, 인간존중 조직문화가 조직시민행동에 미치는 영향은 β =.169(p<.001)로 나타났다. 이들 두 변인이 인구통계학적 변인의 효과에 추가적으로 조직시민행동을 설명하는 증분설명변량은 48.8%로 유의도 α =.001 수준에서 통계적으로 유의하였다. 마지막으로 3단계에서 일터영성과 인간존중 조직문화의 상호작용항(AXB)을 모형에 투입했을 때 β =-.079(p<.05)이었으며, 추가 증분설명량(ΔR^2)은 .006으로 α =.05 수준에서 통계적으로 유의하였다. 이러한 결과는 일터영성이 조직시민행동에 미치는 영향을 인간존중 조직문화가 조절할 것이라는 가설 5-1c를 지지하는 것이다. 따라서 이러한 조절효과를 해석하기 위해 일터영성 점수의 중앙치(mdn=4.83)를 기준으로 집단을 2등분 한 뒤,

인간존중 조직문화의 특성이 높은 집단과 낮은 집단에서의 조직시민행동 평균을 산출하여 그림 5-4에 제시하였다.

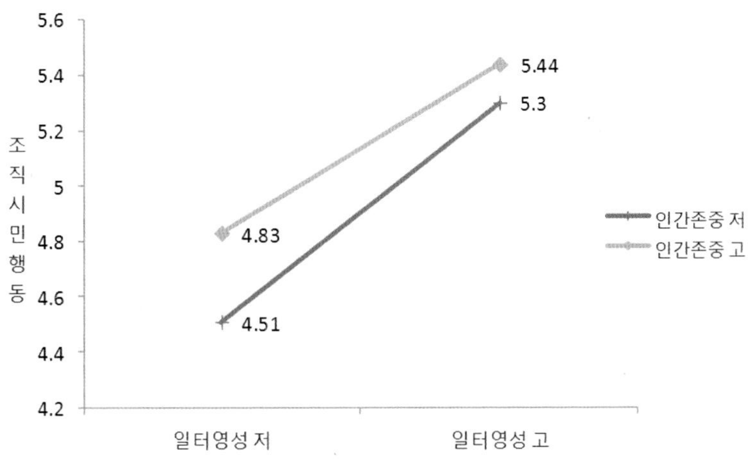

그림 5-4. 조직시민행동에 대한 일터영성X인간존중 조직문화(고/저) 상호작용 결과

그림에서 볼 수 있듯이, 일터영성이 높은 집단에서는 조직시민행동에 차이가 작지만, 일터영성이 낮은 집단에서는 인간존중 문화에 따른 조직시민행동에 차이가 큰 것으로 나타났다. 또한, 그래프의 기울기가 인간존중이 낮은 집단에서 더 가파른데, 이것은 개인의 일터영성이 인간존중이 낮은 조직 문화에서 조직시민행동에 더 큰 영향을 미치는 것으로 해석할 수 있다. 이러한 결과는 가설 5-1c를 지지하는 것이다.

2) 성과지향 조직문화의 조절효과 검증

다음으로 성과지향 조직문화가 일터영성과 상호작용하여 조직효과성 변인인 직무동기, 조직몰입, 조직시민행동에 영향을 미치는지를 검증하였다. 위계적 중다회귀분석 결과를 표 5-16에 제시하였다. 표에서 보는 바와 같이 1단계에서는 본 연구에서 사용한 인구통계학적 변인들을 투입하였으며, 분석 결과 직무동기에 대한 설명변량은 2.7%, 조직몰입에 대한 설명변량은 3.3%, 조직시민행동에 대한 설명변량은 3.0%로 모두 α =.05 수준에서 유의하게 나타났다(인구통계학적 특성이 주요 변인들에 미치는 영향은 <부록 6>에 제시하였음).

분석1의 2단계는 일터영성(A)과 성과지향 조직문화(B)를 동시에 투입하였으며, 그 결과 일터영성이 직무동기에 미치는 영향은 β =.693(p<.001)이었고 성과지향적 조직문화가 직무동기에 미치는 영향은 유의하지 않았다. 이들 두 변인이 인구통계변수의 효과에 추가적으로 직무동기를 설명하는 증분설명량(ΔR^2)은 47.7%로 α =.001 수준에서 유의하였다. 마지막으로 3단계에서 일터영성과 성과지향 조직문화의 상호작용항(AXB)을 모형에 투입한 결과, 추가 증분설명량(ΔR^2)은 .003으로 통계적으로 유의하지 않았다. 이러한 결과는 일터영성이 직무동기에 미치는 영향은 성과지향 조직문화에 의해서 조절될 것이라는 가설 5-2a가 기각되었음을 의미하는 것이다.

표 5-16. 인구통계변수를 통제한 후, 일터영성과 성과지향 조직문화의 상호작용이 조직효과성에 미치는 영향에 대한 위계적 중다회귀분석 결과(N=507)

분석	종속변인	예측변인	β	R^2	ΔR^2	*Sig*
분석1	*일터영성*성과지향적 조직문화 → 직무동기*					
1단계	직무동기	인구통계		.027		.034
2단계	직무동기	일터영성(A)	.693***	.504	.477	.000
		성과지향 조직문화(B)	.058			
3단계	직무동기	일터영성*성과지향(AXB)	-.053	.507	.003	.104
분석2	*일터영성*성과지향 조직문화 → 조직몰입*					
1단계	조직몰입	인구통계		.033		.010
2단계	조직몰입	일터영성(A)	.533***	.400	.367	.000
		성과지향 조직문화(B)	.174***			
3단계	조직몰입	일터영성*성과지향(AXB)	-.043	.402	.002	.232
분석3	*일터영성*성과지향 조직문화 → 조직시민행동*					
1단계	조직시민행동	인구통계		.030		.019
2단계	조직시민행동	일터영성(A)	.646***	.504	.474	.000
		성과지향 조직문화(B)	.147***			
3단계	조직시민행동	일터영성*성과지향(AXB)	-.050	.506	.002	.116

+p<.10, *p<.05, **p<.01, ***p<.001

다음으로 분석2에서는 조직몰입을 종속변인으로 한 가설을 검증하였다. 1단계에서 인구통계변인을 통제한 후, 2단계는 일터영성(A)과 성과지향 조직문화(B)를 동시에 투입하였으며, 그 결과 일터영성이 조직몰입에 미치는 영향은 β=.533(p<.001)이었고 성과지향적 조직문화가 조직몰입에 미치는 영향은 β=.174(p<.001)로 모두 유의하였다. 이들 두 변인이 인구통계변인의 효과에 추가적으로 조직몰입을 설명하는 증분설명량(ΔR^2)은 36.7%로 α=.001 수준에서 유의하였다. 이러한 결과는 일터영성과 성과지향 조직문화 모두 조직몰입에 정적인 영향을 미치는 것으로 해석할 수 있다. 마지막으로 3단계에서

일터영성과 성과지향 조직문화의 상호작용항(AXB)을 모형에 투입했을 때 추가 증분설명량($\triangle R^2$)은 .002로 통계적으로 유의하지 않았으며, 이러한 결과는 일터영성이 조직몰입에 미치는 영향은 성과지향 조직문화에 의해서 조절될 것이라는 가설 5-2b가 기각되었음을 의미한다.

끝으로 분석3에서는 조직시민행동을 종속변인으로 하여 검증을 실시하였다. 1단계에서 인구통계변인을 통제한 후, 2단계는 일터영성(A)과 성과지향 조직문화(B)를 동시에 투입하였으며, 그 결과 일터영성이 조직시민행동에 미치는 영향은 β=.646(p<.001)이었고 성과지향적 조직문화가 조직시민행동에 미치는 영향은 β=.147(p<.001)로 모두 유의하였다. 이들 두 변인이 인구통계변인의 효과에 추가적으로 조직시민행동을 설명하는 증분설명량($\triangle R^2$)은 48.2%로 α=.001 수준에서 유의하였다. 이러한 결과는 일터영성과 성과지향 조직문화 모두 조직시민행동에 정적인 영향을 미치는 것으로 해석할 수 있다. 마지막으로 3단계에서 일터영성과 성과지향 조직문화의 상호작용항(AXB)을 모형에 투입했을 때 추가 증분설명량($\triangle R^2$)은 .002로 통계적으로 유의하지 않았다. 이러한 결과는 일터영성이 조직시민행동에 미치는 영향을 성과지향 조직문화가 조절할 것이라는 가설 5-2c가 기각되었음을 의미한다.

제5절 논의

연구에서 설정한 가설들을 검증하기 위해 위계적 회귀분석과 중다회귀분석을 통한 주효과 분석, 매개효과 분석, 조절효과 분석을 실시하였다. 본 연구에서 밝혀진 결과들과 그 의미를 살펴보면 다음과 같다.

첫째, 일터영성에 미치는 인구통계적 변인들의 효과에 대한 분석 결과, 성별, 종교 유무, 직위가 유의미한 영향을 미치는 것으로 나타났다. 이것은 여성이 남성에 비해, 종교를 가지고 있는 사람이 종교가 없는 사람에 비해, 그리고 직장에서 직위가 높을수록 일터영성이 높다는 것을 의미한다. 이러한 결과는 우리나라에서 일하는 여성들이 가정과 직장이라는 삶의 두 축을 충족시키기 위해서 스스로 더 강한 내면의식과 일에 대한 소명의식을 가지고 있다고 추론할 수 있다. 성별이 일터영성의 하위요인에 미치는 β 값을 보면, 내면의식(-.133), 소명의식(-.145), 초월의식(-.125) 세 요인에서 모두 유의도 α =.05 수준에서 유의하였으며, 여성이 남성보다 일터영성에 미치는 영향이 크다는 것으로 해석할 수 있다.

종교 유무가 일터영성에 영향을 미치는 결과를 보면, 종교를 가지고 있는 사람들이 그렇지 않은 사람들에 비해 내면의식(β =.326)과 소명의식(β =.102)에서 유의미한 차이를 보였으며, 공감의식, 공동체 의식, 초월의식에서는 차이를 보이지 않았다. 이것은 종교의 유무가 주로 일터영성의 내면적인 요소에 국한하여 영향을 미치는 것으로 해석할 수 있다. 또한, 인구통계 변인 중 직위도 일터영성에 유의미한 영향을 미치고 있는데, 세부적으로 보면 일터영성의 하위요인 중 공감의식(β =.200)과 공동체 의식(β =.237)에 영향을 미치고 있으며, 이는 직위가 높을수록 동료에 대한 공감의식이 높아지고, 조직에 대한 구성원으로서의 공동체 의식도 높다고 해석할 수 있다. 기타 인구통계변인인 연령, 경력, 학력은 일터영성에 영향을 미치지 못하였으며, 세부적으로 보면 그중 학력만이 공동체 의식(β =-.090, α =.046)에 가까스로 유의미한 영향을 미쳤다. 이는 학력이 낮을수록 조직공동체 구성원으로서의 지각을 더 한다고 볼 수 있지만, 종합적으로 볼 때, 연령의 높고 낮음, 경력의 많고 적음, 학력의 높고 낮음은 전반적인 일터영성 형성에 영향을 미치지 못하는 것으로 해석할 수 있다.

둘째로, 일터영성이 개인적 차원의 심리적 변인에 유의미한 영향을 미치는 것으로 나타났으며, 인구통계학적 변인들의 효과를 통제하고도 일터영성의 하위요인들에 의한 추가적인 설명변량은 매우 높았다. 이러한 결과는 일과 조직이라는 환경 속에서 역동적으로 형성되는 일터영성이 개인적 차원의 심리적 변인인 회복탄력성과 해석수준에 많은 영향을 미치고 있음을 보여준 것이다. 개인의 회복탄력성에는 일터영성의 5가지 하위요인들이 모두 유의미한 영향을 미치고 있으며, 인구통계변수를 제외한 추가적인 설명변량은 47.6%로 높게 나타나고 있다. 즉, 일터영성이 높은 사람은 일과 일상에서 직면하게 되는 다양한 스트레스로부터 빨리 회복되는 특성을 가진다고 해석할 수 있다. 또한, 해석수준에도 일터영성은 유의미한 영향을 미치는 것으로 나타났으며, 일터영성의 하위요인 중 동료에 대한 공감의식이 영향을 미치는 것으로 나타났다.

셋째로, 일터영성이 사회적 차원의 심리적 변인인 사회적 지지망(SSN)과 행복에 미치는 영향을 분석한 결과, 인구통계변인들의 효과를 통제하고도 모두 높은 설명변량을 보이고 있는 것으로 나타났다. 먼저 사회적 지지망에 영향을 미치는 인구통계적 특성은 없었으며, 일터영성의 하위요인 중 공감의식과 공동체 의식이 유의한 영향을 미쳤고, 총 설명변량은 26.5%를 보였다. 행복에 영향을 미치는 인구통계변인으로는 종교와 학력이 있었는데, 종교를 가지고 있고, 학력이 낮을수록 통계적으로 유의한 수준에서 삶을 행복하게 인지하는 것으로 나타났다. 이를 통제한 후 일터영성의 행복에 대한 추가 설명 변량은 35.2%로 높게 나타나고 있다. 이처럼 개인에게 있어 직장은 많은 시간을 보내는 사회적 준거집단이 되는 만큼, 조직에서 느끼는 공감의식과 구성원으로서의 공동체 의식의 자각이 사회적 지지망(SSN)과 행복지수에 긍정적인 영향을 미치고 있는 것으로 해석할 수 있는 것이다.

넷째로, 일터영성이 조직효과성 변인인 직무동기, 조직몰입, 조직시민행동에 정적인 영향을 미치는 것이 입증되었다. 먼저 일터영성이 직무동기에 미치는 설명력은 47.4%에 달하고 있으며, 구체적으로 보면 하위요인 중 소명의식과 공동체 의식, 초월의식이 유의미한 영향을 미치고 있는 것으로 나타났다. 다음으로 일터영성이 조직몰입에 미치는 설명력은 34.4%에 달하고 있으며, 하위요인 중 소명의식과 공동체 의식, 초월의식이 모두 $p<.001$로 영향을 미치고 있는 것으로 나타났다. 또한, 일터영성의 조직시민행동에 대한 설명력은 46.6%이며, 특히 하위요인 중 내면의식을 제외한 모든 요인이 $P<.001$로 유의한 영향을 미치는 것으로 나타났다. 이러한 결과는 기존에 산업 및 조직 영역에서 가장 많이 연구되었던 대표적인 조직효과성 변인들에 대하여 높은 설명력을 제공하는 새로운 선행변인들을 발굴하여 개념화하고, 실증하였다는 데 의의가 있다고 할 수 있다.

다섯째로, 조직의 메커니즘에서 많은 영향력을 미치고 있는 리더십이 조직효과성 변인들에 미치는 영향을 일터영성이 매개하는지에 대한 검증이 실시되었다는 것이다. 리더십의 유형으로는 변혁적 리더십과 거래적 리더십 두 가지를 채택하였으며, 분석결과, 일터영성은 변혁적 리더십이 직무동기, 조직몰입, 조직시민행동에 미치는 영향을 부분매개하고 있음이 밝혀졌다. 하지만 변혁적 리더십이 직무동기, 조직몰입, 조직시민행동에 미치는 직접효과는 간접효과(매개효과)에 의한 설명변량에 비해 매우 작은 것으로 나타나, 변혁적 리더십이 조직효과성 변인에 미치는 영향이 상당 부분 일터영성을 통해서 간접적으로 매개되고 있음을 보여주는 것이라 해석할 수 있다.

거래적 리더십의 매개분석에서 일터영성은 직무동기와 조직몰입에 미치는 거래적 리더십의 효과를 완전매개하고 있음을 보여주었다. 이것은 거래적 리더십이 가지고 있는 행동특성들이 직무동기와 조직몰입에 직접적인 영향을 미친다기보다 개인의 일터영성에 부적관계(-)를 형성함으로써 조직효과성에 간접적으로 부적인 영향을 주고 있다고 해석할 수 있다. 조직시민행동에 대해서는 일터영성이 부분매개를 하고 있으며, 거래적 리더십이 조직시민행동에 미치는 직접효과는 1.1% 수준으로 미비하지만, 부적(-)인 영향을 직접 미치고 있는 것으로 나타났다.

여섯째로, 일터영성과 조직문화의 상호작용에 대한 검증으로써, 일터영성이 조직효과성에 미치는 영향을 인간존중의 조직문화가 조절한다는 것이 입증되었다. 구체적으로, 인간존중 조직문화는 일터영성이 직무동기와 조직몰입, 조직시민행동에 미치는 영향을 조절하고 있음이 밝혀졌다. 일터영성이 높은 집단에서는 인간존중 조직문화의 고/저에 따른 종속변인(직무동기, 조직몰입, 조직시민행동)의 차이가 작았지만, 일터영성이 낮은 집단에서는 그 차이가 크게 나타났다. 특히 인간존중 조직문화가 높은 집단보다 낮은 집단에서 일터영성과의 상호작용 효과는 더 크게 나타나고 있음이 입증되었다. 하지만 성과지향적 조직문화는 일터영성이 조직효과성에 미치는 영향에 대한 상호작용 효과가 통계적으로 유의하지 않는 것으로 나타났다.

지난 10년간 진행되었던 일터영성 연구는 주로 조직효과성 측면에 제한적이었던 것이 사실이다. 하지만 시간 대부분을 직장에서 보내는 현대인들에게 있어 일터에서 형성된 개인의 내면적·외면적 영성은 일터를 떠나 개인의 일상적인 삶이나 사회적 차원에서 느끼는 심리적 요인들에도 영향을 미칠 수 있다는 것이 본 연구를 통해서 검증되었다는 데 의미가 있다. 또한, 일터영성이 리더십 특성에 따라 조직효과성에 미치는 영향을 매개하는 모델과 조직문화 차원에서 일터영성과 어떻게 상호작용하는지를 밝혀낸 것은 일터영성이 조직에서 작동하는 설명력이 크며, 더 포괄적일 수 있다는 것을 보여준 것으로써 이후 후속연구에 기여점이 있다 하겠다.

제6장

종합 논의

제1절 전체 요약

경영학에서 많은 학자와 연구자들(Barrett, 1998; Bolman & Deal, 1995; Briskin, 1996; Harman, 1992; Sanford, 1992; Thompson, J. W, 1992)은 오늘날 변화하는 경영환경을 '패러다임의 전환'이라고 명명하며, 직장에서의 가치와 신념, 그리고 지금까지의 해결책들이 바뀌어야 한다고 주장하고 있다. 또한, 기존의 문제해결방법은 더 이상 21세기 조직에서는 유효하지 않으며, 조직운영에 대한 전체론적인 접근이 필요하다고 역설하고 있다(Ashar & Lane-Maher, 2004). 일터영성은 지난 10년간 새로운 대안으로 자리매김하기 위하여 지속적인 연구들이 시도되었지만, 여전히 포괄적 모델을 제안할 수 있는 수준의 실증연구는 이루어지지 않았다.

본 연구는 첫째, 일터영성의 개념을 포괄적으로 정립하고 척도를 개발하는 것과 둘째, 개인적 차원과 사회적 차원의 심리적 변인들에 대한 영향을 검증하고, 셋째, 조직효과성에 대한 검증과 리더십 차원, 조직문화 차원의 매개·조절효과를 검증함으로써 일터영성의 포괄적인 모델을 제안하기 위해 실시되었다.

실증 연구에 앞서, 먼저 일터영성을 과학적인 영역에서 다루기 위해 실존주의와 인본주의 심리학을 중점으로 철학적 고찰을 하였으며, 다음으로 일터영성을 종교로부터 구획 짓기 위한 접근을 시도하였다. 또한, 2000년부터 2010년까지 종적 data 분석을 통하여 국내・외의 연구동향을 분석하였으며, 최근 수년간 빠른 속도로 일터영성 연구가 증가하고 있는 것을 확인하였다.

먼저 연구 1에서는 일터영성에 대한 포괄적 개념을 정립하고, 자신에 대한 내면의식, 일에 대한 소명의식, 동료에 대한 공감의식, 조직에 대한 공동체 의식, 자신을 넘어서는 초월의식의 5개 하위차원에 대한 구성개념을 확립하였으며, 이에 대한 측정문항을 탐색하였다.

연구 2에서는 앞에서 개발된 일터영성척도(WSI)의 구조를 확인하는 확인적 요인분석을 실시하여 모형의 타당도를 확인하였으며, 5개 하위요인이 상위차원인 일터영성에 잘 수렴되는지를 2차 요인분석(second-order factor analysis)을 통해 검증하였다. 또한, 산업 및 조직 영역에서 많이 다뤄지고 있는 주관적 안녕감, 직장생활의 질, 일가치감 등 유사개념들과 변별되는지에 대한 타당화 분석을 실시하였다. 이를 통하여 일터영성이 기존의 개념들과 충분히 변별되는 새로운 개념의 준거변수로서의 가능성을 확인하였다.

연구 3에서는 먼저 일터영성이 개인적 차원의 심리적 변인인 회복탄력성과 해석수준에 미치는 영향을 확인하였으며, 다음으로 사회적 차원의 심리적 변인인 사회적 지지망과 행복에 미치는 영향을 검증하였다. 이를 통하여 일과 조직이라는 환경 안에서 삶의 의미와 목적을 추구하고 더 나은 존재가치를 실현하고자 하는 일터영성의 심리적 의식상태는 직장이라는 울타리를 넘어 개인의 삶과 사회적 차원의 심리적 속성에까지 깊은 영향을 미칠 수 있음을 밝혔다는 것에 그 의미가 있다.

셋째로, 일터영성이 대표적 조직효과성 변인들로 채택된 직무동기, 조직몰입, 조직시민행동에 미치는 영향을 검증함으로써, 일터영성이 조직효과성에 영향을 미치는 중요한 선행변인으로서의 가능성을 확인하였다는 점에서 의의가 있다.

넷째로, 리더십 특성이 조직효과성에 미치는 영향을 개인차원의 심리적 의식상태인 일터영성이 어떻게 매개하는지를 검증하였다. 검증결과 변혁적 리더십이 직무동기, 조직몰입, 조직시민행동에 미치는 영향을 일터영성이 모두 부분매개하는 것으로 나타났으며, 일터영성을 매개로 종속변인에 영향을 미치는 간접효과가 월등히 크게 나타남으로써 일터영성이 매개변인으로서의 파워를 입증하였다. 또한, 거래적 리더십이 직무동기와 조직몰입에 미치는 영향에 대해서 일터영성은 완전매개를 하고 있으며, 조직시민행동에 미치는 영향에 대해서는 부분매개를 하고 있음이 검증되었다. 끝으로, 일터영성이 조직효과성 변인들에 미치는 영향이 조직문화와 상호작용하는지를 검증하였다. 검증결과 직무동기와 조직몰입, 조직시민행동에 미치는 영향을 인간존중 조직문화가 유의하게 조절하고 있는 것으로 나타났으며, 성과지향 조직문화에서는 조절효과가 통계적으로 유의하지 않았다.

이러한 연구결과들을 좀 더 세부적으로 구분하여 논의하면 다음과 같다.

제2절 일터영성의 개념화 및 척도개발(연구 1)에 대한 논의

본 연구의 첫 번째 시사점은 새로운 준거로서의 일터영성에 대한 포괄적 개념 정립이다. 본 연구에서 일터영성의 조작적 정의는 "일과 조직이라는 환경 속에서 개인의 삶의 의미와 목적을 찾고 더 나은 존재적 가치를 실현하려는 인간의 본연적·심리적 의식상태이며, 전체적이고 통합적인 과정"이다. 또한, 지금까지의 연구 결과들을 종합적으로 분석하고 탐색하는 과정을 거쳐, 본 연구에서는 개인의 내면의식에서부터 일터에서 경험하는 초월성까지를 포괄하는 5개 차원 23문항으로 구성된 일터영성척도(WSI)를 개발하였다.

5가지 차원의 개념은 먼저 자신의 존재적 가치와 정체성에 기반을 둔 '자신에 대한 내면의식'(a sense of inner life), 둘째, 일을 통해서 삶의 의미와 목적을 발견하는 '일에 대한 소명의식'(a sense of calling), 셋째, 동료 및 상하 간의 관계에서 상대를 헤아리고 고통을 공유할 수 있는 '타인에 대한 공감의식'(a sense of empathy), 넷째, 조직과 사회의 한 구성원으로서 서로 연결되어 있으며 함께하고 있다는 '조직에 대한 공동체 의식'(a sense of community), 다섯째, 이를 통해 자연스럽게 일과 환경 속에 몰입되어 자신(ego)을 초월한 경험감을 갖는 '초월의식'(a sense of transcendence)의 5가지 하위차원으로 구성되어 있다.

연구 1의 결과는 연구자가 개념화한 좀 더 포괄적이고 체계적인 일터영성을 측정할 수 있는 척도를 개발하였다는 점과 이를 통해서 앞으로 일터영성의 실증연구 확대에 기여할 수 있다는 점에서 의의가 있다 하겠다.

제3절 일터영성의 타당화 연구(연구 2)에 대한 논의

본 연구의 목적은 연구 1에서 개념화하고 제안한 일터영성척도(WSI)를 확인적 요인분석을 통하여 5요인 모델을 검증하는 교차타당화를 실시하고, 5개 하위차원의 요인들이 일터영성이라는 상위요인으로 잘 수렴하는지에 대하여 2차 요인분석을 검증하는 것이다. 또한, 최근 산업 및 조직심리학 영역에서 많이 논의되고 있는 주관적 안녕감(SWB), 직장생활의 질(QWL), 일가치감(PVW)의 유사개념들과 잘 변별되는지 구성개념 간 변별타당도를 입증하는 데 있다.

일터영성의 5요인 모델에 대한 확인적 요인분석 결과, 자신에 대한 내면의식, 일에 대한 소명의식, 동료에 대한 공감의식, 조직에 대한 공동체 의식, 자신을 넘어서는 초월의식이 서로 잘 분별되는 개념으로 나타났으며, 전체적인 모형적합도도 우수한 것으로 확인되었다. 이어 실시한 2차 요인분석에서 5개 하위차원의 요인들이 상위요인인 일터영성으로 잘 수렴하고 있음이 모형검증을 통해 확인되었다.

유사개념들과의 관계를 분석한 결과 일터영성은 주관적 안녕감, 직장생활의 질, 일가치감과 r=.513에서 r=.704까지 비교적 높은 상관을 보이고 있는 것으로 나타났으며, 따라서 서로 다른 구성개념인지를 파악하기 위해 일터영성의 하위요인들과 유사개념들의 하위요인들을 하나의 요인으로 설정한 1요인 모형과, 일터영성과 유사개념을 다른 구성개념으로 구분한 2요인 모형에 대한 전반적 합치도 지수를 측정한 결과, 세 가지 유사개념 모두에서 2요인 모형이 1요인 모형에 비해 우수한 모델이라는 것이 확인되었다. 이는 일터영성과 주관적 안녕감, 직장생활의 질, 일가치감이 서로 다른 개념으로서 변별력을 가진다고 할 수 있다.

연구 2의 결과는 일터영성척도의 타당화 작업을 통하여 향후 진행될 일터영성 연구들이 가속화할 수 있는데 기여할 수 있다는 점이고, 유사개념들과는 다른 새로운 준거로써 산업 및 조직 연구영역에서 일터영성 연구의 가능성을 열었다는 점에서 그 의의가 있다 하겠다.

제4절 일터영성이 조직효과성에 미치는 영향: 리더십에 대한 매개효과 및 조직문화에 대한 조절효과를 중심으로 (연구 3)에 대한 논의

본 연구의 첫 번째 시사점은 일터영성과 개인적·사회적 차원의 심리적 변인들과의 관계를 실증하였다는 점이다. 지금까지의 일터영성 연구들이 조직효과성 차원에서만 제한적으로 접근하였던 것을 넘어, 회복탄력성, 해석수준, 사회적 지지망, 행복지수 등 개인적·사회적 차원의 심리적 변인들을 고찰함으로써 일과 직장에서 형성된 일터영성이 개인의 삶과 주변에 영향을 미치는지를 검증하였다. 분석결과, 일터에서 역동적으로 형성되는 개인의 심리적 의식상태인 일터영성은 개인적 차원의 심리적 변인인 회복탄력성과 해석수준에 직접적인 영향을 미치고 있음이 확인되었으며, 또한 사회적 차원이 심리적 변인인 사회적 지지망과 행복지수에도 많은 영향을 미치고 있음이 밝혀졌다. 이는 개인에게 있어 많은 시간을 보내는 직장이 사회적 준거집단이 되는 만큼, 조직에서 느끼는 공감의식과 구성원으로서의 공동체 의식의 자각이 사회적 지지망과 행복지수에 긍정적인 영향을 미치고 있는 것으로 해석할 수 있다. 오늘날의 사회는 시간과 공간의 개념이 과거와 달리 역동적이며, 서로 얽힌 구조여서 일과 직장 그리고 삶의 여러 부분을 동시에 검증하는 이러한 포괄적인 접근은 의미하는 바가 크다 하겠다.

두 번째 시사점은 본 연구를 통해 밝혀진 대표적인 조직효과성 변수인 직무동기, 조직몰입, 조직시민행동에 미치는 일터영성의 영향력이다. 인구통계학적 변인들을 통제하고, 일터영성이 직무동기에 미치는 추가적인 설명변량은 47.4%이며, 조직몰입에 미치는 추가적인 설명변량은 34.4%, 조직시민행동에 미치는 추가적인 설명변량은 46.6%로 확인되었다. 따라서 향후 산업 및 조직영역의 다양한 연구에서 일터영성은 새로운 준거변수로서 적극적으로 고려되어야 할 것으로 판단된다.

세 번째 시사점은 일터영성이 리더십 변인들의 조직효과성에 미치는 영향을 매개하는지 검증했다는 점이다. 리더십이 조직효과성에 미치는 영향을 고려할 때 그간 일터영성 연구에서 리더십 유형과의 매개 모델을 검증하지 않았다는 점에서 볼 때, 본 매개 연구는 일터영성 연구를 일 진보시켰다고 볼 수 있다. 분석결과, 일터영성은 변혁적 리더십이 직무동기, 조직몰입, 조직시민행동에 미치는 영향을 부분매개하고 있음이 밝혀졌다. 하지만 변혁적 리더십의 직접효과는 간접효과(매개효과)에 의한 설명변량보다 매우 작은 것으로 나타나, 일터영성이 변혁적 리더십의 조직효과성 변인에 미치는 영향을 잘 매개하고 있음을 보여주는 것이라 해석할 수 있다. 거래적 리더십의 매개분석에서 일터영성은 직무동기와 조직몰입에 미치는 거래적 리더십의 효과를 완전매개하고 있음을 보여주었다. 이는 거래적 리더십이 직무동기와 조직몰입에 직접적인 영향을 미치기보다는 일터영성과 부적 관계(-)를 형성함으로써 간접적으로 영향을 미치고 있음이 밝혀졌다.

네 번째 시사점은 일터영성과 조직문화의 상호작용에 대한 검증이 이루어졌다는 것이다. 분석결과, 인간존중 조직문화는 일터영성이 직무동기, 조직몰입, 조직시민행동에 미치는 영향을 조절하고 있음이 밝혀졌으며, 일터영성이 높은 집단에서는 인간존중 조직문화의 고/저에 따른 종속변인(직무동기, 직무동기, 조직시민행동)의 차이가 작았지만, 일터영성이 낮은 집단에서는 그 차이가 크게 나타났다. 하지만 일터영성이 조직효과성 변인에 미치는 영향에 대한 성과지향 조직문화의 조절효과는 통계적으로 유의하지 않았다.

본 연구는 지난 10년간 조직효과성 측면에서 제한적으로 진행되었던 일터영성 연구에 개인적·사회적 차원의 심리적 변인들에 미치는 영향과 리더십 차원의 매개효과 검증, 조직문화 차원의 조절효과 검증을 통한 종합적인 모델을 제시함으로써 향후 일터영성 연구가 산업 및 조직의 맥락에서 기존의 준거이론들과 함께 연구 주제로서 적극적으로 고려되고, 또한 대안을 제시할 수 있는 가능성을 제시하였다는 점에서 그 의의가 있다고 볼 수 있다.

제5절 연구의 제한점 및 추후 연구를 위한 제안

본 연구의 제한점으로는 먼저 연구의 조사대상 선정의 제약을 들 수 있다. 본 연구에서는 12개 기업에 근무하는 532명의 사무직 종사자를 대상으로 취합한 자료를 가지고 분석을 실시하였다. 샘플 수집은 각 기업의 HRD에서 제공하는 교육프로그램에 참여하는 인원들에게서 취합한 것인데, 참여자들의 대부분은 사무직 종사자들이었다.

따라서 이번 연구에서 생산직 근로자들은 연구 대상에서 제외되었으며, 일터영성의 일반화 가능성을 위해서는 설계단계에서부터 생산직과 사무직 종사자들을 포괄할 수 있는 자료수집방법을 강구하고, 더 나아가 산업 간 혹은 직군 간 차이를 검증하는 연구 설계가 고려되어야 할 것이다.

다음으로 본 연구 1의 목적이 지난 10년간 진행되어 온 일터영성 연구들을 문헌적 분석 등을 바탕으로 추가적인 연구를 통하여 포괄적인 개념적 정의와 구성차원을 밝히고, 이에 맞는 일터영성척도를 개발하는 것이었다. 따라서 기존 선행연구들에서 간과할 수 있었던 요인들을 찾기 위한 심층면접 등 탐색적 선행연구가 이루어지지 않았다는 한계를 가지고 있다. 이러한 한계는 동시에 주로 서양에서 이루어진 일터영성 연구가 한국의 조직 환경에서도 같은 맥락으로 메타포를 형성하고 있을지에 대한 검증이 추가적으로 이루어져야 할 필요성을 수반하고 있다.

셋째로, 본 연구는 특정시점에서 일괄적으로 이루어진 횡단(cross-sectional) 연구로 설계된 만큼 상황적 특성에 따른 오염효과를 충분히 배제할 수 없다는 한계를 가지고 있다. 일터영성이 일과 조직이라는 역동적인 환경 속에서 어떻게 형성되는지 그 메커니즘을 확인하기 위해서는 조사시점을 달리한 종단(longitudinal) 연구 설계가 필요하다고 여겨진다.

넷째로, 본 연구에서 사용된 조직효과성과 리더십 차원, 조직문화 차원의 자료들이 동일인의 설문응답으로 측정되었다. 따라서 동일방법사용의 문제(common method variance problem)에 의한 체계적인 오류가 내포될 수 있는 한계를 가지고 있다. 또한, 직무동기, 조직몰입, 조직시민행동과 같은 조직효과성 변인들에 대하여 자기보고방식을 통해 측정한 결과는 자기고양 오류(self-serving bias) 가능성을 내포하고 있다. 따라서 향후 연구에서는 상사 혹은 주변 동료들을 통한 측정이 이루어지도록 하는 등의 조처를 함으로써 이러한 문제들을 해결할 필요가 있다.

다섯째로, 일터영성의 5가지 하위차원 중에서 '자신에 대한 내면의식'이 다른 요인들과 상관(r)은 모두 α =.01 수준에서 유의하였음에도 불구하고, 조직효과성 변수로 채택한 직무동기, 조직몰입, 조직시민행동에는 유의한 영향을 미치지 못했다. 이것은 자신의 존재적 가치와 정체성에 기반을 둔 '자신에 대한 내면의식'이 일터영성의 중요한 요인임이 확인적 분석을 통해서 검증되었음을 전제할 때, 위에서 채택한 3개변인 외 어떤 변인에 영향을 미치는지 추가적으로 탐색해 보아야 할 문제로 남았다.

여섯째로 일터영성과 종교적 영성 간의 구성개념 타당도를 확인하는 데 있어, 표집자료로 전집자료를 추정할 때의 오차를 나타내는 지수인 RMSEA값이 .133으로, Brown & Cudeck(1983)이 제시한 좋은 적합도 기준인 .08에 미치지 못한 것은 문항 설계 시 추가 연구의 목적으로 채택한 종교적 영성척도(조혜리, 2006)의 타당도와 설문지 구성에 한계가 있었던 것으로 해석된다. 좀 더 자세히 살펴보면, 첫째, 종교적 영성은 종교의 종류와 상관없이 신에 대한 보편적 믿음을 특징으로 하는데, 종교의 종류를 더미 변수로 전환하여 분석한 결과 본 척도에서는 기독교(β =.832), 가톨릭(β =.601), 불교(β =.227) 간 큰 차이를 나타냄으로써, 척도의 타당성에 대한 추가적인 연구의 필요성이 제기되며, 둘째, 종교가 신에 대한 보편적 믿음을 전제할 때, 모든 응답자에게 종교적 영성에 대한 설문에 응답하도록 해야 했음에도 불구하고, 본 연구에서는 종교를 가지고 있다고 응답한 사람만 종교적 영성 항목에 응답하도록 했었다는 점이다.

향후 연구방향과 관련하여, 첫 번째는 본 연구에서 확인한 일터영성의 5가지 구성차원 이외 한국의 사회적·문화적 특성에서 기인한 추가적인 요인들이 있을 수 있으며, 따라서 향후 연구에서는 탐색적 단계에서 심층면접과 같은 질적 연구방법을 더하여 그 가능성에 대해서 살펴볼 필요가 있을 것이다. 아울러 지금까지의 일터영성 연구에서는 다뤄지지 않은 생산현장과 사무직 종사자들 간 일터영성의 차이나 직종이나 직군 간의 차이에 대한 연구도 후속연구에서 진행되어야 할 부분이다.

두 번째는 일터영성과 추가적인 조직효과성 변인들과의 관련성에 대한 연구의 필요성이다. 앞에서도 언급했듯이, 일터영성의 하위요인 중 '자신에 대한 내면의식'은 본 연구에서 채택한 3개의 변인들(직무동기, 조직몰입, 조직시민행동)에 유의하게 영향을 나타내지 않았다. 따라서 어떠한 변인들과 관계를 하고 있는지 후속연구에서 다루어져야 할 것이다.

세 번째는 일터영성 형성에 영향을 주는 개인의 성격특성 요인이나 환경적 특성요인들을 탐색하여 선행요인을 탐색하는 연구가 이루어진다면 일터영성 연구를 진일보시키는데 기여할 것이다. 본 연구에서는 리더십 특성으로 변혁적 리더십과 거래적 리더십을 일터영성이 어떻게 매개하는지를 검증했지만, 향후 연구에서는 최근에 연구가 시작된 영성리더십 등이 개인의 일터영성을 고양시킬 수 있는지도 연계하여 연구해볼 주제이다.

네 번째는, 일터영성의 육성 관점이다. 본 연구에서 확인되었듯이, 일터영성은 일과 조직이라는 환경 속에서 더 나은 존재가치를 실현하고자 하는 본연적・심리적 의식상태로써 개인적 차원의 심리적 변인들과 사회적 차원의 심리적 변인들에 많은 영향을 미치는 것으로 나타났다. 높은 일터영성의 소유자는 더 큰 회복탄력성을 가지고 주위에서 일어나는 현상들에 대해 긴 안목으로 접근하며 상위개념의 해석을 하는 경향이 있다. 또한, 더 강한 사회적 지지망(SSN)을 가지고 행복한 삶을 살고 있다고 지각한다. 따라서 조직구성원의 일터영성을 고양시키는 것은 조직의 효과성 차원에서뿐만 아니라 개인의 삶 속에서 존재적 가치를 실현하며, 삶을 더욱 의미 있고 풍부하게 만드는 일일 것이다. 본 연구의 결과물들이 이러한 일터영성을 고양시킬 수 있는 체계적인 훈련프로그램 연구에 좋은 밑거름이 되길 희망한다.

참고문헌

김동배(2006), 「성과주의 임금의 도입실태와 시사점」, 한국노동연구원.

서용원(1995), 「조직관리의 변화방향: 인본적 가치를 중심으로」, 한국심리학회 산하.

산업 및 조직심리학회 『추계 학술발표논문집』, 9-16.

서용원(1998), 「산업 및 조직심리학회에서의 비교문화연구」, 『한국심리학회 동계연구 세미나: 심리학에서의 비교문화 연구』, 165-185.

서용원 · 오동근 · 이영석 · 김명언(2004), 「일가치감 및 그 결정요인의 척도개발 및 타당화」, 『산업심리학회지: 산업 및 조직』, Vol. 17, No. 2, 187-221.

서은국 · 구재선(2011), 「단축형 행복 척도(COMOSWB) 개발 및 타당화」, 『한국심리학회지: 사회 및 성격』, Vol. 25, No. 1, 95-113.

오동근(2004), 「일가치감이 직무효과성에 미치는 영향」, 『산업심리학회지: 산업 및 조직』, Vol.17, No.3, 375-399.

유규창 · 서재현 · 김종인(2010), 「Workplace Spirituality의 개념적 정의와 모델」, 『인사 · 조직연구』, 제18권 4호, 153-199.

이순묵(2000), 『요인분석의 기초』. 서울: 교육과학사.

이영석 · 오동근(2004), 「성과주의 문화의 결정요인과 그 효과에 관한 연구」, 한국 인사관리학회 춘계국제학술대회.

정홍식(2007), 「성과주의 문화가 팀워크에 미치는 영향: 절차공정성의 조절효과」, 성균관대학교 석사학위 논문.

황농문(2007), 『몰입: 인생을 바꾸는 자기 혁명』, 랜덤하우스코리아, 170-172.

한국정신문화 연구원(1999), 『한국 민족 문화 대백과 사전』.

허갑수(2010), 「Workplace Spirituality And Its Relationship To Leadership-A Literary Review And Critique」, 『인적자원관리연구』, 제17권 제1호, 한국인적자원관리학회, 329-336.

Aburdene, P. (2005). *Megatrends 2010: The Rise of Conscious Capitalism;* Hampton Roads Publishing; First edition (September 13, 2005).

Adrian, F. (2003). Ethics At Work: Money, Spirituality, and Happiness. *In Handbook of workplace spirituality and organizational performance*, ed. R. A. Giacalone and C. L. Jurkiewicz, 257-76. Armonk, NY: M.E. Sharpe.

Aiken, L. S. & West, S. G. (1991). *Multiple Regression: Testing and Interpreting Interactions*. Newbury Park, CA: Sage Publications.

Aldag, R. J. & Brief, A. P. (1977). Age, work values and employee reactions. *Industrial Gerontology*, 4, 192-197.

Alderfer, C. P. (1972). *Existence, relatedness, and growth: Human in organizational settings*. New York: The Free Press.

Ali, A. J. & Falcone, T. (1995). Work Ethic in the USA and Canada. *Journal of Management Development* 14, No. 6, 26-33.

Allport, G. W. (1950). *The individual and his religion*. New York: Macmillan.

Allport, G. W., Vernon, P. E., & Lindsey, G. (1951). *Study of values: Manual of directions*. Houghton Mifflin, Boston.

Allport, G. W. (1955). *Becoming.* New Haven: Yale Univ. Press.

Allport, G. W. (1960). *The individual and his religion*. New York: Macmillan.

Anderson, C. (1997). Values-based management. *Academy of Management Executive,* 11(4), 25-46.

Andrew, F. M. & Withey, S. B. (1976). *Social Indicators of Well-being*. New York: Plenum Press.

Aneshensel, C. S. & Stone, J. D. (1982). Stress and Depression-A Test of the Buffering Model of Social support. *Arch Gen Psychiatry*, Vol. 39, 1392-96.

Antonucci, T. C. (1986). Measuring social support networks: Hierarchical mapping technique. *Generations*, 3, 10-12.

Ashforth, B. E. & Humphrey, R. (1995). Emotion in the workplace: A Reappraisal. *Human Relations*, 48, 97-124.

Ashforth, B. E. & Pratt, M. G. (2003). Institutionalized Spirituality: An Oxymoron?. In *Handbook of workplace spirituality and organizational performance*, ed. R. A. Giacalone and C. L. Jurkiewicz, 93-107. Armonk, NY: M. E. Sharpe.

Ashar, H. & Lane-Maher, M. (2004). Success and Spirituality in the New Business Paradigm. *Journal of Management Inquiry*, 13: 249.

Ashmos, D. P. & Duchon, D. (2000). Spirituality at work: A conceptualisation and measure. *Journal of Management Inquiry*, 9(2), 134-145.

Avolio, B. J., Waldman, D. A., & Einstein, W. O. (1998) Transformational leadership in a management game simulation. *Group and Organizational Studies*, 13, 59-80.

Baron, R. & Kenny, D. (1986). The moderator-mediator variable distinction in social psycho-logical research: Conceptual, strategic, and statistical considerations. *Journal of Personality and Social Psychology*, Vol. 51, No. 6, 1173-1182.

Barrett, R. (1998). *Liberating the corporate soul*. Boston: Butterworth-Heinemann.

Bass, B. M. (1985). *Leadership and performance beyond exception*. NY: The Free Press.

Bass, B. M. (1997). Does the transactional transformational paradigm transcend organizational and national boundaries?. *American Psychologist*, 52, 130-139.

Bass, B. M. (1998). *Transformational leadership: Industrial, military, and educational impact*. Mahwah, NJ: Erlbaum.

Bass, B. M. & Avolio, B. (1990). *Transformational leadership development: manual for the Multifactor Leadership Questionnaire.* Palo Alto, CA: Consulting Psychologist Press.

Bateman, T. S. & Organ, D. W. (1983). Job satisfaction and the good soldier: The relationship between affect and employee citizenship. *Academy of Management Journal*, 28, 587-595.

Baumeister, R. F. & Leary, M. R. (1995). The need to belong: Desire for interpersonal attachments as a fundamental human motivation. *Psychological Bulletin*, 117, 497-529.

Baumeister, R. F. & Vohs, K. D. (2005). The pursuit of meaningfulness in life. In C. R. Synder & S. J. Lopez (Eds.), *Handbook of Positive Psychology*, 608-618. New York: Oxford University Press.

Becker, H. S. (1960). Notes on the Concept of Commitment. *American Journal of Sociology*, Vol. 66, 32-42.

Bell, D., Dill, D., & Burr, R. (1991). Children's network orientations. *Journal of Community Psychology*, 19, 362-372.

Benard, B. (1993). Fostering resiliency in kids. *Educational Leadership*, 51, 3, 44-48.

Berkman, L. F. & Syme, L. (1979). Social networks, host resistance, and mortality: A nine year follow-up study of Alameda county residents, *American Journal of Epidemiology*, Vol. 109, No. 2, 186-204.

Beutler, L. E. & Clarkin, J. (1990). *Systematic treatment selection: To-ward targeted therapeutic interventions*. New York: Brunner/Mazel.

Beyer, J. M. (1999). Culture, meaning and belonging at work. *Paper presented at the Fifty-Eighth Annual Meeting of the Academy of Management.* Chicago, IL.

Bolman, L. G. & Deal, T. E. (1995). *Leading with soul.* San Francisco, CA: Jossey-Bass.

Bradburn, N. M. (1969). *The structure of psychological well-being*. Chicago. Aldine.

Briskin, A. (1996). *The stirring of soul in the workplace*. San Francisco: Jossey-Bass.

Brandt, E. (1996). Corporate pioneers explore spirituality peace. *HR Magazine,* Vol. 41, No. 4, 82-7.

Brief, A. P., Butcher, A. H., & Roberson, L. (1995). Cookies, disposition and job attitudes: The effects of positive mood-inducing events and negative affectivity on job satisfaction in a field experiment. *Organization Behavior and Human Decision Processes,* 62(1), 55-62.

Buber, M. (1970). *I and Thou (W. Kaufmann, Trans).* New York: Touchstone.

Buchanan, B. (1974). Building organizational commitment: The socialization of managers in work organization. *Administrative Science Quarterly,* 19, 533-548.

Bugental, J. F. T. (1967). *Challenge of Humanistic Psychology.* NY: McGraw-Hill Book company.

Burns, J. M. (1978). *Leadership.* New York: Harper & Row.

Cacioppe, R. (2000). Creating spirit at work: re-visioning organization development and leadership. *The Leadership & Organization Development* Journal 21/1 [2000] 48-54.

Cameron, J. & Pierce, W. D. (1994). Reinforcement, Reward and Intrinsic Motivation: A Meta-Analysis. *Review of Educational Research*, 64(1), 363-423.

Campbell, A., Converse, P. E., & Rogers, W. L. (1976). *The Quality of American Life: Perceptions, Evaluations, and Satisfactions.* New York, Russell Sage.

Campbell, D. T. & Pritchard, R. D. (1976). Motivation Theory in Industrial and Organizational Psychology. Handbook of Industrial and Organizational Psychology. Chicago, IL: Rand McNally.

Campbell, J. D. (1990). Self-esteem and clarity of the self-concept. *Journal of Personality and Social Psychology,* 59, 583-549.

Campbell, J. D. & Lavallee, L. F. (1993). Who am I?; The role of self-concept confusion in understanding the behavior of people with low self-esteem. In R. F. Baumeister(Ed.). Self-esteem; *The puzzle of low self-regards.* 3-20. New York: Plenum.

Campbell, J. D., Trapnell, P. D., Heine, S. J., Kartz, I. M., Lavallee, L. F., & Lehmann, D. R. (1996). Self-concept Clarity: measurement, personality correlates, and cultural boundaries. *Journal of Personality and Social Psychology*, 70, 141-156.

Campbell, J. P. (1990). Modeling the performance prediction problem in industrial and organizational psychology. In M. D. Dunnette & L. M. Hough (Eds.), *Handbook of industrial and organizational psychology* (2nd ed., Vol. 1, 687-732). Palo Alto, CA: Consulting Psychologists press.

Campbell, J. P. (1994). Alternative models of job performance and their implications for selection and classification. In M. G. Rumsey, C. B. Walker, & J. H. Harris (Eds.), *Personnel selection and classification* (33-51). Hillsdale, NJ: Erlbaum.

Cantril, H. (1965). *The pattern of human concern.* New Brunswick, NJ, Rutgers University Press.

Caplan, G. (1974). *Support System and Community Mental Health.* New York: Behavioral Publications.

Carrette, J. & King, R. (2005). *Selling spirituality: The Silent takeover of religion.* Abingdon, Oxfordshire Routledge.

Cash, K. C. & Gray, G. R. (2000). A Framework for Accommodating Religion and Spirituality in the Workplace. *Academy of Management Executive,* 14, No. 3, 124-134.

Chapman, R. (1992). *Roget's thesaurus.* New York: Harper Collins.

Chernce, A. (1975). Perspective on the Quality Working Life, *Journal of Occupational Psychology*, Vol. 48.

Chusmir, L. H. (1982). Job commitment and the organizational woman, *Academy of Management Review*, 794, 595-602.

Ciancutti, A. & Steding, T. (2000). *Trust fund. Business 2.0*, 105-116.

Cloninger, C. R., Svrakic, D. M., & Przybeck, T. R. (1993). A psychobiological model of temperament and character. Archives of General Psychiatry, 50, 975-990.

Cobb, S. (1976). Social support as a moderator of life stress. *Psychosomatic*

Medicine, Vol. 38, No. 5, 300-314.

Cohen, S. & Wills, T. A. (1985). Stress, social support and the buffering hypothesis. *Psychological Bulletin,* Vol. 98, 310-357.

Conger, J. A. (1994). Spirit at Work: Discovering the Spirituality in Leadership. San Francisco: Jossey-Bass.

Cook, J. & Wall, T. (1980). New work attitude measures of trust organizational commitment and personal need nonfulfillment. *Journal of Occupational Psychology,* 53, 39-52.

Cooper-Hakim, A. & Viswesvaran, C. (2005). The construct of work commitment: Testing an integrative framework. *Psychological Bulletin*, 131, 241-259.

Costello, A. B. & Osborne, J. W. (2005). Best Practices in Exploratory Factor Analysis: Four Recommendations for Getting the Most From Your Analysis. Practical Assessment, Research & Evaluation, 10(7): 1-9.

Crumbaugh, J. (1968). Cross-Validation of Purpose in Life Test, *Journal of Individual Psychology,* 24, 74-81.

Crumbaugh, J. C. & Maholick, L. T. (1964). An Experimental study in existentialism: The psychometric approach to Frankl's concept of noogenic neurosis. *Journal of Clinical Psychology,* 20, 200-207.

Csikszentmihalyi, M. (1990). *Flow: The psychology of optimal experience.* New York: Harper & Row.

Daniels, M. (2001). *Maslows's concept of self-actualization*. Retrieved February 2004.

Deal, T. & Kennedy, A. (1982). *Corporate Cultures Reading*, MA: Addison-Wesley.

Dean, A. & Lin, N. (1977). The Stress-Buffering Role of Perceived Social Support. *Journal of Nervous and Mental Disease,* Vol. 165, No. 5, 413-417.

Deci, E. L. (1971). Effects of externally mediated rewards on intrinsic motivation. *Journal of Personality and Social Psychology*, 18, 105-115.

Deci, E. L. (1975). Notes on The Theory and Meta theory of Intrinsic Motivation. *Organizational Behavior and Human Performance*, 15(1), 130-145.

Deci, E. L. & Ryan, R. M. (1991). A motivational approach to self: Integration in personality. In R. Dienstbier (Ed). *Nebraska symposium on motivation*, Vol. 38. Perspectives on motivation (237-288). Lincoln: University of Nebraska Press.

Decotiis, T. A. & Summers, T. P. (1987). A path analysis of a model of the antecedents and consequences of organizational commitment. *Human*

Relations, 40, 445-470.

Denison, D. R. & Mishra, A. K. (1995). Toward a theory of organizational culture and effectiveness. *Organization Science*, 6, 204-223.

Deutsch, M. (1949). An experimental study of the effects of cooperation and competition upon group processes. *Human Relations*, 2, 199-231.

Deutsch, M. (1973). *The Resolution of Conflict.* Yale, New Haven.

Deutsch, M. (1980). Over fifty years of conflict research. In: Festinger, L. (Ed.) *Four Decades of Social Psychology.* Oxford University press, New York, 46-77.

Dewey, J. (1934). *A common faith.* New Haven: Yale University Press.

Diener, E. (1984) Subjective well-being. *Psychological Bulletin*, 95, 542-575.

Diener, E. (1994) Assessing subjective well-being: Progress and opportunities. *Social Indicators Research*, 31, 103-157.

Diener, E., Emmons, R. A., Larsen, R. J., & Griffin, S. (1985). The Satisfaction With Life Scale. *Journal of Personality Assessment*, 49, 71-75.

Donahue, E. M., Robinson R. W., Roberts, B. W., & Jhon, O. P. (1993). The divided self; Concurrent and longitudinal effects of psychological adjustment and social roles on self-concept differentiation. *Journal of Personality and Social Psychology*, 64, 834-846.

Duchon, D. & Plowman, D. A. (2005). Nurturing the spirit at work: Impact on work unit performance. The Leadership Quarterly, 16, 807-833.

Dukles, M. M., Dukles, R., & Maccoby, M. (1977). The process of Change at Bolivar. *Journal of Applied Behavioral Science*, 389.

Dutton, G. (1997). Nurturing employees and the bottom line. *HR Focus,* Vol. 74, No. 9, 1-4.

Eisler, R. & Montouri, A. (2003). The human side of spirituality. In R. A. Giacalone & C. L. Jurkiewicz (Eds.), *Handbook of workplace spirituality and organizational performance* (46-56). New York: M. E. Sharp.

Eliade, M. (1959). *The sacred and the profane.* New York: Harper & Row.

Elkins, D. N., Hedstrom, L. J., Hughes, L. L., Leaf, J. A., & Saunders, C. (1988). Towards a humanistic-phenomenological spirituality: Definition, description, and measurement. *Journal of Humanistic Psychology,* 28, 5-18.

Emmons, R. A. (1999). *The Psychology of Ultimate Concerns*. New York: The Guilford Press.

Emmons, R. A. (2000a). Is Spirituality an Intelligence? Motivation, Cognition and the Psychology of Ultimate Concern. *The International Journal for the Psychology of Religion,* 10: 3-26.

Emmons, R. A. (2000b). Spirituality and Intelligence: Problems and Prospects. *The International Journal for the Psychology of Religion,* 10: 57-64.

Foti, R. J. & Rueb, J. (1990). Self-monitoring, traits, and leadership emergence. *Paper presented at the annual meeting of the Society for Industrial and Organizational Psychology.* Miami, FL.

Fox, M. (1994). *The reinvention of work.* San Francisco: Harper.

Frankl, V. E. (1963). *Man's search for meaning*. New York: Washington Square.

Fromm, E. (1950). *Psychoanalysis and religion.* New Haven: Yale University Press.

Fry, L. W. (2003). Toward a theory of spiritual leadership. *The leadership Quarterly,* 14, 693-727.

Fry, L. W. (2005b). Introduction: Toward a paradigm of spiritual leadership. *The Leadership Quarterly,* 16, 619-622.

Fry, L. W. & Matherly, L. (2006). Spiritual leadership and organizational performance: An exploratory study. *Paper presented at the Academy of Management.* Atlanta, Georgia.

Fry, L. W. & Slocum, J. (2008). Maximizing the triple bottom line through spiritual leadership. *Organizational Dynamics*, 37, 86-96.

Fry, L. W., Hannah, S. T., Mihael, N., & Walumbwa, F. O. (2011). Impact of spiritual leadership on unit performance. *The Leadership Quarterly.*

Fujita, K., Henderson, M. D., Eng, J., Trope, Y., & Liverman, N. (2006). Spatial distance and mental construal of social events. *Psychological Science,* 17(4), 278-282.

Furnham, A. (2003). Ethics at Work: Moeny, Spirituality, and Happiness. In *Handbook of workplace spirituality and organizational performance*, ed. R. A. Giacalone and C. L. Jurkiewicz, 257-76. Armonk, NY: M. E. Sharpe.

Garmezy, N. (1993). Children in Poverty: Resilience despite risk. *Psychiatry,* 56, 127-136.

Giacalone, R. A. & Jurkiewicz, C. L. (2003). *Handbook of workplace spirituality and organizational performance*. Armonk, NY: M.E. Sharpe.

Gilmore, D. C., Beehr, T. A., & Richter, D. J. (1979). Effects of leader behaviors on subordinate performance and satisfaction: A laboratory experiment with student employees. *Journal of Applied Psychology*, 64, 166-172.

Glaser, E. M. (1980). Productivity Gains Through Work Life Improvement, *Personnel,* 57, 71.

Gomez-Mejia, L. R. & Balkin, D. (1989). Effectiveness of individual and aggregate compensation strategies. *Industrial Relations,* 28, 431-445.

Greene, C. N. (1973). Causal connections among managers' merit pay, job satisfaction, and performance. *Journal of Applied Psychology*, 58, 95-100.

Greene, C. N. & Podsakoff, P. M. (1978). Effects of the removal of a pay incentive: A field experiment. In J. C. Susbauer (Ed.) *Academy of Management Proceedings*, 34th Annual Meeting, 206-210.

Guay, F., Vallerand, R. J., & Blanchard, C. (2000). On the assessment of the situational intrinsic and extrinsic motivation: The Situational Motivation Scale(SIMS). Motivation and Emotion, 24, 175-213.

Hackman, J. R., Oldham, G. R., Janson, R., & Purdy, K. (1975). A new strategy for job enrichment. *California Management Review*, Summer.

Hacther, L. & Ross, T. L. (1991). Form individual incentives to an organization-wide gainsharing plan: Effects on teamwork and product quality. *Journal of Organizaitonal Behavior,* 12, 169-183.

Hair, J. F., Black, W. C., Babin, B. J., Anderson, R. E., & Tatham, R. L. (2006). *Multivariate Data Analysis,* 6th ed., Prentice-Hall International, Inc.

Hall, D. T. & Chandler, D. E. (2005). Psychological success: When the career is a calling. *Journal of Organizational Behaviour*, 26(2), 155 – 176.

Harman, W. (1992). 21st century business: A background for dialogue. In J. renesch (Ed). *New tradition in business: Spirit and leadership in the 21st century* (11-24). San Francisco: Berrett-Koehler.

Harrison, R. V. (1985). The Person-Environment Fit Model and the Study of Job

Stress. In T. A. Beehr & R. S. Bhagat (Eds.), *Human Stress and Cognition in Organizations*, 23-55. New York: Wiley.

Hatch, R. L., Burg, M. A., Naberhaus, D. S., & Hellmich, L. K. (1988). The spiritual involvement and beliefs scale: Development and testing of a new instrument. *Journal of Family Practice,* 46, 476-486.

Harter, J. J. & Bass, B. M. (1988). Superior's evaluations and subordinates' perceptions of transformational and transactional leadership. *Journal of Applied Psychology,* 73(4), 695-702.

Hartog, D. N., Muijen, J. J., & Koopman, P. L. (1997). Transactional versus transformational leadership: An analysis of the MLQ. *Journal of Occupational and Organizational Psychology*, 70, 19-34.

Hellrigel, D. & Slocumm, J. W. (1986). *Organizational Behaviors*. St. Paul: West Publishing Co.

Hendricks, G. & Ludeman, K. (1996). The Last Piece. *Across the board*, Vol. 33, No. 4, 12.

Herzberg, F., Meusner, B., & Synderman, B. (1959). *The motivation to work*(2nd.). New York: Wiley.

Hlebec, V., Mrzel, M., & Kogovsek, T. (2009). Social Support Network and Received Support at Stressful Events. *Metodoloski zvezki,* Vol. 6, No. 2, 155-171.

Hill, P. C., Pargament, K. I., Hood, R. W., McCullough, M. E., Swyers, J. P., & Larson, D. B. (2000). Conceptualizing religion and spirituality: Points of commonality, points of departure. *Journal for the Theory of Social Behaviour*, 30(1), 51-77.

Holmes, S. & Marsden, S. (1996). An Exploration of the Espoused Organizational Cultures of Public Accounting Firms. *Accounting Horizons,* 10, No. 3, 26-53.

House, R. J. (1971). A path-goal theory of leader effectiveness. *Administrative Science quarterly*, 16, 321-339.

House, R. J. (1977). A theory of charismatic leadership. In J. G. Hunt & L. L. Larson (Eds.), *Leadership: The cutting edge.* Carbondale: Southern Illinois University Press.

House, R. J. & Mitchell, T. R. (1974). Path-goal theory of leadership. *Contemporary Business,* 3, 81-98.

Howden, J. W. (1992). Development and psychometric characteristics of the spirituality assessment scale. Dissertation Abstracts International, 54(01), 166B.

Howell & Avolio, B. J. (1993). Transformational leadership, transactional leadership, locus of control, and support for innovation: key predictors of consolidatedbusiness-unit performance. *Journal of Applied Psychology,* 78, 891-902.

Howell, J. M. & Frost, D. W. (1989). A laboratory study of charismatic leadership. *Organizational Behavior and Human Decision Processes*, 43, 243-269.

Isen, A. M., Daubman, K. A., & Nowicki, G. P. (1987). Positive affect facilitates creative problem solving: When we are glad, we feel as if the light has increased. *Journal of Personality and Social Psychology*, 51, 1122-1131.

Jackson, K. T. (1999). Spirituality As a Foundation for Freedom and Creative Imagination in International Business Ethics. *Journal of Business Ethics,* 19, No. 1: 61-70.

Jahoda, M. (1982). *Employment and unemployment: A social-psychological analysis*. Cambridge: Cambridge University Press.

James, W. (1958). *The varieties of religious experience*. New York: The New American Library.

Jex, Steve M., & Britt, Thomas W. (2008). *Organizational Psychology: A Scientist-Practitioner Approach*, 2nd Edition, John Wiley & Sons, Inc; (박영석 · 서용원 · 이주일 · 장재윤 역, 2011, 시그마프레스).

Judge, T. A. & Cable, D. M. (1997). Applicant personality, organizational culture, and organizational attraction. *Personnel Psychology,* 50, 359-394.

Judge, T. A. & Piccolo, R. F. (2004). Transformational and transactional leadership: A meta-analytic test of their relative validity. *Journal of Applied Psychology,* 89, 755-768.

Jung, C. G. (1933). *Modern man in a search of soul* (W. S. Dell & C. F. Baynes, Trans). New York: Hartcourt.

Jung, C. G. (Ed.) (1964). *Man and his symbols*. Garden City, New York: Doubleaday.

Kahn, L. M. & Sherer, P. D. (1990). Contingent pay and managerial performance. *Industrial & Labor Relations Review*, 43: 107S-120S.

Kale, S. H. (2004). Spirituality, religion & globalization. *Journal of Macromarketing,* 24(2), 92-107.

Kammen, R. (1982). Personal circumstances and life events as poor predictors of happiness. *Paper presented at the 90th Annual Convention of the American Psychological Association.* Washington, D.C.

Katz, D. & Kahn, R. L. (1978). *The social psychology of organizations* (2nd ed.). New York: John Wiley & Wiley.

Kavanagh, R. & Bower, G. H. (1985). Mood and self-efficacy: Impact of joy and

sadness on perceived capabilities. *Cognitive Therapy and Research*, 9, 507-525.

Kerr, J. & Slocum, J. W. (1987). Managing corporate culture through reward systems. *Academy of Management Executive*, 1(2): 99-108.

Keutzer, C. S. (1978). Whatever turns you on: Triggers to transcendent experience. *Journal of Humanistic Psychology,* 18(3), 77-80.

Kim, H. & John. D. R. (2008). Consumer response to brand extensions: Construal level as a moderator of the importance of perceived fit. *Journal of Consumer Psychology*, 18, 116-126.

Kinjerski, V. M. & Skrypnek, B. J. (2006). Measuring the Intangible: Development of the spirit at work scale. *Paper presented at the sixty-fifth annual meeting of the academy of management,* in Atlanta, USA.

Kohn, A. (1993). Why Incentive Plans Cannot Work. *Harvard Business Review*, Sep-Oct, 54-63.

Kolodinsky, W. R., Giacalone, A. R., & Jurkiewicz, L. C. (2008). Workplace Values and Outcomes: Exploring Personal, Organizational, and Interactive Workplace Spirituality. *Journal of Business Ethics,* 81: 465-480

Korten, D. C. (1984). Strategic Organization for People-Centered Development. *Public Administration Review,* July/August, 341-352.

Krishnakumar, S. & Neck, C. P. (2002). The 'What', 'Why' and 'How' of spirituality in the workplace. *Journal of Managerial Psychology,* 17, No. 3: 153-164.

Kuh, W. L., Steers, R. M., & Tergorg, J. R. (1995). The effects of transformational leadership on teacher attitudes and student performance in singapore. *Journal of Organizational Behavior*, 16, 319-333.

Kuhn, T. S. (1970). *The Structure of Scientific Revolution.* Chicago: University of Chicago Press.

Laabs, J. (1995). Balancing spirituality and work. *Personnel Journal,* Vol. 74, No. 9, 60-69.

Lambert, E. G., Hogan, N. L., & Griffin, M. L. (2007). The Impact of Distributive and Procedural Justice on Correctional Staff Job Stress, Job Satisfaction, and Organizational Commitment. *Journal of Criminal Justice,* 35(6), 644-656.

Lapierre, L. L. (1994). A model for describing spirituality. *Journal of Religion and Health,* 33(3), 153-161.

LaRocco, J. M., House, J. S., & French, J. R. P. (1980). Social support, occupational stress and health, *Journal of Health and Social Behavior,* Vol. 21, 202-18.

Lawler, E. E. & Jenkins, D. G. (1990). *Strategic pay: Aligning organizational strategies and pay systems.* San Francisco: Jossey-Bass.

Lepper, M. R. & Greene, D. (1975). Turning Play into Work: Effects of Adults Surveillance and Extrinsic Rewards on Children's Intrinsic Motivation. *Journal of Personality and Social Psychology*, 33(1), 25-35.

Lepper, M. R., Keavney. M., & Drake, M. (1996). Intrinsic Motivation and Extrinsic Reward: A Commentary on Cameron and Pierce's Meta analysis. *Review of Educational Research*, 66(1), 5-32.

Levering, R. (2000). *A great place to work; What makes some employers so good(and most so bad)*. San Francisco: A great place to work institute.

Levy, R. B. (2000). My experience as participant in the course on spirituality for executive leadership. *Journal of Management Inquiry,* 9, 129-131.

Liberman, N. & Trop, Y. (1998). The role of feasibility and desirability considerations in near and distant future decisions: A test of temporal construal theory. *Journal of Personality and Social Psychology*, 75, 5-18.

Liu, C. H. & Robertson, P. J. (2011). Spirituality in the Workplace: Theory and Measurement. *Journal of Management Inquiry,* 20(1), 35-50.

Locke, E. A. & Latham, G. P. (1990). *A theory of goal setting and task performance.* Englewood Cliffs, NJ: Prentice-Hall.

Locke, E. A., Shaw, K. N., Sarri, L. M., & Latham, G. P. (1981). Goal setting and task performance: 1969-1980. *Psychological Bulletin, 90*, 125-152.

Lowe, K. B., Kroeck, K. G., & Sivasubramaniam, N. (1996). Effectiveness Correlates of Transformational and Transactional Leadership: A Meta-analytic Review of the MLQ Literature. *Leadership Quarterly*, Vol. 7, 385-425.

Lowery, C. M., Petty, M. M., & Thompson, J. W. (1995). Employee Perceptions of the Effectiveness of a Performance-Based Pay Program in a Large Public Utility. Public Personnel Management, Vol. 24, 475-492.

MacKinnon, D. P., Lockwood, C. M., Hoffman, J. M., West, S. G., & Sheets, V. (2002). A comparison of methods to test mediation and other intervening variable effects. *Psychological Methods*, 7, 83-104.

MacKinnon, D. P., Lockwood, C. M., & Williams, J. (2004). Confidence limits for the indirect effect: Distribution of the product and resampling methods. *Multivariate Behaviral Research,* 39, 99-128.

Mark, E. K. (2006). Rediscovering the later version of Maslow's hierarchy of needs: Self-transcendence and opportunities for theory, research, and unification. *Review of General Psychology*, Vol. 10(4), 302-317.

Marks, M. L. (1986), Employee Participation in a Quality Circle Program: Impact on Quality of Work Life, Productivity, and Absenteeism. *Journal of Applied Psychology,* 71, 61-69.

Marques, J., Dhiman, S., & King, R. (2005). Spirituality in the workplace: Developing an integral model and a comprehensive definition. *The Journal of American Academy of Business*, Cambridge, 7(1), 81-91.

Maslow, A. H. (1943). A theory of human motivation. *Psychological Review*, 50, 370-396.

Maslow, A. H. (1962). *Toward a psychology of being*. Princeton, NJ: Van Nostrand.

Maslow, A. H. (1966). *The psychology of science*. Chicago: Henry Regnery.

Maslow, A. H. (1968): *Toward A Psychology of Being*, 2nd ed., (이화여대 출판부, 이혜성 역, 1981), 123-124.

Maslow, A. H. (1970). *Religions, values, and peak experiences*. New York: Viking.

Maslow, A. H. (1971). *The farther reaches of human nature.* New York: Viking.

Maslow, A. & Lowery, R. (Ed.). (1998). *Toward a psychology of being* (3rd ed.). New York: Wiley & Sons.

Mathiew. J. & Sajac. D. (1990). A review and meta-analysis of the antecedent correlates and consequences of organizational commitment. *Psychological Bulletin,* 2, 171-194.

Mayer, J. D. (2000). Spiritual intelligence or spiritual consciousness? *The international Journal for the Psychology of Religion*, 10(1), 47-56.

Maynard, H. B. (1992). *The evaluation of human Consciousness*. In New traditions in Business, ed. J. Renesch. San Francisco: Berrett-Koehler, 39-52.

McClelland, D. C. (1971). *Assessing Human Motivation*. New York: General Learning Press.

McDowell, I. & Newell, C. (1990). *Measuring health: A guide to rating scales and questionnaires*. MA: Oxford Press.

Meyer, J. P. & Allen, N. J. (1991). A Three-Component Conceptualization of Organizational Commitment. *Human Resource Management Review*, Vol. 1, 61-89.

Michael, E. T. (2010). An interview with professor William James on the 100th Anniversary of his death. *The Journal of spirituality and paranormal studies.* Jul . Vol. 33, Issue 3, 147-153.

Miller, W. C. (1992). *How do we put our spiritual values to work?.* In New Traditions in Business, ed. J. Renesch. San Francisco: Bettett-Koehler, 39-52.

Mitroff, I. I. & Denton, E. A. (1999b, Summer). A study of spirituality in the workplace. *Sloan Management Review*, 40(4), 83-92.

Mitroff, I. I. & Mitroff. D. (2006). Consciousness: All of Us Are Spiritual Beings. *Business Renaissance Quarterly*. Pasadena: Spring 2006. Vol. 1, Iss. 1; 21.

Milliman, J., Czaplewski, A., & Ferguson, J. (2001). An exploratory assessment of the relationship between spirituality and employee attitudes. *Paper Presented at the academy of management meeting.* Washington, D.C., August.

Milliman, J., Czaplewski, A., & Ferguson, J. (2003). Workplace spirituality and employee work attitudes. *Journal of Organizational Change Management.* Vol. 16, No. 4.

Mirvis, P. H. (1997). Soul work in organizations. *Organization Science*, 8(2), 193-206.

Monica, B. & Greg, J. (2001). The divided self revisited; Effect of self-concept clarity and self-concept differentiation on psychological adjustment. *Journal of Social and Clinical Psychology,* 20, 396-415.

Monte, F. C. (1980). *Beneath the Mask*, 2nd. New York: Holt, Rinhart and Winston. 126-137.

Mowday, R. T., Porter, L. W., & Steers, R. M. (1982), *Employee-Organizational Linkages: The Psychology of Commitment, Absenteeism, and Turnover*, New York: Academic Press.

Munchinsky, P. M. (1977). Organizational communication: Relationships to organizational climate and job satisfaction. *Academy of management journal,* 20(4), 592-607.

Myers, D. G. & Diener, E. (1995). Who is Happy? *Psychological Science*, 6, 10-19.

Neal, J. (1997). Spirituality in management education: a guide to resources. *Journal of Management Education,* Vol. 21, No. 1, 121-140.

Niehoff, B. P. & Moorman, R. H. (1993). Justice as a mediator of the relationship between methods of monitoring and organizational citizenship behavior. *Academy of Management Journal*, 36, 527-558.

Okun, M. A. (1987). Life Satisfaction. In G. L. Maddox (Ed.), *Encyclopedia of Aging*, (399-401). New York: Springer.

Opp, G., Fingerle, M., & Freytag, A. (1999). Was Kinder stärkt. Erziehung zwischen Risiko und Resilienz. *M ünchen: Reinhardt.*

Organ, D. W. (1988). *Organizational citizenship behavior*: *The good soldier syndrome.* Lexington. MA: Lexington Books.

Otto, R. (1923). *The idea of the holy*. London: Oxford University Press.

O'Reilly, C. A., Chatman, J., & Caldwell, D. (1991). People and organizational culture: A profile comparison approach to assessing person-organization fit. *Academy of Management Journal,* 34(3), 487-516.

Ouchi, W. G. (1981). *Theory Z. Reading*, MA: Addison-Wesley.

Papacharissi, Z. & Rubin, A. M. (2000). Predictors of Internet Use. *Journal of Broadcasting and Electronic Media,* 44(2), 175-196.

Parboteeah, K. P. & Cullen, J. B. (2003). Ethical Climates And Spirituality: An Exploratory Examination of Theoretical Links. In *Handbook of workplace spirituality and organizational performance*, ed. R. A. Giacalone and C. L. Jurkiewicz, 137-51. Armonk, NY: M. E. Sharpe.

Pfeffer, J. (2003). Business and the spirit: Management practices that sustain values. In *Handbook of workplace spirituality and organizational performance*, ed. R. A. Giacalone and C. L. Jurkiewicz, 29-45. Armonk, NY: M.E. Sharpe.

Petchsawang, P. & Duchon, D. (2009). Measuring workplace spirituality in an Asian context. *Human Resource Development International*, Vol. 12, No. 4, September, 459-468.

Pierce, J. L., Garder, D. G., Cummings, L. L., & Dunham, R. B. (1989). Organizational-based self-esteem: construct definition, measurement, and validation. *Academy of Management Journal,* 32(3), 622-648.

Piccolo, R. F. & Colquitt, J. A. (2006). Transformational leadership and job behaviors: The mediating role of core job characteristics. *Academy of Management Journal*, 49, 327-340.

Piedmont, R. L. (1999). Does spirituality represent the sixth factor of personality? Spirituality transcendence and the Five-factor model. *Journal of Personality,* 67, 985-1013.

Pinder, C. C. (1984). Work motivation: *Theory, issues, and applications.* Glenview, IL: Scott Foresman and Company.

Pinder, C. C. (1998). Work Motivation in Organizational Behavior. Upper Saddle River, NJ: Prentice-Hall.

Ping, Jr. R. (2004). On Assuring Valid Measures for Theoretical Models Using Survey Data. *Journal of Business Research*, 57, 125-141.

Podsakoff, P. M. & MacKenzie, S. B. (1989). *The structure of organizational citizenship behavior*. Unpublished manuscript. Indiana University. Bloomington, IN.

Porter, L. W. (1961). A Study of Perceived Need Satisfaction in Bottom and Middle Management Jobs. *Journal of Applied Psychology,* 45: 1-10.

Porter, L. W., Lawler, E. E., & Hackman, J. R. (1975). *Behavior in Organizations.* New York: McGraw-Hill.

Purvanova, R. K., Bono, J. E., & Dzieweczynski, A. (2006). Transformational leadership, job characteristics, and organizational citizenship performance. *Human Performance*, 19, 1-22.

Ravisi, D. & Schultz, M. (2006). Responding to organizational identity threats: Exploring the role of organizational culture. *Academy of Management Journal*, 49, 433-458.

Reivich, K. & Shatte, A. (2003). The resilience and job satisfaction. Unpublished doctorial dissertation. The University of North Carolina, Chaper Hill, IN, U.S.A.

Richard, D., White. Jr. (2003). Drawing the line: Religion and Spirituality in the Workplace. In *Handbook of workplace spirituality and organizational performance*, ed. R. A. Giacalone and C. L. Jurkiewicz, 244-56. Armonk, NY: M. E. Sharpe.

Rifkin, J. (2010). *The empathic civilization: The race to global consciousness in a world in crisis*. New York, NY: Tarcher.

Ritchie, M. (2000). Organizational Culture: An Examination of its Effect on the Internalization Process and Member Performance. *Southern Business Review*, 25, 1-13.

Roberts, K. H. & O'Reilly, C. A. (1974). Measuring organizational communication.

Journal of Applied Psychology, 59(3), 323-326.

Robbins, S. P. (1998). Organizational Behavior. 6th-ed, International Editions, Prince-Hall.

Rubina Mahsud, Gary Yukl, & Greg Prussia. (2010). Leader empathy, ethical leadership, and relations-oriented behaviors as antecedents of leader-member exchange quality(LMX). *Journal of managerial Psychology,* Vol. 25, No. 6, 2010.

Rutter, M. (1985). Resilience in the face of adversity: protective factors and resistance to psychiatric disorders. *British Journal of Psychiatry*, *147,* 598-611.

Ryan, T. A. (1980). *Intentional behavior: An approach to human motivation*. New York: Ronald Press.

Ryan, R. M. (1995). Psychological Needs and The Facilitation of Integrative Processes. *Journal of Personality*, 63(1), 397-427.

Ryan, R. M., Kuhl, J., & Deci, E. L. (1997). Nature and autonomy: An organizational view of social and neurobiological aspects of self-regulation in behavior and development. *Development and psychopathology,* 9, 701-728.

Ryan, M. R. & Deci, L. (2000). Intrinsic and Extrinsic Motivations: Classic Definitions and New Directions. *Contemporary Educational Psychology*, 25(1), 54-69.

Ryff, C. D. (1989). Happiness is everything, or is it? Explorations on the meaning of psychological well-being. *Journal of Personality and Social Psychology,* 57, 1069-1081.

Sandler, I. N. (1980). Social support resources, stress and maladjustment of poor children. *American Journal of Community Psychology*, 8, 285-302.

Sanford, C. (1992). A self-organizing leadership view of paradigms. In J. Renesch (Ed), *New tradition in business: Spirit and leadership in the 21st century* (193-208). San Francisco: Berrett-Koehler.

Sansone, C. & Harackiewicz, J. M. (2000). Reality is Complicated. *American Psychologist*, 53(1), 673-674.

Sartre, J. P. (1946). *L'existentialisme est un Humanisme,* Editions Nagel, Paris, 1946 ISBN 2-07-032913-5 (1996 ed., Gallimard).

Sartre, J. P. (1996). 『실존주의는 휴머니즘이다』. [*L'existentialisme est un humanisme*(Gallimard)]. (박정태 역, 2008). 이학사.

Sass, J. S. (2000). Characterizing organizational spirituality: An organizational communication culture approach. *Communication Studies*, 5(3), 195-217.

Schellenbarger, S. (2000). More Relaxed Boomers, Fewer Workplace Frills and Other Job Trends. *Wall Street Journal*, December 27, B-1.

Schein, E. H. (1985). *Organizational culture and leadership: A dynamic view*. San Francisco: Jossey,-Bass.

Schein, E. H. (1992). *Organizational culture and leadership: A dynamic view* (2nd ed.). San Francisco: Jossey-Bass.

Seaward, B. L. (1997). *Stand Like Mountain Flow Like Water: Reflections on Stress and Human Spirituality*. Deerfield Beach, FL: Health communications.

Sedikides, C. & Brewer, M. B. (2001). *Individual self, relational self, collective self*. Ann Arbor, MI: Taylor & Francis.

Senge, P. M. (1994). *The fifth discipline: The art and practice of the learning organization*. New York, NY7 Doubleday Books, Incorporated.

Schriesheim, C. A. & Murphy, C. J. (1976). Relationships between leader behavior and subordinate satisfaction and performance: A test for some situational moderators. *Journal of Applied Psychology*, 61, 634-641.

Shamir, B. (1991). Meaning, self and motivation in organizations. *Organization Studies,* 12(3), 405-424.

Singhal, M. & Chatterjee, L. (2006). A person organization fit-based approach for spirituality at work: Development of a conceptual framework. *Journal of Human Values,* 12: 2.

Sirgy, M. Josept, David Efraty, Philli Siegel, & Dong-Jin Lee. (2001). [QWL] A New Measure of Quality of Work Life(QWL) Based on Need Satisfaction and Spillover Theories. *Social Indicators Research,* 55: 241-302.

Steers, R. M. (1977). Antecedents and Outcomes of Organizational Commitment. *Administrative Science Quarterly*, 22(1), 46-56.

Swinehart, D. P. (1987). A guide to more productive team incentive program. *Personal Journal,* 65, 112-117.

Szilagy & Wallace (1980). *Organizational Behavior and Performance.* Good Publishing co., Santa Monica.

Szilagyi, A. D. & Wallace, M. J. (1983). Organizational Behavior and Human Performance. Gleenview, IL: Scott & Foresman.

Tepper, B. J. (2003). Organizational Citizenship Behavior and The Spiritual

Employee. In *Handbook of workplace spirituality and organizational performance*, ed. R. A. Giacalone and C. L. Jurkiewicz, 181-90. Armonk, NY: M. E. Sharpe.

Thompson, C. M. (2000). *The congruent life: Following the inward path of fulfilling work and inspired leadership*. San Francisco: Jossey-Bass.

Thompson, J. W. (1992). Corporate leadership in the 21st century. In J. Renesch (Ed.). *New tradition in business: Spirit and leadership in the 21st century* (209-224). San Francisco: Berrett-Koehler.

Tichener, E. (1909). *Elementary psychology of the thought processes*. New York: Macmillan.

Torrance, R. M. (1994). *The spiritual quest: Transcendence in myth, religion and science*. Berkeley, CA: University of California Press.

Trope, Y., Liberman, N., & Wakslak, C. (2007). Construal levels and psychological distance: Effects on representation, prediction, evaluation, andbehavior. *Journal of Consumer Psychology*, 17(2), 83-95.

Vaill, P. (1998). *Spirited leading and learning.* San Francisco: Jossey-Bass.

Vallacher, R. R., Wegner, D. M., & Frederick, J. (1987). The presentation of self through action identification. *Social Cognition*, 5, 301-322.

Vallacher, R. R. & Wegner, D. M. (1989). Levels of personal agency: Individual variation in action identification. *Journal of Personality and Social Psychology,* 57(4), 660-671.

Veenhoven, R. (1991). Is happiness relative?. *Social Indicators Research*, 24, 1-34.

Vroom, V. H. & Jago, A. G. (2007). The role of the situation in leadership. *American Psychologist*, 62, 17-24.

Waldman, D. A., Bass, B. M., & Einstein, W. O. (1987). Leadership and outcomes of the performance appraisal process. *Journal of Occupational Psychology*, 60, 177-186.

Wallace, Jr. M. & Glaser, A. D. (1988). *Organizational Behavior and Performance*, 4th, ed. Glenview, Illinois: Scott, Forseman co, 682.

Wallace, J. & Voux, A. (1993). Social support network orientation: The role of adult attachment style. *Journal of Social and Clinical Psychology,* 12, 354-365.

Walton, R. E. (1973). Quality of Working Life: What is it?. *Sloan Management Review,* Vol. 15, No. 1, Fall.

Warr, P. (1987). *Work, unemployment and mental health*. Oxford: Clarendon Press.

Watson, D. (1988). The vicissitudes of mood measurement: Effects of varying descriptors, time frames, and response formats on measures of positive and negative affect, *Journal of Personality and Social Psychology,* 55, 128-141.

Weil, S. (2002). *Gravity & grace.* London: Routledge.

Westgate, C. E. (1996). Spirituality wellness and depression. *Journal of counseling and development,* 75, 1, 26-35.

Wheat, L. W. (1991). Development of a scale for the measurement of human spirituality. D*issertation Abstracts International*, 52-09A, 3230.

Wilber, K. (1996). *A Brief History of everything.* Boston: Shambhala.

Wuthnow, R. (1978). Peak experiences: Some empirical tests. *Journal of Humanistic Psychology,* 18(3), 59-75.

Yu, C. T. (1987). *Being & relation: A theological critique of Western dualism & individualism.* Edinburgh: Scottish Academic Press.

Yukl, G. A. (1994). *Leadership in Organization* (Third Edition). New Jersey: Prentice-Hall.

Yukl, G. A. (1998). *Leadership in Organization* (4th ed). NJ: Prentice Hall.

Yukl, G. A. (2002). *Leadership in organization* (5th ed). Englewood Cliffs, NJ: Prentice Hall.

Yukl, G. & Van Fleet, D. (1992). Theory and research on leadership in organizations. In M. D. Dunnette & L. M. Hough (Eds.). *Handbook of industrial and organizational psychology* (2nd ed., Vol. 2, 147-197). Palo Alto, CA: Consulting Psychologists Press.

Zaccaro, S. J. (2007). Trait based perspectives on leadership. A*merican Psychologist,* 62, 6-16.

Zaccaro, S. J., Foti, R. J., & Kenney, D. A. (1991). Self-monitoring and trait-based variance in leadership: An investigation of leader flexibility across multiple group situations. *Journal of Applied Psychology,* 76, 308-315.

Zinnbauer, B. J., Pargament, K. I., & Scott, A. B. (1999). The emerging meanings of religiousness and spirituality: Problems and prospects. *Journal of Personality*, 67(6), 889-919.

Zohar, D. & Marshall, I. (2000). *SQ: Spiritual Intelligence, the Ultimate Intelligence.* New York: Bloomsbury Publishing. 조혜정 역. 2001. 룩스.

부록

〈부록 1〉 요인분석과 타당화 연구를 위한 설문지

설문지

안녕하십니까?
바쁘신 중에도 귀중한 시간을 내어 설문에 참여해 주셔서 진심으로 감사 드립니다.
본 설문은 응답에 5~10분 정도의 시간이 소요됩니다.

본 설문지는 일상 업무에서 느끼는 정서와 관련된 문항들로 구성되어 있습니다. 귀하가 현재 수행하고 있는 업무와 직장에 대하여 느끼는 전반적인 태도와 관련된 의견을 알아보기 위한 것입니다. 각 질문에는 정답이 없으므로 질문을 읽고 난 후 순간적인 느낌이나 생각을 사실 그대로 기록해 주시기 바랍니다.

귀하께서 본 설문지에 응답하신 내용은 통계법 제8조와 13조에 의거하여 연구 목적으로만 사용되며, 익명으로 작성되어 개인에 관한 일체의 비밀이 보장될 것입니다.

마지막으로, 서로 비슷하다고 느껴지는 문항일지라도 모든 문항을 체크해 주셔야만 연구자료로 사용할 수 있으니 누락 없이 작성해 주실 것을 꼭 부탁드립니다.

본 설문지나 연구에 대하여 궁금하신 사항은 아래에 기입된 연락처로 연락 주시면 성의껏 응답해 드리겠습니다. 감사합니다.

성균관대학교 응용심리 연구소

응답요령

문항들을 잘 읽으시고 귀하가 생각하시는 것과 일치하는 번호를 하나 골라서 √표시 하여 주십시오.

[보기]
세상은 내가 노력하는 것에 따라 보답해준다.

전혀 아니다			보통이다			매우 그렇다
1	2	3	4	5	6	7

☞ 세상은 내가 노력하는 것에 따라 보답할 것이라고 귀하가 생각하는 정도에 응답하시면 됩니다.
보기의 경우에는 '보통이다'라고 생각한 경우이므로 "4"에 표시를 하시게 됩니다.

A. 다음은 현재 귀하께서 수행하시는 일과 직장에서 느끼는 일반적 정서 관련 질문입니다.
귀하가 각 문항에 대하여 동의하는 정도를 나타내는 번호에 √ 혹은 0 표시하여 주십시오.

다음은 자신의 '일상'에 대한 일반적 느낌을 묻는 질문입니다.		전혀 아니다		보통 이다			매우 그렇다	
1	나는 인생이 희망적이라고 생각한다.	1	2	3	4	5	6	7
2	나의 영적가치들은 내가 결정하는 것들에 영향을 미친다.	1	2	3	4	5	6	7
3	나는 내 자신이 영성이 있는 사람이라고 생각한다.	1	2	3	4	5	6	7
4	묵상(기도), 산책, 명상 등은 내 삶에서 중요한 부분이다.	1	2	3	4	5	6	7
5	나는 조화와 내적 평온함을 유지한다.	1	2	3	4	5	6	7
6	나는 인생에서 균형을 유지하고 있다.	1	2	3	4	5	6	7
7	나의 내면의 힘은 인생의 어려움에 직면했을 때 힘을 준다.	1	2	3	4	5	6	7
8	나는 지난 세월 동안 어려움 속에서 나의 강인함을 발견하였다.	1	2	3	4	5	6	7
9	나의 내면의 힘은 어떤 강한 힘에 대한 믿음과 함께한다.	1	2	3	4	5	6	7
다음은 현재 하고 있는 '일'에 대한 느낌을 묻는 질문입니다.		전혀 아니다		보통 이다			매우 그렇다	
1	나는 내가 하는 일에서 즐거움을 찾는다.	1	2	3	4	5	6	7
2	내가 하는 일을 통해서 나는 다른 사람들에게 가치와 즐거움을 주고 있다.	1	2	3	4	5	6	7
3	나의 일은 나를 영적으로 성장시킨다.	1	2	3	4	5	6	7
4	내가 하는 일은 인생에서 중요한 어떤 것과 연결되어있다고 생각한다.	1	2	3	4	5	6	7
5	나는 거의 매일 일터에 나오는 것이 즐겁과 기대된다.	1	2	3	4	5	6	7
6	나는 내가 하는 일이 사회적으로 더 큰 의미를 포함하고 있다고 생각한다.	1	2	3	4	5	6	7
7	나는 일이 나에게 어떤 의미가 있는지를 잘 알고 있다.	1	2	3	4	5	6	7
8	나의 일은 나의 가치, 신념, 행동과 조화를 이룬다.	1	2	3	4	5	6	7
9	나는 직장에서 의미와 목적을 찾을 수 있다.	1	2	3	4	5	6	7
10	나는 현재 하고 있는 일에 대해서 고맙게 생각한다.	1	2	3	4	5	6	7
다음은 '동료'와 관계에 대한 느낌을 묻는 질문입니다.		전혀 아니다		보통 이다			매우 그렇다	
1	나는 나의 동료의 고통에서 아픔을 느낀다.	1	2	3	4	5	6	7
2	나는 다른 사람의 입장에서 생각하는 것에 익숙하다.	1	2	3	4	5	6	7
3	나는 다른 사람에 대한 입장을 잘 이해하며, 동정심을 갖는다.	1	2	3	4	5	6	7
4	나는 동료의 고통을 보면 상황이 좋아지도록 돕는다.	1	2	3	4	5	6	7
5	나는 동료가 무엇을 필요로 하는지를 잘 안다.	1	2	3	4	5	6	7

다음은 현재 속한 조직에 대한 느낌을 묻는 질문입니다.		전혀 아니다		보통 이다			매우 그렇다	
1	나는 현재 내가 일하고 있는 직장에서 공동체의 일원이라고 생각한다.	1	2	3	4	5	6	7
2	나의 상사는 나의 개인적인 성장을 지원한다.	1	2	3	4	5	6	7
3	나는 어떤 두려움이 있을 때 동료나 상사와 같이 이야기할 수 있다.	1	2	3	4	5	6	7
4	나는 어떤 어려움이 있을 때 문제를 같이 공유할 사람을 찾아간다.	1	2	3	4	5	6	7
5	나는 긍정적으로 갈등을 해결하기 위해 서로 노력한다.	1	2	3	4	5	6	7
6	나는 어떤 일을 과감하게 시도할 수 있도록 지원받는다.	1	2	3	4	5	6	7
7	나는 우리 조직에서 가치가 있는 사람이다.	1	2	3	4	5	6	7
8	나는 나의 동료들과 진실한 신뢰와 인간적 관계를 가지고 있다.	1	2	3	4	5	6	7
9	나는 직장에서 일어나는 일들이 모두 밀접한 관련이 있다고 생각한다.	1	2	3	4	5	6	7
10	나는 우리 조직이 나와 나의 일에 인정을 하고 있다고 생각한다.	1	2	3	4	5	6	7
다음은 일과 직장에서 느꼈던 '경험'에 대한 질문입니다.		전혀 아니다		보통 이다			매우 그렇다	
1	나는 가끔씩 일에 도취될 때가 있다.	1	2	3	4	5	6	7
2	나는 일하는 동안 가끔씩 시간과 공간을 잃어버리고 빠져드는 경험을 한다.	1	2	3	4	5	6	7
3	때때로, 나는 직장에서 즐거움과 환희를 경험한다.	1	2	3	4	5	6	7
4	나는 가끔 직장에서 모든 것이 감사하다는 마음이 드는 순간이 있다.	1	2	3	4	5	6	7
5	나는 가끔 직장에서 설명하기 힘든 애너지와 활력을 경험한다.	1	2	3	4	5	6	7

B. 다음은 현재 귀하가 생각하는 생활의 질과 직장생활의 질, 일 가치감을 묻는 질문입니다.
귀하가 각 문항에 대하여 동의하는 정도를 나타내는 번호에 √ 혹은 0 표시하여 주십시오.

다음은 '일상생활의 만족감'에 대한 느낌을 묻는 질문입니다.		전혀 아니다		보통 이다			매우 그렇다	
1	나의 생활은 대체로 나의 이상(ideal)에 가깝다.	1	2	3	4	5	6	7
2	내 생활의 여건들은 만족스럽다.	1	2	3	4	5	6	7
3	나는 내 생활에 대하여 만족한다.	1	2	3	4	5	6	7
4	나는 지금까지 내 삶에서 내가 원하는 중요한 것들을 소유해왔다.	1	2	3	4	5	6	7
5	만약 내 삶을 다시 살더라도 나는 지금 상태에서 아무것도 바꾸고 싶지 않다.	1	2	3	4	5	6	7
6	나는 내 자신에 대한 기대에 미치지 못해 만족하지 못한다.	1	2	3	4	5	6	7
7	나의 생활은 비참하다.	1	2	3	4	5	6	7
8	나의 삶을 돌아볼 때, 나는 만족한다.	1	2	3	4	5	6	7
9	나는 젊었을 때나 지금이나 행복에는 큰 차이가 없다.	1	2	3	4	5	6	7
10	나의 현재의 행복이 미래에도 지속될 것이다.	1	2	3	4	5	6	7
11	나의 인생은 살만한 가치가 없다고 생각한다.	1	2	3	4	5	6	7
12	나는 현재 인간다운 삶을 살지 못하고 있다.	1	2	3	4	5	6	7

다음은 현재 '직장생활에서 느끼는 만족감'을 묻는 질문입니다.		전혀 아니다		보통 이다			매우 그렇다	
1	나는 직장에서 신체적으로 안전함을 느낀다.	1	2	3	4	5	6	7
2	나의 직장은 건강관련 좋은 복지혜택을 제공한다.	1	2	3	4	5	6	7
3	나는 건강하게 일하기 위해서 노력을 다한다.	1	2	3	4	5	6	7
4	나는 직장에서 받고 있는 급여에 만족한다.	1	2	3	4	5	6	7
5	나는 회사에서 내가 하고 있는 일이 안정적이라고 생각한다.	1	2	3	4	5	6	7
6	내 일은 가족의 생계를 유지하는데 적절하다.	1	2	3	4	5	6	7
7	나는 회사에서 가치를 인정받고 있다고 생각한다.	1	2	3	4	5	6	7
8	나는 함께 일하고 있는 동료들로부터 일의 전문성에 대하여 인정을 받고 있다.	1	2	3	4	5	6	7
9	내가 하는 일은 나의 잠재력을 충분히 발휘할 수 있도록 해준다.	1	2	3	4	5	6	7
10	나는 일을 통해서 전문가로서의 나의 잠재력을 발견하고 있다.	1	2	3	4	5	6	7
11	나는 항상 일을 더 잘 할 수 있기 위하여 무엇인가를 배우고 있다고 생각한다.	1	2	3	4	5	6	7
12	내가 하는 일은 나의 전문성(skill)을 높이는데 도움을 준다.	1	2	3	4	5	6	7
13	내가 하는 일과 관련된 많은 창의적인 것들이 있다.	1	2	3	4	5	6	7
14	내가 하는 일은 일 외에서도 나의 창의성을 높이는데 도움이 된다.	1	2	3	4	5	6	7
다음은 '일 가치감'에 대한 느낌을 묻는 질문입니다.		전혀 아니다		보통 이다			매우 그렇다	
1	나는 업무를 하면서 내가 가치 있는 존재라는 느낌을 갖는다.	1	2	3	4	5	6	7
2	나는 업무를 하면서 나 자신이 성장하고 있다는 느낌을 갖는다.	1	2	3	4	5	6	7
3	나는 내 업무를 수행하면서 즐겁다는 느낌을 경험한다.	1	2	3	4	5	6	7
4	나는 지금 내가 하고 있는 업무들에 대해 자부심을 느낀다.	1	2	3	4	5	6	7
5	나는 업무를 수행하면서, 스스로에 대한 유능감을 경험한다.	1	2	3	4	5	6	7
6	나는 현재 내가 하는 업무들을 통해서 보람을 느낀다.	1	2	3	4	5	6	7
7	나는 현재 내가 하는 업무들을 통해서 성취감을 느낀다.	1	2	3	4	5	6	7
8	나는 지금의 업무들을 수행하면서 더 잘해야겠다는 도전감을 느낀다.	1	2	3	4	5	6	7
9	나는 현재 내가 하고 있는 업무들이 가치 있다고 생각한다.	1	2	3	4	5	6	7
10	나는 현재 내가 하고 있는 업무들이 중요한 일이라고 생각한다.	1	2	3	4	5	6	7
11	내가 하고 있는 업무는 우리 회사에 없어서는 안 될 일이다.	1	2	3	4	5	6	7
12	나는 우리 회사에서 꼭 필요한 존재이다.	1	2	3	4	5	6	7
13	내가 회사를 그만두려 해도 회사는 나를 절대 놓아주려 하지 않을 것이다.	1	2	3	4	5	6	7
14	내가 회사를 그만두게 된다면, 회사 전체에 큰 피해가 있게 될 것이다.	1	2	3	4	5	6	7

* 다음은 귀하에 관한 질문입니다. 모든 문항에 솔직하게 응답(√표)하여 주시기 바랍니다.

1. 성별: ① 남(　) ② 여(　)
2. 연령: 20대( ), 30대( ), 40대( ), 50대( ), 60대 이상( )
3. 경력: 현재까지의 직장 경력

① 3년 이하( ) ② 3~7년( ) ③ 8~12년( ) ④ 13~20년( )
⑤ 21년 이상( )

4. 직위: ① 사원( ) ② 대리( ) ③ 과장( ) ④ 차장( ) ⑤ 부장 이상( )
5. 종교: ① 기독교( ) ② 가톨릭( ) ③ 불교( ) ④ 기타 종교( ) ⑤ 무교( )
6. 학력: ① 고졸 이하( ) ② 대졸( ) ③ 대학원 이상( )

긴 시간 동안 설문에 응답해 주셔서 진심으로 감사드립니다.

본 연구에 대한 의문사항은 아래로 문의하시기 바랍니다.

성균관대학교 응용심리 연구소(02-760-1280)

〈부록 2〉 일터영성의 효과성 연구를 위한 설문지

설문지

안녕하십니까?
바쁘신 중에도 귀중한 시간을 내어 설문에 참여해 주셔서 진심으로 감사드립니다.
본 설문은 응답에 10분 내외의 시간이 소요됩니다.

본 설문지는 일상 업무와 자신의 삶에서 느끼는 정서와 관련된 문항들로 구성되어 있습니다. 귀하가 현재 수행하고 있는 업무와 직장에 대하여 느끼는 전반적인 태도와 관련된 의견을 알아보기 위한 것입니다. 각 질문에는 정답이 없으므로 질문을 읽고 난 후 순간적인 느낌이나 생각을 사실 그대로 기록해 주시기 바랍니다.

귀하께서 본 설문지에 응답하신 내용은 통계법 제8조와 13조에 의거하여 연구 목적으로만 사용되며, 익명으로 작성되어 개인에 관한 일체의 비밀이 보장될 것입니다.

마지막으로, 서로 비슷하다고 느껴지는 문항일지라도 모든 문항을 체크해 주셔야만 연구자료로 사용할 수 있으니 누락 없이 작성해 주실 것을 꼭 부탁드립니다.

본 설문지나 연구에 대하여 궁금하신 사항은 아래에 기입된 연락처로 연락 주시면 성의껏 응답해 드리겠습니다. 감사합니다.

성균관대학교 응용심리 연구소

응답요령

문항들을 잘 읽으시고 귀하가 생각하시는 것과 일치하는 번호를 하나 골라서 √표시하여 주십시오.

[보기]
세상은 내가 노력하는 것에 따라 보답해준다.

전혀 아니다			보통이다			매우 그렇다
1	2	3	4	5	6	7

☞ 세상은 내가 노력하는 것에 따라 보답할 것이라고 귀하가 생각하는 정도에 응답하시면 됩니다.
보기의 경우에는 '보통이다'라고 생각한 경우이므로 "4"에 표시를 하시게 됩니다.

A. 다음은 현재 귀하께서 자기 자신과 일과 직장에서 느끼는 일반적 정서 관련 질문입니다.
귀하가 각 문항에 대하여 동의하는 정도를 나타내는 번호에 √ 혹은 0 표시하여 주십시오.

다음은 자신의 '일상'에 대한 일반적 느낌을 묻는 질문입니다.		전혀 아니다		보통 이다			매우 그렇다	
1	나는 내 자신이 영성이 있는 사람이라고 생각한다.	1	2	3	4	5	6	7
2	나의 내면의 힘은 어떤 강한 힘에 대한 믿음과 함께 한다.	1	2	3	4	5	6	7
3	묵상(기도), 산책, 명상 등은 내 삶에서 중요한 부분이다.	1	2	3	4	5	6	7
4	나의 영적가치들은 내가 결정하는 것들에 영향을 미친다.	1	2	3	4	5	6	7
5	나는 조화와 내적 평온함을 유지한다.	1	2	3	4	5	6	7
다음은 현재 하고 있는 '일'에 대한 느낌을 묻는 질문입니다.		전혀 아니다		보통 이다			매우 그렇다	
1	나의 일은 나의 가치, 신념,행동과 조화를 이룬다.	1	2	3	4	5	6	7
2	나는 거의 매일 일터에 나오는 것이 즐겁고 기대된다.	1	2	3	4	5	6	7
3	나는 내가 하는 일이 사회적으로 더 큰 의미를 포함하고 있다고 생각한다.	1	2	3	4	5	6	7
4	내가 하는 일을 통해서 나는 다른 사람들에게 가치와 즐거움을 주고 있다.	1	2	3	4	5	6	7
5	내가 하는 일은 인생에서 중요한 어떤 것과 연결되어 있다고 생각한다.	1	2	3	4	5	6	7
다음은 '동료'와의 관계에 대한 느낌을 묻는 질문입니다.		전혀 아니다		보통 이다			매우 그렇다	
1	나는 다른 사람에 대한 입장을 잘 이해하며, 동정심을 갖는다.	1	2	3	4	5	6	7
2	나는 동료의 고통을 보면 상황이 좋아지도록 돕는다.	1	2	3	4	5	6	7
3	나는 다른 사람의 입장에서 생각하는 것에 익숙하다.	1	2	3	4	5	6	7
4	나는 동료가 무엇을 필요로 하는지 잘 안다.	1	2	3	4	5	6	7
5	나는 나의 동료의 고통에서 아픔을 느낀다.	1	2	3	4	5	6	7
다음은 현재 속한 '조직'에 대한 생각을 묻는 질문입니다.		전혀 아니다		보통 이다			매우 그렇다	
1	나는 어떤 두려움이 있을 때 동료나 상사와 같이 이야기할 수 있다.	1	2	3	4	5	6	7
2	나는 현재 내가 일하고 있는 직장에서 공동체의 일원이라고 생각한다.	1	2	3	4	5	6	7
3	나는 우리 조직에서 가치가 있는 사람이다.	1	2	3	4	5	6	7
4	나는 어떤 어려움이 있을 때, 문제를 같이 공유할 사람을 찾아간다.	1	2	3	4	5	6	7
다음은 일과 직장에서 느꼈던 '경험'에 대한 질문입니다.		전혀 아니다		보통 이다			매우 그렇다	
1	때때로 나는 직장에서 즐거움과 환희를 경험한다.	1	2	3	4	5	6	7
2	나는 가끔씩 일에 도취될 때가 있다.	1	2	3	4	5	6	7
3	나는 가끔 직장에서 모든 것이 감사하다는 마음이 드는 순간이 있다.	1	2	3	4	5	6	7
4	나는 일하는 동안 가끔씩 시간과 공간을 잊어버리고 빠져드는 경험을 한다.	1	2	3	4	5	6	7

B. 다음은 현재 귀하가 생각하는 자신에 대한 느낌과 생각을 묻는 질문입니다.
귀하가 각 문항에 대하여 동의하는 정도를 나타내는 번호에 √ 혹은 0 표시하여 주십시오.

다음은 '생활 속'에서 자신의 생각을 묻는 질문입니다.		전혀 아니다		보통 이다			매우 그렇다	
1	나는 논쟁거리가 되는 문제를 가족이나 친구들과 토론할 때 내 감정을 잘 통제할 수 있다.	1	2	3	4	5	6	7
2	누군가가 나에게 화를 낼 경우 나는 우선 그 사람의 의견을 잘 듣는다.	1	2	3	4	5	6	7
3	어려운 일이 생기면, 그 원인을 완전히 이해하지 못했다 하더라도 일단 빨리 해결하는 것이 좋다고 생각한다.	1	2	3	4	5	6	7
4	나는 내가 표현하고자 하는 바에 대한 적절한 문구나 단어를 잘 찾아낸다.	1	2	3	4	5	6	7
5	나는 슬퍼하거나 화를 내거나 당황하는 사람을 보면 그들이 어떤 생각을 하는지 잘 알 수 있다.	1	2	3	4	5	6	7
6	나는 내 주변 사람들로부터 사랑과 관심을 받고 있다.	1	2	3	4	5	6	7
7	나는 열심히 일하면 언제나 보답이 있으리라고 생각한다.	1	2	3	4	5	6	7
8	내 삶은 내가 생각하는 이상적인 삶에 가깝다.	1	2	3	4	5	6	7
9	세상을 둘러볼 때, 내가 고마워해야 할 것들이 너무 많다.	1	2	3	4	5	6	7
다음은 '자신에 대해서 어떻게 생각하는지'를 묻는 질문입니다.		전혀 아니다		보통 이다			매우 그렇다	
1	내 자신에 대한 나의 생각들은 종종 서로 상충할 때가 있다.	1	2	3	4	5	6	7
2	가끔씩 나는 겉으로 보이는 내 모습과 실제의 나의 모습이 다르다고 느낀다.	1	2	3	4	5	6	7
3	내 자신에 대한 나의 생각들은 자주 변한다.	1	2	3	4	5	6	7
4	때때로 나는 내 자신보다 다른 사람들을 더 잘 안다는 생각이 든다.	1	2	3	4	5	6	7
5	나는 자주 내가 진정으로 원하는 것이 무엇인지를 몰라서 어떤 일들을 결정하기가 정말로 어려울 때가 있다.	1	2	3	4	5	6	7
6	나는 내가 누구인지 그리고 어떤 사람인지 분명하지 않을 때가 종종 있다.	1	2	3	4	5	6	7
다음은 '주위사람들과의 관계'에 대한 느낌을 묻는 질문입니다.		전혀 아니다		보통 이다			매우 그렇다	
1	나는 중요한 일에 관하여 터놓고 이야기할 수 있는 사람이 주위에 많이 있다.	1	2	3	4	5	6	7
2	나는 무언가 불안할 때 나에게 힘을 줄 수 있는 사람이 주위에 많이 있다.	1	2	3	4	5	6	7
3	나를 존중하거나, 나에게 존경을 표하는 사람들이 주위에 많이 있다.	1	2	3	4	5	6	7
4	나는 건강에 대해서 중요한 문제를 이야기 할 사람이 주위에 많이 있다.	1	2	3	4	5	6	7
5	만일 내가 질병에 걸린다면 나를 잘 돌봐줄 사람이 없을까봐 우려된다.	1	2	3	4	5	6	7

C. 다음은 현재 귀하가 하고 있는 일과 직장에 대한 느낌과 생각을 묻는 질문입니다.
귀하가 각 문항에 대하여 동의하는 정도를 나타내는 번호에 √혹은 0 표시하여 주십시오.

다음은 '자신이 하고 있는 일과 회사에 대한 생각'을 묻는 질문입니다.		전혀 아니다		보통 이다			매우 그렇다	
1	나는 내가 하고 잇는 일에서 흥미를 느끼고 있다.	1	2	3	4	5	6	7
2	내가 하는 일은 나에게 열정과 도전감을 불러일으킨다.	1	2	3	4	5	6	7
3	나는 내가 하는 일이 즐겁고 재미있다고 생각한다.	1	2	3	4	5	6	7
4	나는 직무성과를 높이기 위해 많은 노력을 기울이고 있다.	1	2	3	4	5	6	7
5	나는 회사 내 다른 동료에 비해서 더 열심히 일하고 있다고 생각한다.	1	2	3	4	5	6	7
6	나는 우리 회사가 잘 되기 위해서 최선을 다해서 노력하고 있다.	1	2	3	4	5	6	7
7	나는 친구들에게 우리 회사가 근무하기 좋은 회사라고 자랑스럽게 이야기한다.	1	2	3	4	5	6	7
8	나는 우리 회사에서 어떤 업무를 준다도 받아들일 것이다	1	2	3	4	5	6	7
9	나는 우리 회사의 일원인 것이 자랑스럽다.	1	2	3	4	5	6	7
10	나는 다른 회사보다 우리 회사를 선택한 것이 정말 잘한 결정이라고 생각한다.	1	2	3	4	5	6	7
11	나는 우리 회사가 다른 어느 회사보다도 나에게 잘 맞는다고 생각한다.	1	2	3	4	5	6	7
다음은 귀하의 '일상적 회사 생활'에 대한 느낌을 묻는 질문입니다.		전혀 아니다		보통 이다			매우 그렇다	
1	나는 일이 많은 동료를 적극적으로 돕는다.	1	2	3	4	5	6	7
2	나는 새로 입사한 동료가 업무에 잘 적응할 수 있도록 돕는다.	1	2	3	4	5	6	7
3	나는 다른 사람이 지켜보지 않을 때도 회사규칙이나 규정과 절차를 잘 지킨다.	1	2	3	4	5	6	7
4	나는 동료와의 인간관계에서 문제가 발생하지 않도록 미리 조치를 취한다.	1	2	3	4	5	6	7
5	나는 내 행동이 동료에게 어떤 영향을 주게 될 것인가를 고려하여 행동한다.	1	2	3	4	5	6	7
6	나는 회사에 중요하다고 생각되는 모임이나 회의에 자발적으로 참석한다.	1	2	3	4	5	6	7
7	나는 의무감에서가 아니라 회사를 위해 창의적인 아이디어를 제안한다.	1	2	3	4	5	6	7
8	나는 내가 처한 상황의 부정적인 측면보다 긍정적인 측면을 강조한다.	1	2	3	4	5	6	7
9	나는 사소한 문제에 대해 불평하는데 시간을 보내는 경우가 많다.	1	2	3	4	5	6	7
다음은 '업무 실적이나 회사의 성과'에 대한 귀하의 생각을 묻는 질문입니다.		전혀 아니다		보통 이다			매우 그렇다	
1	팀의 실적을 위해서 필요하다면 실적 보고서를 부풀릴 수도 있다고 생각한다.	1	2	3	4	5	6	7
2	회사의 성장을 위해서는 과장된 마케팅이 필요할 수도 있다고 생각한다.	1	2	3	4	5	6	7
3	안전하다고 판단되면 유통기한을 넘어 연장판매도 할 수 있다.	1	2	3	4	5	6	7
4	불가피한 경우 회사는 환경기준이나 규제를 벗어난 활동도 할 수 있다.	1	2	3	4	5	6	7
5	회사는 필요한 경우 허용되지 않은 로비활동을 할 수도 있다.	1	2	3	4	5	6	7
6	회사는 필요하다면 조직원의 사생활을 어느 정도 침해할 수 있다고 생각한다.	1	2	3	4	5	6	7
7	회사는 필요하다면 수단과 방법을 가리지 않고 경쟁사의 정보를 취득할 수 있다.	1	2	3	4	5	6	7

D. 다음은 현재 귀하가 속한 조직의 리더십과 조직문화에 관련한 질문입니다.
귀하가 각 문항에 대하여 동의하는 정도를 나타내는 번호에 √ 혹은 0 표시하여 주십시오.

다음은 현재 귀하의 '직장 상사의 리더십'에 대한 생각을 묻는 질문입니다.		전혀 아니다		보통 이다			매우 그렇다	
1	나의 상사는 내가 상사와 함께 일하는 것에 대해 자부심을 갖게 한다.	1	2	3	4	5	6	7
2	나의 상사는 영향력과 자신감을 보여준다.	1	2	3	4	5	6	7
3	나의 상사는 자신이 중요하다고 생각하는 가치와 신념들에 대해서 열성적으로 표현한다.	1	2	3	4	5	6	7
4	나의 상사는 본인의 결정이 도덕적, 윤리적으로 어떤 결과를 가져올지를 생각한다.	1	2	3	4	5	6	7
5	나의 상사는 미래에 대해서 낙관적으로 말한다.	1	2	3	4	5	6	7
6	나의 상사는 일을 완수하기 위해서 해야 할 것들에 대해 열정적으로 이야기한다.	1	2	3	4	5	6	7
7	나의 상사는 문제해결 과정에서 다양한 관점들을 권장한다.	1	2	3	4	5	6	7
8	나의 상사는 맡은 일을 완수하는 방법에 대해 새로운 시각으로 생각해보라고 제안한다.	1	2	3	4	5	6	7
9	나의 상사는 부하의 개인적 발전을 위해서 가르치고 지도하는데 시간을 쓴다.	1	2	3	4	5	6	7
10	나의 상사는 나를 단지 집단의 구성원으로서가 아닌 인격적인 개인으로 대해준다.	1	2	3	4	5	6	7
11	나의 상사는 수행목표를 성취하는데 누가 얼마나 기여했는지 구체적으로 밝힌다.	1	2	3	4	5	6	7
12	나의 상사는 기대에 부응하면 만족스러움을 표현한다.	1	2	3	4	5	6	7
13	나의 상사는 실수가 발생할 수 있는 모든 과정을 놓치지 않으려고 예의주시 한다.	1	2	3	4	5	6	7
14	나의 상사는 실패를 사전에 예방하기 위한 모든 노력을 다하지 않는다.	1	2	3	4	5	6	7
15	나의 상사는 '잘못된 것이 없다면 미리부터 고치려고 할 필요가 없다'는 신념을 가지고 있다.	1	2	3	4	5	6	7
16	나의 상사는 문제가 심각해진 후에야 비로소 잘못을 바로잡기 위한 행동을 한다.	1	2	3	4	5	6	7
다음은 귀하가 현재 속한 조직의 '문화'에 대한 느낌을 묻는 질문입니다.		전혀 아니다		보통 이다			매우 그렇다	
1	우리 회사는 구성원 개개인을 존중한다.	1	2	3	4	5	6	7
2	우리 회사는 구성원을 대함에 있어 차별하지 않고 공정하다.	1	2	3	4	5	6	7
3	우리 회사는 구성원간에 차이가 있을 수 있음을 인정한다.	1	2	3	4	5	6	7
4	우리 회사는 목표 달성을 무엇보다 중요하게 생각한다.	1	2	3	4	5	6	7
5	우리 회사는 적극적으로 실행할 것을 요구한다.	1	2	3	4	5	6	7
6	우리 회사는 개인의 성과에 대한 높은 기준을 제시한다.	1	2	3	4	5	6	7
7	우리 회사는 성과에 대한 보상과 책임이 분명하다.	1	2	3	4	5	6	7

다음은 귀하의 현재 '삶의 만족'에 대한 질문입니다.		전혀 아니다		보통 이다			매우 그렇다	
1	나는 내 삶의 개인적 측면(개인적 성취, 성격, 건강 등)에 대해서 만족한다.	1	2	3	4	5	6	7
2	나는 내 삶의 관계적 측면(주위 사람들과의 관계 등)에 대해서 만족한다.	1	2	3	4	5	6	7
3	나는 내가 속한 집단(직장, 지역사회 등)에 대해서 만족한다.	1	2	3	4	5	6	7

E. 아래는 일상적으로 발생하는 다양한 행동들이 제시되어 있습니다. 각 문항을 읽고 직관적으로 떠오르는 생각이 둘 중 어디에 해당되는지 하나만 골라 번호에 √ 혹은 0 표시하시면 됩니다.

1. 목록을 작성한다.	① 무엇인가를 정리한다.	② 할 일을 적는다.
2. 나무를 벤다.	① 톱질을 한다.	② 땔감을 마련한다.
3. 집안 청소를 한다.	① 청결함을 보여 준다.	② 진공청소기로 바닥을 청소한다.
4. 화초를 돌본다.	① 화초에 물을 준다.	② 집안을 보기 좋게 꾸민다.
5. 문을 잠근다.	① 자물쇠를 건다.	② 집을 보호한다.
6. 양치질을 한다.	① 이가 썩는 것을 방지 한다.	② 구석구석 칫솔질한다.
7. 유혹을 참는다.	① '아니요'라고 말한다.	② 도덕적인 용기를 보여준다.
8. 먹는다.	① 영양분을 얻는다.	② 음식을 씹고 삼킨다.
9. 충치를 치료한다.	① 치아를 보호 한다.	② 치과에 간다.
10. 어린 아이에게 말을 한다.	① 알아듣기 쉬운 용어를 쓴다.	② 아이에게 가르침을 준다.

* 다음은 귀하에 관한 질문입니다. 모든 문항에 √ 혹은 0 표시하여 주시기 바랍니다.

1. 성별: ① 남( ) ② 여( )
2. 연령: 20대( ), 30대( ), 40대( ), 50대( ), 60대 이상( )
3. 경력: 현재까지의 직장 경력
   ① 3년 이하( ) ② 3~7년( ) ③ 8~12년( ) ④ 13~20년( ) ⑤ 21년 이상( )
4. 직위: ① 사원( ) ② 대리( ) ③ 과장( ) ④ 차장( ) ⑤ 부장 이상( )
5. 학력: ① 고졸 이하( ) ② 대졸( ) ③ 대학원 이상( )
6. 종교: ① 기독교( ) ② 가톨릭( ) ③ 불교( ) ④ 기타 종교( ) ⑤ 무교( )

* 6번 항목에서 종교를 선택하신 분들은 아래 항목에 √ 혹은 0 표시 하여 주시기 바랍니다.		전혀 아니다		보통이다			매우 그렇다	
1	나는 신이 나를 사랑하고 돌보신다고 믿는다.	1	2	3	4	5	6	7
2	나는 신앙 덕분에 어려운 일들을 이겨 낼 수 있다.	1	2	3	4	5	6	7
3	나에게 종교생활은 내삶을 의미 있고 풍요롭게 만들어준다.	1	2	3	4	5	6	7

긴 시간 동안 설문에 응답해 주셔서 진심으로 감사드립니다.

본 연구에 대한 의문사항은 아래로 문의하시기 바랍니다.

성균관대학교 응용심리 연구소(02-760-1280)

〈부록 3〉 교차타당화를 위한 확인적 요인분석 검증 결과

```
Mplus VERSION 6
MUTHEN & MUTHEN
INPUT INSTRUCTIONS
  TITLE: This is CFA of Workplace Spirituality
  DATA: FILE IS 161_new23data.txt ;
  VARIABLE: NAMES ARE y1-y23 ;
  MODEL: f1 BY y1-y5 ;
         f2 BY y6-y10 ;
         f3 BY y11-y15 ;
         f4 BY y16-y19 ;
         f5 BY y20-y23 ;
INPUT READING TERMINATED NORMALLY
This is CFA of Workplace Spirituality
SUMMARY OF ANALYSIS
Number of groups                                   1
Number of observations                           156
Number of dependent variables                     23
Number of independent variables                    0
Number of continuous latent variables              5
Observed dependent variables
  Continuous
   Y1    Y2    Y3    Y4    Y5    Y6
   Y7    Y8    Y9    Y10   Y11   Y12
   Y13   Y14   Y15   Y16   Y17   Y18
   Y19   Y20   Y21   Y22   Y23

Continuous latent variables
  F1    F2    F3    F4    F5
```

Estimator	ML
Information matrix	OBSERVED
Maximum number of iterations	1000
Convergence criterion	0.500D-04
Maximum number of steepest descent iterations	20

Input data file(s)
  161_new23data.txt
Input data format FREE

THE MODEL ESTIMATION TERMINATED NORMALLY

TESTS OF MODEL FIT

Chi-Square Test of Model Fit		
	Value	339.640
	Degrees of Freedom	220
	P-Value	0.0000
Chi-Square Test of Model Fit for the Baseline Model		
	Value	2292.781
	Degrees of Freedom	253
	P-Value	0.0000
CFI/TLI		
	CFI	0.941
	TLI	0.933
Loglikelihood		
	H0 Value	-4619.166
	H1 Value	-4449.345
Information Criteria		
	Number of Free Parameters	79
	Akaike (AIC)	9396.331
	Bayesian (BIC)	9637.270
	Sample-Size Adjusted BIC	9387.210
	(n* = (n + 2) / 24)	
RMSEA (Root Mean Square Error Of Approximation)		
Estimate 0.059		
	90 Percent C.I.	0.046 0.071
	Probability RMSEA <= .05	0.115

SRMR (Standardized Root Mean Square Residual)

Value 0.064

MODEL RESULTS

		Estimate	S.E.	Est./S.E.	Two-Tailed P-Value
F1	BY				
	Y1	1.000	0.000	999.000	999.000
	Y2	1.025	0.119	8.614	0.000
	Y3	1.242	0.156	7.959	0.000
	Y4	0.458	0.109	4.203	0.000
	Y5	1.006	0.142	7.097	0.000
F2	BY				
	Y6	1.000	0.000	999.000	999.000
	Y7	1.048	0.106	9.863	0.000
	Y8	1.145	0.117	9.801	0.000
	Y9	1.200	0.110	10.891	0.000
	Y10	1.100	0.108	10.154	0.000
F3	BY				
	Y11	1.000	0.000	999.000	999.000
	Y12	1.373	0.207	6.638	0.000
	Y13	1.357	0.200	6.770	0.000
	Y14	1.488	0.211	7.064	0.000
	Y15	1.545	0.225	6.876	0.000
F4	BY				
	Y16	1.000	0.000	999.000	999.000
	Y17	0.915	0.108	8.464	0.000
	Y18	0.963	0.114	8.460	0.000
	Y19	1.034	0.096	10.819	0.000
F5	BY				
	Y20	1.000	0.000	999.000	999.000
	Y21	1.183	0.097	12.254	0.000
	Y22	1.267	0.103	12.269	0.000
	Y23	0.968	0.106	9.171	0.000

F2	WITH				
F1		0.462	0.095	4.844	0.000
F3	WITH				
F1		0.249	0.065	3.860	0.000
F2		0.233	0.058	4.025	0.000
F4	WITH				
F1		0.279	0.082	3.418	0.001
F2		0.429	0.083	5.135	0.000
F3		0.378	0.076	5.007	0.000
F5	WITH				
F1		0.483	0.099	4.868	0.000
F2		0.518	0.091	5.690	0.000
F3		0.305	0.067	4.559	0.000
F4		0.541	0.092	5.882	0.000
Intercepts					
Y1		4.788	0.106	45.126	0.000
Y2		4.224	0.099	42.614	0.000
Y3		3.987	0.121	32.967	0.000
Y4		4.474	0.091	49.246	0.000
Y5		4.224	0.113	37.360	0.000
Y6		4.827	0.089	54.297	0.000
Y7		4.551	0.093	48.695	0.000
Y8		4.141	0.101	41.113	0.000
Y9		4.506	0.097	46.660	0.000
Y10		4.545	0.092	49.316	0.000
Y11		5.013	0.082	61.069	0.000
Y12		5.032	0.079	63.497	0.000
Y13		5.064	0.076	66.920	0.000
Y14		5.122	0.078	65.971	0.000
Y15		4.808	0.083	58.171	0.000
Y16		5.167	0.086	59.799	0.000
Y17		4.840	0.086	56.432	0.000
Y18		4.974	0.090	55.162	0.000
Y19		5.269	0.079	66.522	0.000
Y20		5.244	0.086	60.845	0.000
Y21		4.929	0.103	48.041	0.000
Y22		4.827	0.106	45.630	0.000

Y23	4.910	0.100	48.964	0.000
Variances				
F1	0.864	0.187	4.622	0.000
F2	0.721	0.132	5.442	0.000
F3	0.307	0.088	3.493	0.000
F4	0.660	0.124	5.320	0.000
F5	0.801	0.130	6.156	0.000
Residual Variances				
Y1	0.892	0.126	7.092	0.000
Y2	0.625	0.100	6.229	0.000
Y3	0.949	0.149	6.385	0.000
Y4	1.106	0.129	8.554	0.000
Y5	1.119	0.150	7.467	0.000
Y6	0.512	0.069	7.415	0.000
Y7	0.572	0.076	7.484	0.000
Y8	0.639	0.087	7.373	0.000
Y9	0.417	0.064	6.515	0.000
Y10	0.453	0.066	6.904	0.000
Y11	0.744	0.088	8.445	0.000
Y12	0.401	0.055	7.351	0.000
Y13	0.328	0.046	7.143	0.000
Y14	0.260	0.041	6.383	0.000
Y15	0.333	0.049	6.827	0.000
Y16	0.505	0.067	7.504	0.000
Y17	0.595	0.076	7.832	0.000
Y18	0.657	0.084	7.811	0.000
Y19	0.273	0.045	6.049	0.000
Y20	0.358	0.055	6.538	0.000
Y21	0.521	0.078	6.636	0.000
Y22	0.459	0.077	5.980	0.000
Y23	0.819	0.104	7.874	0.000

QUALITY OF NUMERICAL RESULTS

Condition Number for the Information Matrix 0.635E-03
(ratio of smallest to largest eigenvalue)

Beginning Time: 11:47:54

```
        Ending Time:  11:47:54
       Elapsed Time:  00:00:00


MUTHEN & MUTHEN
3463 Stoner Ave.
Los Angeles, CA  90066

Tel: (310) 391-9971
Fax: (310) 391-8971
Web: www.StatModel.com
Support: Support@StatModel.com

Copyright (c) 1998-2010 Muthen & Muthen
```

〈부록 4〉 유사개념들과 변별타당화 검증 결과

```
TITLE: This is CFA of Workplace Spirituality
DATA: FILE IS 400cases_WS_SWB_factor.txt ;
VARIABLE: NAMES ARE y1-y8 ;
MODEL: f1 BY y1-y5 ;
       f2 BY y6-y8 ;
```

```
TESTS OF MODEL FIT
Chi-Square Test of Model Fit
          Value                                   76.338
          Degrees of Freedom                          19
          P-Value                                 0.0000
Chi-Square Test of Model Fit for the Baseline Model
          Value                                 1156.737
          Degrees of Freedom                          28
          P-Value                                 0.0000
CFI/TLI
          CFI                                      0.949
          TLI                                      0.925
Loglikelihood
          H0 Value                             -3953.236
          H1 Value                             -3915.067
Information Criteria
          Number of Free Parameters                   25
          Akaike (AIC)                          7956.471
          Bayesian (BIC)                        8056.258
          Sample-Size Adjusted BIC              7976.931
          (n* = (n + 2) / 24)
RMSEA (Root Mean Square Error Of Approximation)
          Estimate                                 0.087
```

90 Percent C.I. 0.067 0.108

Probability RMSEA <= .05 0.002

SRMR (Standardized Root Mean Square Residual)

Value 0.040

MODEL RESULTS

Two-Tailed

Estimate	S.E.	Est./S.E.	P-Value	
F1 BY				
Y1	1.000	0.000	999.000	999.000
Y2	1.408	0.154	9.125	0.000
Y3	1.011	0.121	8.390	0.000
Y4	1.152	0.135	8.561	0.000
Y5	1.352	0.161	8.411	0.000
F2 BY				
Y6	1.000	0.000	999.000	999.000
Y7	0.810	0.060	13.544	0.000
Y8	0.081	0.066	1.230	0.219
F2 WITH				
F1	0.342	0.048	7.054	0.000
Intercepts				
Y1	4.408	0.057	77.884	0.000
Y2	4.732	0.048	99.219	0.000
Y3	5.078	0.040	127.382	0.000
Y4	5.162	0.042	123.208	0.000
Y5	4.992	0.054	93.302	0.000
Y6	4.407	0.050	88.681	0.000
Y7	4.250	0.050	85.827	0.000
Y8	5.251	0.058	89.790	0.000
Variances				
F1	0.290	0.062	4.655	0.000
F2	0.887	0.088	10.102	0.000
Residual Variances				
Y1	0.991	0.074	13.364	0.000
Y2	0.335	0.035	9.447	0.000
Y3	0.339	0.029	11.608	0.000
Y4	0.317	0.029	10.772	0.000

Y5	0.615	0.052	11.944	0.000
Y6	0.101	0.054	1.868	0.062
Y7	0.399	0.045	8.871	0.000
Y8	1.362	0.096	14.134	0.000

QUALITY OF NUMERICAL RESULTS

Condition Number for the Information Matrix 0.169E-02
(ratio of smallest to largest eigenvalue)

Beginning Time: 10:59:22
Ending Time: 10:59:23
Elapsed Time: 00:00:01

MUTHEN & MUTHEN
3463 Stoner Ave.
Los Angeles, CA 90066

Tel: (310) 391-9971
Fax: (310) 391-8971
Web: www.StatModel.com
Support: Support@StatModel.com

Copyright (c) 1998-2010 Muthen & Muthen

```
TITLE: This is CFA of Workplace Spirituality
DATA: FILE IS 400cases_WS_QWL_factor.txt ;
VARIABLE: NAMES ARE y1-y11 ;
MODEL: f1 BY y1-y5 ;
       f2 BY y6-y11 ;
```

THE MODEL ESTIMATION TERMINATED NORMALLY
TESTS OF MODEL FIT
Chi-Square Test of Model Fit

Value	252.878
Degrees of Freedom	43
P-Value	0.0000

Chi-Square Test of Model Fit for the Baseline Model

Value	2191.878
Degrees of Freedom	55
P-Value	0.0000

CFI/TLI

CFI	0.902
TLI	0.874

Loglikelihood

H0 Value	-5260.822
H1 Value	-5134.384

Information Criteria

Number of Free Parameters	34
Akaike (AIC)	10589.645
Bayesian (BIC)	10725.269
Sample-Size Adjusted BIC	10617.386
(n* = (n + 2) / 24)	

RMSEA (Root Mean Square Error Of Approximation)

Estimate	0.111
90 Percent C.I.	0.098 0.124
Probability RMSEA <= .05	0.000

SRMR (Standardized Root Mean Square Residual)

Value	0.052

MODEL RESULTS

Two-Tailed

Estimate S.E. Est./S.E. P-Value

F1 BY				
Y1	1.000	0.000	999.000	999.000
Y2	1.536	0.178	8.626	0.000
Y3	1.045	0.132	7.896	0.000
Y4	1.273	0.154	8.245	0.000
Y5	1.452	0.181	8.006	0.000
F2 BY				
Y6	1.000	0.000	999.000	999.000
Y7	1.114	0.117	9.508	0.000
Y8	1.275	0.114	11.181	0.000
Y9	1.661	0.137	12.144	0.000
Y10	1.406	0.120	11.747	0.000

Y11	1.574	0.138	11.379	0.000
F2 WITH				
F1	0.231	0.036	6.389	0.000
Intercepts				
Y1	4.410	0.057	77.811	0.000
Y2	4.730	0.048	98.976	0.000
Y3	5.077	0.040	127.099	0.000
Y4	5.158	0.042	123.537	0.000
Y5	4.994	0.054	93.117	0.000
Y6	4.781	0.049	98.447	0.000
Y7	4.137	0.056	74.120	0.000
Y8	4.825	0.048	99.510	0.000
Y9	4.716	0.054	88.113	0.000
Y10	4.976	0.050	98.841	0.000
Y11	4.596	0.058	79.119	0.000
Variances				
F1	0.251	0.058	4.340	0.000
F2	0.318	0.053	6.056	0.000
Residual Variances				
Y1	1.030	0.076	13.570	0.000
Y2	0.318	0.033	9.739	0.000
Y3	0.362	0.030	12.254	0.000
Y4	0.288	0.027	10.710	0.000
Y5	0.618	0.050	12.243	0.000
Y6	0.623	0.047	13.250	0.000
Y7	0.848	0.063	13.384	0.000
Y8	0.421	0.034	12.217	0.000
Y9	0.266	0.029	9.057	0.000
Y10	0.383	0.033	11.506	0.000
Y11	0.558	0.047	11.982	0.000

QUALITY OF NUMERICAL RESULTS

Condition Number for the Information Matrix 0.322E-03
(ratio of smallest to largest eigenvalue)

Beginning Time: 11:19:52
Ending Time: 11:19:52
Elapsed Time: 00:00:00

MUTHEN & MUTHEN
3463 Stoner Ave.
Los Angeles, CA 90066

Tel: (310) 391-9971
Fax: (310) 391-8971
Web: www.StatModel.com
Support: Support@StatModel.com

Copyright (c) 1998-2010 Muthen & Muthen

```
TITLE: This is CFA of Workplace Spirituality
DATA: FILE IS 400cases_WS_PVW_factor.txt ;
VARIABLE: NAMES ARE y1-y8 ;
MODEL: f1 BY y1-y5 ;
       f2 BY y6-y8 ;
```

TESTS OF MODEL FIT

Chi-Square Test of Model Fit	
Value	81.913
Degrees of Freedom	19
P-Value	0.0000
Chi-Square Test of Model Fit for the Baseline Model	
Value	1502.247
Degrees of Freedom	28
P-Value	0.0000
CFI/TLI	
CFI	0.957
TLI	0.937
Loglikelihood	
H0 Value	-3757.459
H1 Value	-3716.502
Information Criteria	
Number of Free Parameters	25
Akaike (AIC)	7564.917
Bayesian (BIC)	7664.641
Sample-Size Adjusted BIC	7585.315

(n* = (n + 2) / 24)

RMSEA (Root Mean Square Error Of Approximation)

Estimate		0.091
90 Percent C.I.	0.071	0.112
Probability RMSEA <= .05		0.000

SRMR (Standardized Root Mean Square Residual)

Value	0.037

MODEL RESULTS

Two-Tailed

	Estimate	S.E.	Est./S.E.	P-Value
F1 BY				
Y1	1.000	0.000	999.000	999.000
Y2	1.548	0.190	8.144	0.000
Y3	1.111	0.145	7.644	0.000
Y4	1.348	0.170	7.942	0.000
Y5	1.610	0.206	7.808	0.000
F2 BY				
Y6	1.000	0.000	999.000	999.000
Y7	1.011	0.048	21.252	0.000
Y8	0.757	0.066	11.526	0.000
F2 WITH				
F1	0.352	0.050	7.083	0.000
Intercepts				
Y1	4.410	0.057	77.811	0.000
Y2	4.730	0.048	98.976	0.000
Y3	5.077	0.040	127.099	0.000
Y4	5.158	0.042	123.537	0.000
Y5	4.994	0.054	93.117	0.000
Y6	4.926	0.046	107.162	0.000
Y7	5.039	0.052	97.379	0.000
Y8	4.194	0.059	71.485	0.000
Variances				
F1	0.228	0.055	4.120	0.000
F2	0.722	0.063	11.519	0.000
Residual Variances				
Y1	1.054	0.077	13.650	0.000
Y2	0.365	0.033	10.936	0.000

Y3	0.355	0.029	12.362	0.000
Y4	0.281	0.026	10.960	0.000
Y5	0.556	0.047	11.931	0.000
Y6	0.121	0.023	5.339	0.000
Y7	0.330	0.032	10.290	0.000
Y8	0.959	0.072	13.415	0.000

QUALITY OF NUMERICAL RESULTS

Condition Number for the Information Matrix 0.308E-03
(ratio of smallest to largest eigenvalue)

Beginning Time: 11:33:59
Ending Time: 11:33:59
Elapsed Time: 00:00:00

MUTHEN & MUTHEN
3463 Stoner Ave.
Los Angeles, CA 90066
Tel: (310) 391-9971
Fax: (310) 391-8971
Web: www.StatModel.com
Support: Support@StatModel.com

〈부록 5〉 일터영성과 개인적 · 사회적 차원, 조직효과성 차원의 변인들과의 모델 적합도 분석 결과

Model	NPAR	**CMIN**	**DF**	P	**CMIN/DF**
Default model	156	1142.1	473	0	2.415
Saturated model	629	0	0		
Independence model	68	12466.62	561	0	22.222

Baseline Comparisons	Baseline Comparisons	Baseline Comparisons

Model	**NFI**	RFI	IFI	**TLI**	**CFI**
	Delta1	rho1	Delta2	rho2	
Default model	**0.908**	0.891	0.944	**0.933**	**0.944**
Saturated model	1		1		1
Independence model	0	0	0	0	0

Parsimony-Adjusted Measures	Parsimony-Adjusted Measures	Parsimony-Adjusted Measures	Parsimony-Adjusted Measures

Model	PRATIO	PNFI	PCFI
Default model	0.843	0.766	0.796
Saturated model	0	0	0
Independence model	1	0	0

NCP

Model	NCP	LO 90	HI 90
Default model	669.095	573.905	771.967
Saturated model	0	0	0
Independence model	11905.62	11545.66	12271.95

FMIN

Model	FMIN	F0	LO 90	HI 90
Default model	2.222	1.302	1.117	1.502
Saturated model	0	0	0	0
Independence model	24.254	23.163	22.462	23.875

RMSEA

Model	RMSEA	LO 90	HI 90	PCLOSE
Default model	0.052	0.049	0.056	0.146
Independence model	0.203	0.2	0.206	0

AIC

Model	AIC	BCC	BIC	CAIC
Default model	1454.095	1476.892		
Saturated model	1258	1349.921		
Independence model	12602.62	12612.56		

ECVI

Model	ECVI	LO 90	HI 90	MECVI
Default model	2.829	2.644	3.029	2.873
Saturated model	2.447	2.447	2.447	2.626
Independence model	24.519	23.818	25.231	24.538

HOELTER

Model	HOELTER 0.05	HOELTER 0.01
Default model	237	247
Independence model	26	27

Execution time summary	Execution time summary	Execution time summary	Execution time summary
Minimization:	0.117		
Miscellaneous:	2.481		
Bootstrap:	0		
Total:	2.598		

〈부록 6〉 인구통계학적 특성이 주요 변인들에 미치는 영향

종속변인	인구통계변인	비표준화 계수		표준화 계수	t	유의확률
		B	표준오차	β		
일터영성	성별	-.243	.086	-.143	-2.850	.005
	종교	.278	.069	.174	4.042	.000
	연령	.026	.084	.026	.303	.762
	경력	.036	.057	.060	.631	.529
	직위	.094	.042	.172	2.220	.027
	학력	-.042	.084	-.022	-.497	.619
회복탄력성	성별	-.181	.077	-.122	-2.355	.019
	종교	.146	.062	.104	2.343	.020
	연령	.015	.076	.018	.199	.842
	경력	-.052	.052	-.097	-1.000	.318
	직위	.068	.038	.141	1.767	.078
	학력	-.081	.076	-.048	-1.067	.286
해석수준	성별	-.114	.231	-.025	-.492	.623
	종교	.156	.187	.037	.833	.405
	연령	.542	.229	.210	2.365	.018
	경력	.016	.156	.010	.102	.919
	직위	-.056	.115	-.039	-.487	.627
	학력	.106	.227	.021	.468	.640
사회적 지지망	성별	-.128	.104	-.063	-1.223	.222
	종교	.143	.084	.075	1.697	.090
	연령	-.145	.103	-.125	-1.404	.161
	경력	.050	.070	.070	.715	.475
	직위	-.038	.052	-.058	-.733	.464
	학력	-.031	.103	-.014	-.306	.759

행복	성별	-.025	.108	-.012	-.233	.816
	종교	.190	.088	.096	2.168	.031
	연령	-.140	.107	-.117	-1.306	.192
	경력	.118	.073	.158	1.618	.106
	직위	.019	.054	.028	.350	.726
	학력	-.235	.107	-.099	-2.210	.028
직무동기	성별	-.043	.111	-.020	-.391	.696
	종교	.065	.089	.032	.728	.467
	연령	.099	.110	.080	.901	.368
	경력	.006	.075	.008	.086	.932
	직위	.057	.055	.082	1.030	.304
	학력	.075	.109	.031	.689	.491
조직몰입	성별	-.087	.111	-.040	-.779	.436
	종교	.198	.090	.098	2.202	.028
	연령	-.086	.110	-.069	-.780	.436
	경력	.204	.075	.264	2.714	.007
	직위	-.069	.055	-.099	-1.237	.217
	학력	-.034	.109	-.014	-.313	.755
조직시민행동	성별	-.120	.082	-.076	-1.468	.143
	종교	.113	.066	.076	1.707	.088
	연령	.052	.081	.057	.643	.520
	경력	.030	.055	.052	.537	.591
	직위	.035	.041	.069	.865	.388
	학력	-.063	.080	-.035	-.787	.431
종교적 영성	성별	-.615	.245	-.156	-2.506	.013
	연령	.165	.245	.074	.673	.502
	경력	.186	.167	.130	1.113	.266
	직위	-.065	.123	-.051	-.530	.597
	학력	.168	.249	.037	.672	.502

노상충

숭실대학교 경제학과 졸업
미국 휘트워스 대학교 국제경영학 석사
성균관대학교 대학원 심리학 박사
현) 숭실대학교 경제학과 겸임교수
(주)캐럿글로벌 대표이사

『영성이 있는 일터 '당근농장 이야기'』

서용원

성균관대학교 산업심리학과 졸업
성균관대학교 대학원심리학과 석사
미국 네브래스카대학교 대학원 심리학 박사
현) 성균관대학교 심리학과 교수

『한국 기업 문화의 이해』(공저)

일터영성
Workplace Spirituality
21세기 조직개발에
새로운 대안을 제시하다

초판인쇄 2014년 11월 03일
초판발행 2014년 11월 03일

지은이 노상충 · 서용원
펴낸이 채종준
펴낸곳 한국학술정보㈜
주소 경기도 파주시 회동길 230(문발동)
전화 031) 908-3181(대표)
팩스 031) 908-3189
홈페이지 http://ebook.kstudy.com
전자우편 출판사업부 publish@kstudy.com
등록 제일산-115호(2000. 6. 19)

ISBN 978-89-268-6719-8 93230